The Highly Sensitive Person

How to Thrive
When the World Overwhelms You

Elaine N. Aron, Ph.D.

敏感すぎる私の活かし方

高感度から才能を引き出す発想術

片桐 恵理子 訳

The Highly Sensitive Person: How to Thrive When the World Overwhelms You
25th Anniversary Edition
by Elaine N. Aron

Published by arrangement with Kensington Books,
an imprint of Kensington Publishing Corp., New York
through Tuttle-Mori Agency, Inc., Tokyo

詩人であり農民であり、この種をどのようにまき、育て、花を咲かせるかを知るアイリーン・ベルナディク・ペティット博士と、その花を私と一緒に愛してくれるアートへ。

謝辞

取材に応じてくださったＨＳＰ（The Highly Sensitive Person）の皆様に、格別の感謝を捧げます。長いあいだ胸の内に抱えてきた、とても個人的な事柄を打ち明けてくれた皆さんは、孤立した個人から、尊敬されるべき仲間へと、その立場を変化させました。また、私のセミナーに参加してくれた皆さん、カウンセリングや心理療法で私のもとを訪れてくれた皆さんにも感謝いたします。本書に記されているひとつひとつの言葉に、皆さんからの教えが息づいています。

リサーチを手伝ってくれた大勢の教え子たちにも謝意を表するとともに、本書を読者の元に届けるために尽力してくれた、エージェントのバーバラ・コーツ、編集者のブルース・ショースタックにもお礼を申し上げます。バーバラはビジョンを持つ出版社を見つけてくれました。ブルースは原稿を整え、私を正しい方向に導きながら、私の思うままに走らせてくれました。

夫のアートには感謝の言葉もないほどですが、友人や同僚をはじめ、支援者の皆さんや、私の愛するすべての人々に、心からの感謝を捧げます。

それが適切な言葉であり、民主主義者がその言葉を使うのであれば、私は貴族制を信じている。貴族の権力ではなく……その繊細さと、思慮深さを……。国籍、階級、年齢もさまざまな彼らには、会合の際に暗黙の了解が存在する。彼らこそまさに人間社会における伝統の体現者であり、残酷さと混乱をめぐる人間という奇妙な人種における、恒久的な勝者である。彼らの多くはただ消えゆき、名を遺すのはわずかのみ。彼らは他人、そして自分に対しても敏感で、こだわることなく思慮に富み、みずからを誇示することなく耐え忍ぶ……。

——E・Mフォースター著

『トゥー・チアーズ・フォー・デモクラシー（Two Cheers for Democracy）』所収

「ホワット・アイ・ビリーブ（What I Believe）」より

目次

まえがき　２０２０

本書の刊行二五周年を祝う理由はたくさんある。大きな理由のひとつは、この気質に関する研究が飛躍的に進んだことだ。このまえがきが長いのは、そのためである。できるかぎり正確に、かつわかりやすくこれまでの経緯をふり返っていきたい。蓄積された研究結果を知れば、あなたの理解は確実に深まり、他の人にも伝えたくなるだろう。

本書が出版された三年後の一九九八年にも、「祝意」と題した新たな序文を書いた。それは、多くの人が自分をＨＳＰ（The Highly Sensitive Person、とても敏感な人）だと気づいたことを、本書の有用性が認められたことを、この概念が科学の世界に浸透したことを寿ぐための、すべての人に向けた招待状だった。現在本書は、少なくとも三一の言語に翻訳されている。また、世界各国のメディアやウェブサイト上でＨＳＰに関する記事が紹介されており、ドキュメンタリー映画『センシティブ：ジ・アントールド・ストーリー（Sensitive: The Untold Story）』や、長編映画『センシティブ・アンド・イン・ラブ（Sensitive and in Love）』も公開された。さらに年二回のＨＳＰギャザリング・リトリーツ（HSP Gathering Retreats）や、しばしばおこなわれる国際研究会議の他、アメリカやヨーロッパでは多くのセミナーやウェビナーが開催され、ユーチューブ、ニュースレター、ウェブサイトを通じて、(質のいいものからそうではないものまで) ＨＳＰを対象にしたあらゆるサービスが提供されている。

また、約六万人の人々がhsperson.comで無料のニュースレターを講読しており、そこには長年私が書きつづってきた記事が投稿されている。記事はすべてアーカイブされているので、ＨＳＰに関する内容ならたいてい見つけることができるだろう。これもすべて、あなたがＨＳＰという自分の気質に気づいたおかげである。そしてそのおかげで、多くの人の人生が変わったことを私は知っている。つまりこれは、二五年かけて私たちがここまで成長してきたお祝いなのだ。

サプライズ・パーティ――これまでの道のり

まずは、これまでの経緯を説明したい。そもそも私は、こうした自己啓発本を書くつもりはなかった。なぜこんな断りを入れるかというと、世間には、私が注目を集めるような斬新な本を書くためだけに、新たな見解を求めたのだと考える人がいるからだ。しかし、それはまったく見当違いである。私がこの気質に興味を抱いたきっかけは、かかりつけの心理療法士に、自分の気質をそのように描写されたからだ。その気質――「繊細さ、敏感さ (sensitivity)」は、頻繁に口にされるわりに、きちんとした説明を聞かされることはほとんどなかった。まるで「繊細の意味など、当然わかっているでしょう」といわんばかりに。

私は、四〇名ほどの人たちにインタビューをおこなった。いずれも自分のことを「敏感」かもしれないと考えている人たちだ。その後、夫と一緒に敏感さに関する独自の尺度を編みだし、さらなる研究に勤しんだ。やがて私たちの研究を知った地元の新聞が、「生まれつき穏やかな性質（Born to Be Mild）」と題した記事を、私たちの大きな写真とともに日曜のライフスタイルセクションに掲載し、大きな反響を呼んだ。たくさんの人から（インターネットがまだなかったので）手紙や電話をもらい、研究についてもっと知りたいと言われた。ほどなく私は、地元の図書館で講義を開くことに同意した。会場は立ち見のみで、中に入りきれない人が大勢いた。これはいったいどういうことなのか。

みんなの助けになればと、私は自宅のリビングで何度か講座を開いた。参加者どうしの有意義な意見交換に耳を傾けながら、私はもっぱらメモを取っていた。しかし私自身内向的で、これ以上講座を開きたくないと言うと、では本を執筆してはどうかと提案された。出版社を探すのは簡単ではなかった。大きな出版社はどこも「誰だって繊細だし、話題性に乏しい」とか「人一倍敏感というだけでは十分じゃない。市場が小さすぎる」という考えだった。しかし、ついに出版してくれる会社を見つけた。そしてその間にも（本のためではなく、尻尾をつかみかけていた大きな何かを理解すべく）私たちの研究は前進していた。

心理学者たちに「どうやってこの新たな気質を発見したのか?」と訊かれることがある。その答えは、敏感さは新たな気質ではない、というものだ。心理学でよくおこなわれるように、行動から判断するのがむずかしいだけなのだ。そのため、心理学者らはこの気質に「恥ずかしがり」「抑制的」「内向的」といった、似て非なる呼び名をつけた。この気質を把握するのがとくに困難なのは、まず私たちが「行動しない」という行動を観察しなければならないからだろう。その結果HSPは、心配性、人が怖い、人嫌いだと思われてしまう。だが、そんなことはない。本書でも言及しているが、HSPの三〇パーセントは外向的なのだ!

さらに私たちは、環境に対して非常に敏感なため、周囲に人がいるときには、カメレオンのようにに何としてでもその場に溶け込もうとする。私が「発見」したものは、この気質をうまく言い表すものであり、この気質の理解を深めるものである。というのも、私自身、好奇心旺盛な科学者であると同時に、HSPの当事者でもあるからだ(それに加えて、完璧な研究者である非HSPの夫の助けもあった)。

つまり、これはある意味でサプライズ・パーティなのだ。こうした結果を目の当たりにした私へのサプライズであり、これまで名前のなかった気質を備えていたことに気づいたすべてのHSPに対するサプライズ。今後この研究が進んでいくことは必至だが、それこそが私たちにとって大切なカギとなるだろう。

新しい情報とそうでないもの

最新の研究に入る前に、すでに以前、本書で述べた内容について説明しておく。本書は完全な改訂版ではない。最初に刊行されてからずいぶん月日が経ったことから、これまでも何度か改訂したほうがいいと思ったことはある。しかしよく考えてみると、手を加えるべき箇所はさほどなく、以下の三点のみだった。

ひとつめは、飛躍的に進歩を遂げた科学研究についての新たな情報を提供すること。おそらく以前「まえがき」を記したときより、三倍は多くの研究が存在する。

ふたつめは、この気質をうまくとらえた「ＤＯＥＳ」という、シンプルかつ包括的な説明の存在。Ｄ（Depth）は処理の深さ。私たちの特徴のひとつは、行動する前に観察し考えるという点で、意識しているか否かにかかわらず、人よりも深く物事を処理する。Ｏ（Overstimulation）は刺激に敏感。あらゆることに注意を向けると、すぐに疲れてしまうのだ。Ｅ（Emphasis）は感情や共感力の強さで、これはとくに私たちに気づきや学びを促す。Ｓ（Sensitive）は周囲の些細なことにも気づくこと。これら四つの特徴については、のちに詳述する。

三つめとして、９章の「医療、薬、ＨＳＰ」を大幅に書き直した。医学の研究がつづくかぎり、この章はどうしてもアップデートが必要になる。とくに、多くのＨＳＰが抱える不安やうつの投薬治療についての説明は改訂版では議論しない。不安やうつに関する治療は一九九六年から急増しており、それにともなう研究も（賛否両論はあるが）多く、これらの治療法については毎年数多くの発見がなされている。なので、私は自分の専門分野に専念しようと思う。

すべてを現実にする研究

ＨＳＰの研究がはじまって以来、感覚処理感受性（Sensory Processing Sensitivity）（感覚処理障害（Sensory Processing Disorder）とは無関係）に関する論文が一〇〇本ほど科学雑誌に掲載されてきたが、ほとんどはもう私がかかわっていないものばかりだ。その多くは素晴らしい実験研究であり、二〇一二年の「まえがき」でも触れたが、今回はさらに詳しく、それらの研究に焦点を当てていきたい。長くなりすぎるので、研究概要をここで改めて紹介することはできないが、何らかの大きな変化がないかぎり、こうした研究は今後の展開を示す好材料となるはずだ。ちなみにすぐれた研究は、www.hsperson.com に掲載し随時更新している。

私はこれまで、本書の内容がなぜあなたにとって重要なのかを説明するために、簡潔かつ興味深い内容を意識して執筆してきた。科学的知識に精通している、あるいは並々ならぬ興味を抱いている読者なら、論文を読めばその方法論や結果が理解できるだろう。参考文献は巻末に記してある。多くの論文も hsperson.com から閲覧可能になっている。また、二〇一二年に私たちが発表した、（ＨＳＰの）理論と研究に関する科学的概要や、二〇一九年に発表した研究も公開されている。

敏感性に非常によく似た概念についての研究も、さまざまな研究者によって進められていることを付け加えておきたい。こうした研究に興味があれば、「バイオロジカル・センシティビティ・トゥ・コンテクスト（Biological Sensitivity to Context）」（トーマス・ボイス、ブルース・エリス他）、「オリエンティング・センシティビティ（Orienting Sensitivity）」（D・エヴァンズ、メアリー・ロスバート他）などの論文を参照してほしい。

敏感性の測定

本書に掲載されている自己診断テストと、ＨＳＰスケールと呼ばれる研究用の診断テストは、夫とともに発表した最初の研究で生まれた。この研究の目的は、敏感性は内向性や「神経症」（うつや過度の不安傾向に対する専門用語）とは異なるものである、と示すことでもあったが、その仮説は正しかった（覚えているだろうか。ＨＳＰの三〇パーセントは外向的なのだ）。神経症の診断に使われる質問（ときどき不安になる、悲しいなど）が、大半のＨＳＰにある程度当てはまることから、この気質は神経症とまったく関連がないわけではない。しかし、この関連性は単純に、現在のＨＳＰ診断の項目の大半に否定的な言葉が使われているせいでもあり、近い将来、項目の内容は書き直されるだろう。

子供のための測定

一方で、ＨＳＰスケールは大いに役立っており、現在では子供や若者を対象にしたものも開発されている。なかでも注目すべきは、フランチェスカ・レオネッティらによる行動測定で、これを使えば、まだ喋れないほど幼い子供の敏感性も特定できる。先ほども述べたが、行動を観察しただけでは、それが敏感な気質なのか、恥ずかしがり屋なのか、怖がっているだけなのかを区別するのはむずかしく、とくに子供の場合は至難の業だ。しかし研究者らによって見るべき場所が特定され、測定が可能になった。

拙著『ひといちばい敏感な子』（1万年堂出版、二〇一五）を読んだ方なら、親が子供の敏感性を測るためのテストを目にしたことがあるだろう。

逆に言えば、現在ではＨＳＰスケールの有効性は認められ、信頼に値するということだ。

さまざまな研究者によるＨＳＰスケールの使用

当然ながら、多くの人たちがこのスケールを用いるようになった。ある研究では、二九通りもの使用法を試みて成功している。またある研究者らは、このスケールに三つの主要な因子を発見した（ややこしいので詳細には触れないが、その研究を読むと、彼らが三つの因子を何らかの個別の手段として用いようとしたことがわかる。ＨＳＰなら、その三つすべてでかなり高い数値が出るという）。幸いにも、二九の使用法を調べた研究者（と、三つの要因に注目した研究）が、たしかにこのスケールには三つの因子があると結論づけると、さまざまなことが明確になった。ただし、このスケールで測定される基本的な気質というものがある。痛み、カフェイン、空腹に敏感で、豊かな内面世界を持ち、良心的であるなど、共通する要因が存在したのだ。とはいえ、これはただの気質にすぎない。あらゆる面で影響は免れないものの、これはあなたの「スタイル」である。

またこうした尺度は、気質に類似性があることや、内向性や神経症との関連性を示唆しているが、さまざまな人格の違いを考慮した結果、こうした人格の測定は、ＨＳＰスケールの「ばらつき」のうちの、三分の一しか説明していないと結論づけられた。このテストの結果は、他の人格テストの結果にさほど影響されない。つまり、自分の敏感性を知ることは、独自の角度から自分自身を知ることなのだ。

差次感受性

敏感性と神経症には、強い関連性が認められていたが、私にはその理由がなんとなくわかっていた。二〇〇五年に発表した一連の研究で、それは検証された。問題のある幼少期を送ったＨＳＰは、幼少期に問題はあったがＨＳＰではない人に比べて、うつ、不安、内気になるリスクが高い一方で、なんの問題もない幼少期を過ごしたＨＳＰにはそうしたリスクは見られなかった。同年に発表されたミリアム・リスらの研究でも、おもにうつ傾向に関して同様の結果が報告されている。

不幸な幼少期を過ごしたHSPにうつ傾向が多く見られるということの発見は、脆弱性を示唆しているように思える。だが、実際には脆弱性という用語は正しくない。いい環境であれ、悪い環境であれ、感受性には差異がある。これは現在では「差次感受性」と呼ばれ、ジェイ・ベルスキーとマイケル・プルースによって最初に詳しい調査がなされた。差次感受性が高い人たちは、マイケル・プルースが「環境感受性」と呼ぶものが高いということだが、これはHSPと同じくHSPスケールで測定されるため、環境感受性が強い＝HSPということになる。多くの尺度（幸福、ポジティブなイメージ対する感受性、社会的スキル、病気やけがの数など）において、幸せな環境で育ったHSPは、HSPの気質がない人よりもいい結果を示している。あなたが環境に対して敏感なら、他の人よりもポジティブな兆候をより多く見つけられるというのは当然だろう。先ほど、幼すぎて質問を読んだり答えたりできない子供のHSP尺度を測る研究の話をしたが、子供たちが受けてきた養育の質を測る尺度というものも存在する。一般的に、最高の養育は「権威型」――（厳しすぎる）「専制型」と（甘すぎる）「迎合」の中間くらい――がベストだと考えられている。幼い子供を対象にしたこの研究によると、養育の質は、敏感な子供により大きな影響を与えるという。

差次感受性は、幼少期の出来事だけでなく、大人になってからの出来事にも影響を及ぼす。

ある研究によると、思春期のうつ病を防ぐためのプログラムに参加した十三歳未満の少女のうち、一年後にプログラムの恩恵を受けたのは、人よりも敏感な気質を持つ少女たちだけだった。また、少年たちを対象にした、いじめ防止のプログラムでも、人より敏感な少年だけにその成果が見られた。

では、あなたにとって差次感受性とは何か？　もしうつや不安の傾向があるなら、あなたは困難な幼少期（家庭や学校での問題）に人一倍影響を受けてきたのかもしれない（あるいは単純にストレスが多いか、他の何らかの要因がうつや不安を促しているか）。あなたに向かって「子供のころの問題を気にしすぎだ」と言う人がいても、研究によればそれは違う。あなたは実際に他者よりも影響を受けているのだ。また、人が気づいていないところで助けを得ることもできるし、すでに得てきてもいる。そう、あなたにはより多くの助けを得られる可能性もあるのだ。一方でこの研究は、あなたが幸せな幼少期を送ってきた場合、近しい人以外、その敏感性に気づかない可能性があることを示している。多くの人は、感受性の賜物である、あなたの創造性、誠実さ、やさしさ、先見の明だけに目を奪われる。おそらくあなたは、必要なときに休憩すること（他者よりも頻繁に必要）や、刺激の多い環境を避けることを学び、ごく親しい人たちだけに自分の敏感な側面を見せてきたのだろう。

過去から学び、未来に備える

差次感受性に関する興味深い研究がシリアの難民キャンプで実施された。研究者は五七九名の子供を対象に、戦争のトラウマ、敏感性、戦争前の家族の機能のレベルを聞き取り調査から測定した。驚いたことに、ひどい幼少期を過ごした敏感な子供（highly sensitive children：ＨＳＣ）は、同様に育ったＨＳＣでない子供よりも戦争によるトラウマが少なく、また、ひどい環境で育ったＨＳＣは、いい環境で育ったＨＳＣよりも苦痛を感じていないことがわかった。

これは、差次感受性が私たちの過去からさまざまなことを学びとり、単純に健全な幼少期を過ごせば将来安泰だというわけではない、ということを示唆している。この気質の発展の仕方についてはコンピュータシミュレーションでも示されているが、これはあとで詳述する。ＨＳＰがいい子供時代を過ごせば、同様に健全な子供時代を過ごした人びとのなかで、快適に過ごし、働く準備が整う。一方でひどい環境で育つと、ＨＳＰはストレスにさらされた人たちに囲まれた冷酷な世界で生き延びるすべを身につけるのだ。

いい変化と悪い変化に対する未就学児の反応を調べた研究では、ＨＳＣは両親の育児方法よりも、その変化によって「良くも悪くも」影響を受けやすいことがわかった。この研究では、幼児の観察尺度を開発する研究で用いられたのと同じ子育ての尺度が使用された。ＨＳＣでも乳児なら、育児法の変化ではなく、育児スタイルそのものにより影響を受けることがわかっているが、年を重ねれば、両親の育児スタイルにも慣れていく。そのため、幼年期のＨＳＣにとって、変化は大きな問題になるのである。これは敏感な気質が実際に、過去の経験から未来を予見しようとしていることを示唆する。したがって、親の行動を予測不能にする変化は、子育ての質の悪さよりも問題になるのである（といっても、この研究ではひどい育児というものはほとんど見られなかった。「専制型」の親がすなわち虐待する親ではないし、「迎合型」もネグレクトと同義ではない）。要するに、健全な子供時代を過ごすよりも、予測可能な子供時代を過ごすほうが重要かもしれないということだ。

しかし、すべての研究で差次感受性が認められたわけではない。たとえば、同じようにいい子供時代を過ごせば、ＨＳＰはそうじゃない人よりも生活に対する満足度が高くなると予想されたが、意外にも、ＨＳＰにとっていい子供時代を過ごすことと生活の満足度とは関連しないことがある研究で報告されている。つまり、この研究におけるＨＳＰは、いい子供時代に特別な影響を受けなかったことになる。

また、ＨＳＰの「優位感情性」を示す研究もいくつかある。マイケル・プルースとジェイ・ベルスキーによって生みだされたこの新たな概念は、ＨＳＰはポジティブな環境や介入で恩恵を受けるという特別な能力に光を当てたものだが、前述したうつ病防止のプログラムのように、敏感な少女たちは特定の介入によって恩恵を受けた一方で、介入がなかった場合でも、ＨＳＰ気質がない人より悪い状況になることはなかった。つまり、いくつかの状況下における研究では、ＨＳＰは利益だけを得、不利益は被らないのである。

人一倍敏感であることと、負の感情による苦しみ、ストレスでの体調不良、職場でのストレス、1型糖尿病、不安との関係については、数多くの臨床研究がおこなわれてきた。だが残念なことに、こうした研究が、幼少期の体験がもたらす役割を考慮に入れなかったおかげで、差次感受性（の負の側面）が想定されるのは悲惨な幼少期を過ごした人たちであるにもかかわらず、すべてのＨＳＰに問題があるように思われている。また、被験者が自分の特性を理解し、生活や仕事をそつなくこなしてしまうと、同様の問題が起こる可能性もある。ＨＳＰがポジティブな環境下でさらなる恩恵を受けられるよう、今後の研究がこうした問題に対する方策を打ちだしてくれることを期待したい。

ＨＳＰ気質の遺伝学

この気質は大半が遺伝的に決定される、と確信できる重要な研究がある。ここで「大半」という言葉を使ったのは、科学者は決して断定的な言葉を使わないからだ（そういう言葉を使う科学者がいたら注意してほしい）。本物の科学者は、つねに自分の理論や測定法がアップデートされていることを知っている。たとえばデンマークでおこなわれたセシリー・リヒトらの研究によると、高い敏感性は、脳内で利用可能なセロトニン量を決定する遺伝的変異にかかわっているという。セロトニン不足はうつ病に関連しているが、利点もあるという点で、これもまた差次感受性のひとつの事例といえるだろう。しかしリヒトの研究以来、こうした関連を見出す研究は発表されていない。個人的には関連があると思うが、いずれわかる日がくるだろう。

中国で働くチュンフイ・チェンとその同僚は、異なるアプローチを試みた。彼らは既知の特性を持つ特定の遺伝子ではなく、脳内で利用可能なドーパミン（脳の特定の領域で情報を伝達するのに必要な化学物質）の量に影響を及ぼす遺伝子変異（全部で九八個）を調べたのだ。その結果、ＨＳＰスケールが、七つの異なるドーパミン制御遺伝子の一〇の変異に関連していることを突き止めた。

では、どの遺伝子が関連しているのか。おそらくは、セロトニンやドーパミンなどに影響を及ぼす遺伝子だ。現在、単一候補遺伝子研究と呼ばれるものから、ゲノムワイド研究へと移行する動きがある。これにより、ＨＳＰの特性に関連するさまざまな遺伝子や、それがあなたの脳内で引き起こす現象を、さらに詳しく理解できるようになるだろう。

しかし、その遺伝子が何であれ、遺伝的に決定されているこの気質は、差次感受性の研究に支えられている部分が大きい。ロバート・キアーズとマイケル・プルースは、家族の社会階級、経済的困難、親の雇用状況、住居のタイプなど、さまざまな「判断材料」から子供時代の生活の質を検討した。物理的困窮は一般的に、質の悪い育児や、成長後の不安定な精神状態とかかわりがあることが知られている。キアーズとプルースは、環境感受性の高さへつながると考えられる九つの遺伝子（この研究ではＨＳＰスケールは使用できなかった）に着目した。その結果、それらの遺伝子を多く持つ、物理的に貧しい子供時代を送った人びとは、成長後、ストレス下で多くの問題を発症する一方、同様の遺伝子を持つ、物理的に豊かな子供時代を過ごした人びとは、成長後、ストレス下で目覚ましい回復力を発揮することが判明した。

マリヌス・ファン・アイゼンドームとマリアン・バーカマンズ・クラネンバーグは、三三五七名が参加した二二の実験を「メタ分析」した。その際さまざまな問題を測定、差次感受性に関連した遺伝子変異を他の遺伝子と比較し、いくつかの介入をおこなった。そしてふたりは、対象の遺伝子変異によって、介入の結果が大きく異なることを発見した。敏感な遺伝子のほうが、介入による影響が大きかったのだ。こうして、高い敏感性を束ねる遺伝子が実在することが判明した。

どういうことかと言うと、この性質はあなたの本質的な部分であり、あなたが、あるいは周囲の人たちが、あなたにもう少し大雑把でいてほしいと思っても、消すことのできない気質なのだ。しかしこの気質とうまく折り合っていくことは可能だし、その本質を知ることで強みに変えていくこともできる。実際、現時点で、あなたがこの気質を自分の利点だと考えてくれていればうれしい。

この差の本質とは

自分たちの進化の理由を理解すると、本書を執筆していた当初よりも自分のことがよくわかる。当時私は、大多数の人が気づかない危険やチャンスを知らせるために、この気質が進化したのだと思っていた。ちなみに大多数の人は、私たちがもたらした情報に対処するのが仕事である。この考えは間違っていないかもしれないが、しかしこの気質の一側面にすぎない。

ショウジョウバエや魚類など、一〇〇以上の種に、とくに敏感な少数グループが存在する。この気質がもたらす行動はさまざまで、ショウジョウバエ、魚、鳥、犬、鹿、猿、人間でももちろん異なるが、概して彼らは行動する前にいったん立ち止まり、観察し、目にしたものについて熟考するという生存戦略を採用している。そして彼ら以外は、周囲の環境に対してさほど注意を払っていない。

処理の深さがカギ――ただし見わけにくい

たしかに行動はゆっくりだが、それはこの気質の特徴ではない。敏感な人は、以前と似た状況に置かれると、当時熟考したおかげで、人よりも危険やチャンスに対して素早く反応できる。このため、この性質のもっとも基本的な側面、処理の深さを見極めるのは困難だった。この知識がなければ、誰かが行動する前に立ち止まっているのを見ても、その人物の内面で起こっていることを想像することしかできない。そして多くの場合、ＨＳＰは抑制的、恥ずかしがり屋、怖がり、内向的だと考えられていたのである。ＨＳＰのなかには、他に説明がつかないことから、そうしたレッテルを受け入れる者もいた。５章でも触れるが、他人と違うと感じたり、自分に欠陥があると感じたりすると、「内向的」であるとか「社会の目を恐れる」というレッテルを自分に貼ることで慰められる人もいるのだ。また、自分たちが人とは違うとわかっていても、それを隠し、周囲に合わせて行動する人もいる。これはとくに、人一倍敏感な男性に顕著な傾向だろう。

コンピュータ・シミュレーションで自分を探す

現在HSPに関する最善の説明は、オランダの生物学者がおこなったコンピュータモデルに基づいている。マックス・ウォルフとその同僚は、敏感さが特性としてどのように進化したのかを見極めるため、コンピュータ・プログラムを使って関係のない要因をすべて排除し、ある状況を作り上げた。そして一度に二、三の変更を施し、予期した状況や戦略が尽きた際に何が起こるかを観察すると同時に、人一倍敏感な気質が生き残れるかを見守った（不出来な気質は持続しない）。

調査法は、状況Aで学んだ個人が、（各自の敏感さに応じて）その情報をもとに状況Bでどれくらいうまく立ち回れるかを観察するというものである（状況Bでの成功に伴う利益の大きさも変える必要があった）。一方で、敏感性は何の違いももたらさないというシナリオも想定した。状況AとBには関連がないため、Aで学んだことはBでは役に立たないというものだ。経験から学んだ戦略を使う者と、そうでない者、両タイプはどのような状況下で進化を見せるのか。

それぞれの戦略が発揮されるには、小さな利益があればいいことがわかった。なぜ全員が敏感性という武器を発達させなかったのか。現実社会では、状況Bに陥ったときに状況Aの経験を覚えていてもほとんど役に立たないし、余計な労力をともなうからというのが理由のひとつだが、もっと大きな理由としては、敏感性が効力を発揮するのは、その気質を持った者が少数派である場合のみだからだ。なぜか？　誰もが敏感だったら、それはみんなが近道を知っているのと一緒で、そこに利点はない。大勢の人間が同じ情報を用いれば、誰の利益にもならないだろう（ＧＰＳが近道を教えてくれる現在では、これはよくある）。

注意を払うにはコストがかかる

つまり、高い敏感性や応答力があるということは、他者よりも細部に注意を払い、その知識を用いて将来をより正確に予測するということでもある。それがうまく転ぶこともあれば、徒労に終わることもある。では、現在の出来事が過去の経験と何の関係もない場合はどうだろう。たとえば、あなたは競馬に参加していて、一番目のレースと二番目のレースで、赤い服を着たジョッキーの馬が勝ったとする。当然、気づいている人は少数だ。あなたは三番目のレースで赤い服のジョッキーに賭けるだろうか。もし負けたら、四番目のレースでもう一度挑戦するか。しかしあなたが気づいたこの赤い服作戦は、ひょっとするとまったくの見当違いかもしれない。また、過去にひどい経験をしていると、ＨＳＰはその経験を過度に一般化し、少しでも似た状況に遭遇するだけで、たびたび回避しようとしたり、不安になったりする。

しかし人一倍敏感であることの最大のコストは、神経系への負担である。情報や刺激を受け入れるには限度があって、それを過ぎれば過負荷になるのだ！　そして私たちは人よりも早くその上限に達してしまう。ただし、きちんと休息を取れば、問題なく回復する。

ＨＳＰは異質か

本書で私は、あなたが人一倍敏感であるか否かについて述べたが、それについての直接的な証拠はなかった。私がそう考えた理由は、ハーバード大学のジェローム・ケーガンが、子供たちに「内向的」な性質の有無を見出したからだ。「内向的」という呼び方は適切ではないように思うが、何やら複雑で奇妙なおもちゃで溢れた部屋に入れられた子供たちが、まず立ち止まっておもちゃを凝視するようすを観察する、という実験内容を考慮すれば、それも仕方がないことかもしれない。しかし多くの科学者は、敏感性は身長のようなものであるとみなし、大多数の人は中間にいるため、リンゴやオレンジのような明確な区別はないと考えた。フランツィスカ・ボリースは、ドイツのビーレフェルト大学で博士論文を書くにあたり、ある統計分析を実施してカテゴリーとディメンションを区別した。ＨＳＰスケールで傾向を測定した九〇〇名以上が参加したこの研究で、ボリースは人一倍敏感であることは、ディメンションではなくカテゴリーであることを発見した。つまり、ほとんどの場合、あなたは敏感であるかそうでないかのいずれかに分けられるということだ。

ただし、この問題についての調査は継続中である。別の研究をおこなったところ、敏感かそうでないかというふたつのグループに分けられなかったのだ（まったく、科学ってやつは！）。ところが別のふたつの研究では、違うやり方で三つのグループ（約二〇パーセントから三五パーセントはきわめて敏感、四〇パーセントから四七パーセントはほどほどに敏感、二五パーセントから三五パーセントは敏感でない）を発見した。だがこうした調査には必ず何らかの偏りがあるため、正確な割合を導きだすのは困難である。多くの研究は、心理学を専攻している生徒を被験者にしているが、心理学を専攻している生徒は他の人より敏感な可能性がある。それに、テストだけで気質を判断するわけではなく、テストはあくまで目安である。被験者のなかには、実際の気質を無視して、真ん中に印をつける人もいるだろうし、自分はすべての項目でほかの人よりも低い、あるいは高いと評価する人もいるだろう。テストに集中していない人もいるかもしれない。また、男性は、この気質を持つ男性が他にも大勢いるにもかかわらず、HSPスケールの得点を微妙に低く見積もる傾向がある。どうやら男性にとってこのテストを受けることは、育った文化によって、さまざまな影響があるようだ。

つまるところ、あなたは特別な少数派の一部であるということだ。ひとりではないが、周囲の大多数とは違う。しかもそれは目に見えない違いであり、敏感でない人との交流において、頻繁に影響を受けることになる。だがこの気質の利点を忘れないでほしい。みんなが気づけないことに、あなたは気がつけるのだ！

DOESについて

私たちの気質は病気や欠陥でないことをセラピストによく知ってもらう目的で二〇一一年に著した『サイコセラピー・アンド・ザ・ハイリー・センシティブ・パーソン Psychotherapy and the Highly Sensitive Person』のなかで、私はセラピストがこの気質を見極める助けになるよう、四つの特性の頭文字からＤＯＥＳというものを考案した。それ以来、ＨＳＰについて説明したり、ＨＳＰ研究について言及したりするときには、私は好んでこの語を使用している。

Dは、処理の深さ（Depth of Processing）

敏感な気質の基本にあるのは、情報をより深く処理する傾向である。電話番号を聞いて、それを書き留める手段がない場合、彼らは数字を何度もくり返し唱えたり、そこにパターンや意味を見出したり、他の何かと関連づけたりして、何らかの処理を試みる。そういうプロセスなしではたいてい忘れてしまうだろう。ＨＳＰは、あらゆることを過去の似たような経験と関連づけたり比較したりして、深いレベルで処理するが、それは意識的におこなわれる場合もあれば無意識的におこなわれる場合もある。無意識に何かしらの結論をくだした場合、それは直感と呼ばれ、HSPは（絶対に正しいわけではないが）この直感力に優れていることが多い。意識的に結論をくだす場合は、さまざまな選択肢を考慮するので、自分の判断が人より遅いと感じるかもしれない。しかしそれもまた、深いレベルで処理をしている証である。

この気質の処理の深さを裏づけるにあたり、さまざまな知覚タスクを通じて、敏感な人とそうでない人の脳の活性状況を比較する実験がおこなわれた。心理学者ヤジャ・ヤギエロウィッツの調査によると、敏感な人は、とりわけ些細なことに気づくタスクにおいて、「深い」情報処理に関連する脳の部位を使っていることがわかった。別の調査では、敏感な人とそうでない人に、文化的に明らかに困難だと思われる（より脳の活性や努力を求められる）知覚タスクを与えた。敏感でない人びとは予想どおりの困難さを示したが、敏感な人びとの脳は、文化の違いに関係なく、まったく変わらなかった。まるで文化的なあり方を超越し、物事を「あるがまま」に見るのが自然だといわんばかりに。

また、ビアンカ・アセベドらによる調査は、ヤギエロウィッツの発見を裏づけた。敏感な性質を備えた脳は、知覚した情報を念入りに調べる傾向があることがわかったのだ。さらにアセヴェドらの研究により、HSPの脳内では、そのときどきで内部の状態、感情、身体状況、外部の出来事に関する情報を統合する、島皮質と呼ばれる領域が他者よりも活性化していることも判明した。この場所は「意識の座」と呼ばれることもある。身体の内部と外部、双方で起こっている出来事を人一倍理解しているなら、島皮質が活発なのも頷ける。こうした発見は、HSPの脳内では物事が深く処理されていることを示唆している。

Oは、刺激に過敏（Overstimulation）

些細なことにもすぐ気づき、しかもそれが複雑な状況で（覚えることが多い）、刺激が強く（騒がしい、乱雑など）、長時間（二時間の通勤）つづくとしたら、当然のように、処理する情報が多すぎて疲れてしまうだろう。一方で、HSPほど周囲に敏感でない人たちは、それほどすぐに疲れない。一日観光して、夜にナイトクラブにくりだす、これだけでもかなり消耗してしまうHSPを見て、不思議にすら思うだろう。HSPが静かにしたいときでも、気にせず話しかけてくるし、HSPにとっては耐えがたい騒音のなかでも、彼らは「活気ある」レストランやパーティを楽しんでいる。実際、これらは傍目にもわかりやすい点で、HSPは（社会的刺激を含む）過剰な刺激にストレスを感じやすく、経験から刺激の強い状況を避ける傾向にある。

ドイツ人心理学者フリーデリケ・ゲルステンベルクは、コンピュータ画面上にさまざまな向きのアルファベットのLを表示し、そこに隠れているTを探すという課題を、敏感な人とそうでない人に取り組んでもらった。その結果、HSPのほうがTを見つけるのが早くて正確だったが、課題後には、他の人よりもストレスを感じていたことがわかった。知覚的労力のためか、心理的な影響を受けたせいなのかはわからないが、いずれにせよ、彼らはストレスを感じていた。負荷が過ぎれば小さな金属片でもストレスを示すが、過負荷がかかるとＨＳＰもストレスを感じるのである。

人一倍敏感な気質を備えた親の研究によると、そうした親は、繊細さを欠いた親よりも家庭内の混乱レベルに大きく影響されることがわかっている。興味深いことに、その家の混乱ぶりを評価した第三者が繊細な親の意見に同意した場合でも、繊細さを欠く親は、家のなかが混乱しているとは感じていなかった。これはある意味幸運と言えるかもしれないが、周りの状況を客観的に見ることができない、ということでもある。

ただし一部の人が言うように、（たしかに負担が多い状況ではそうなってしまうこともあるが）ＨＳＰはいつも周囲の強い刺激に悩まされているわけではない。ＨＳＰとその他の症状を混同しないよう注意してほしい。たとえば感覚的な不快感（Sensory discomfort）は、感覚が優れているのではなく、感覚処理に問題が生じているため、それ自体が疾患の兆候になり得る。自閉症スペクトラム障害を持つ人は、感覚的な過負荷を訴える場合と、まったく平気な場合があるが、それはおそらく何に注意を向け、何を無視するべきかの判断が困難だからだろう。誰かと話す際にも、相手の顔にそれほど重きを置かず、たぶん床の模様や、頭上の電球の種類と同じくらいにしか思っていない。そして必要以上に刺激を受けると、激しく不満を訴える。彼らも些細なことに気づいているかもしれないが、それは社会生活と無関係なことが多い。一方ＨＳＰは、冷静な状態なら、相手の微妙な表情の変化によく気がつく。高機能自閉症の人は、訓練をすれば社会にかかわりのあることに注意を向けられるようになるが、それには多くの努力がともなう。一方で、HSPは社会的な変化に目ざとく、そのせいで疲れてしまうことがあっても、概してそのことを楽しんでいる。自閉症スペクトラムについての理解は刻々と変化しているため、その見方も変わってくるかもしれないが、それでも、HSPと自閉症スペクトラム障害を持つ人との脳機能は異なっているし、人一倍敏感であることと、自閉症スペクトラム障害であることとは違う。ADHD、統合失調症、心的外傷後ストレス障害、あるいはダウン症候群といった障害を持つ人たちも、おそらく敏感な気質を備えていると考えられる。だがHSPはそうした病気とは別物なのだ。

刺激に対する敏感さは、DOESのなかで唯一ネガティブな特徴だが、人よりも長く休息を取れば問題ない。取り込んだ情報もすべて処理できるし、強い刺激を極力避けることも可能だ。本書がその助けになるだろう。

Eは、情緒的反応（Emotional Reactivity）

さまざまな調査や実験により、HSPはいい経験にも悪い経験にも人より反応しやすいことがわかっていたが、ヤジャ・ヤギエロウィッツらの一連の研究で、HSPはとくに「ポジティブな感情価」を喚起する画像に対して強い反応を示すことがわかった。いい子供時代を過ごしたHSPはとくにこの傾向が顕著だった。ビアンカ・アセベドと共同でおこなった脳の研究によると、ポジティブな画像に対するこの反応は、強い感情の初期体験にかかわる領域だけでなく、思考や知覚に関する「高度な」領域、つまり処理の深さに関する脳研究で示されたのと同じ領域で示されたという。ポジティブな画像に対する強い反応は、健やかな子供時代と差次感受性の研究でも裏づけられており、いい環境にいるHSPが、他の人よりも環境からより多くを享受する理由を説明してくれる。彼らは両親や先生、大人になってからは雇用主や友人などの笑顔や相槌を敏感に察知し反応する。

Eはまた、共感性（Empathy）も示している。前述したビアンカ・アセベドの研究で、他人および大切な人が、喜んでいる、悲しんでいる、普通の状態にある写真を、それぞれHSPとそうでない人に見せたところ、感情が表れている写真を見たHSPの島皮質の活動は活発になり、と同時にミラーニューロンシステムはさらに活性化し、とくに愛する人の幸せそうな顔を見たときにその傾向が顕著となった。

脳の「ミラーニューロン」は、ほんの二〇年ほど前に猿の脳内で発見された。誰かが何かをしたり、感じたりすると、このニューロンも、相手と同じような反応を示す。同じミラーニューロンでも、たとえば私たち自身がサッカーボールを蹴る、サッカーボールを蹴っている人を見る、誰かがサッカーボールを蹴っている音を聞く、もしくは「蹴る」という言葉を耳にする、などの違いによって活性化される度合いは異なる。この驚くべきニューロンは、模倣から学習するだけでなく、HSPがよく使うとされる共感に関連する脳の領域と連携することで、ミラーニューロンが活動する領域で他人の意図や感情を汲んでいる。つまりこれらは、人間全般の共感力の一部を司っていると考えられる。

別の言い方をすれば、HSPは他人の感情を理解するだけでなく、場合によっては、ある程度相手と同じように感じているということだ。これは敏感な人にはよくあることで、誰かの悲しい顔を見ると、HSPのミラーニューロンは、非HSPのそれよりも活性化する傾向にある。愛する人の不幸せそうな写真を見ると、HSPは、共感性に関する領域以外にも、どうにかしたい、行動を起こしたいといった感覚を司る領域を活性化させる（そしておそらく混乱を避けるために、こうした強い共感性を抑えるすべを学んでいく）。いずれの強い感情を示す写真でも、共感を示す脳の領域をより活性化させたのは、非HSPではなくHSPのほうで、なかでも他人よりも近しい人、不幸せな表情よりも幸せな表情により強く反応を示している。

一般的に、感情は非論理的思考へ導くという誤解がある。だが心理学者ロイ・バウマイスターらが再検証した研究では、感情を知恵の中心に据えている。理由のひとつは、大半の感情は出来事の後にやってきて、そこで起こったことと、そこから学んだことを忘れないよう補足するからだ。失敗に動揺し、何度もそれについて考えるほど、次回は失敗しなくなる。そして成功に喜び、何度もその経緯を語るほど、次回も同じ結果を出せるようになる。

クリアな思考に対する感情の貢献度を探るバウマイスターの別の研究によると、人は何かを学ぶにあたって、感情的な理由がなければあまり、あるいはまったく身につかないという。（学校などで）テストがおこなわれるのはこのためである――いい点を取ったら褒め、悪い点を取ったら叱ることでやる気を引きだしているのだ。ＨＳＰはテストの結果にとりわけ影響されることがわかっている。またこれは、母国で母国語を学ぶのが簡単な理由のひとつでもある。私たちはがんばってみずからの道を切り開き、相手の対話に応じることで、愚かに見えないようにしているのだ。

こうした観点から見ると、敏感な人が、やる気を引き起こす強い感情を持たずに、物事を複雑に処理するのは不可能なように思える。だが覚えておいてほしいのは、ＨＳＰの反応が人より大きいのは、好奇心や（他の人が知らない近道を使うことによる）成功への期待、何かに対するいい意味での欲望、満足、喜び、達成感などの肯定的な感情ゆえである、ということだ。おそらくネガティブな状況には誰もが強い反応を示す。だがＨＳＰは進化の結果、いい結果をじっくり味わうことに、そしていい結果を出すための方法を編みだすことに、人一倍長けていると考えられる。誕生日会などの計画を任せたら、きっと素敵な会にしてくれるはずだ。あなたの強い感情が助けとなる状況を考えてみてほしい。状況に応じた適切なふるまいが最初にできれば、たとえばお葬式で最初に涙を流せば、その場の「感情的なリーダー」になるだろう。

Sは、些細なことも気づく（Sensing the Subtle）

これまで引用してきた研究の大半には、知覚的な鋭さが求められる。これは私たちがとくに自覚していることで、HSPは他人が見逃している些細なことにも気がつく。そして多くの人が、これこそがHSPの最大の特性だと考えている（この混乱を正し、処理の役割を強調するために、私たちは「感覚処理感受性」という科学用語を用いた）。ただしこの特性は、特定の器官が優れているために生じるわけではない。実際、目や耳が不自由な人のなかにも敏感な人は存在する。たしかに、敏感な人のなかにはひとつ、あるいはそれ以上の感覚が非常に研ぎ澄まされている人もいるが、こうしたケースであっても目、鼻、肌、味覚、耳の機能が特殊というより、感覚情報を慎重に処理している可能性がある。くり返しになるが、敏感な人々が知覚したときに活発になる脳の領域は、感覚情報をより複雑に処理する領域――形から文字を認識したり、言葉を読んだりする領域ではなく、言葉の微妙な意味を読み取る領域である。

人生におけるシンプルな喜びを味わうことから、相手の気分や信頼性など、彼らが無自覚に発する言葉によらないサインを読み解いてこちらの対応を決めることまで、些細なことに気がつく気質は、無限の可能性を秘めている。もちろん疲れていれば、些細なことどころかあらゆることが目に入らなくなって、休むことしか考えられなくなってしまうこともある。

あなたにとって大切な事柄に関する新たな研究――創造性、畏怖、強い感情の調節

HSPが、いくつかの点でHSPでない人よりも創造的であることが示された、という研究

結果にあなたは興味を抱くかもしれない。(処理の深さといった)創造性は、強い、弱い、ネガティブ、ポジティブなど、さまざまな感情によって引き起こされるという証拠もある。また、HSPであることと、畏怖の感情には深いつながりがあり、というのも強烈な感情は、喜びや人生の意味を増幅すると同時に圧倒することもあるからだ。

そのため、適切な時間に適切な感情を適量抱くという、感情の調節が必要になる(個性を殺すということではない。適切な時間と場所で畏怖や喜び、創造力を高めれば、おのずと適量になり得るということだ)。多くの研究によると、困難な子供時代を過ごしたHSPは、とくに不安にまつわる感情に問題を抱えている。ただし負の感情は、個人の資質やマインドフルネスなどによって大幅に軽減され、とりわけ受容性の資質が高いHSPは不安が小さくなる。

そのときどきの感情を受け入れるという主題は、感情の調節とHSPに関する別の研究へとつながっていく。これまでの研究で、私たちはうつや不安になりやすいことが判明しているが、そのカギとなるのはこうした感情の調節の仕方にあったのだ。私たちHSPは、自分の内面を見つめるという大切なスキルは備えているものの、それ以外のスキルも改善しなくてはならない。マインドフルネスの特性と同じく、まずは、自分の感情を受け入れること。そして、自分の感情を恥じないこと、ほかの人と同じようにそうした感情に対処できると信じること、たとえそう思えたとしてもその感情が永遠につづくわけではないと信じること、それから、希望を抱くこと。

とはいえ、いま述べたようなことでは制御できない感情を、おそらく多くのＨＳＰは抱いている。日照時間の少ない冬や、曇りや雨の多い地域で発生するうつ症状である。私の初期の調査、そして現在ではさまざまな研究から、ＨＳＰの多くは季節性情動障害を持っていることがわかっている。といっても、ＨＳＰ全員に当てはまるわけではなく、ＨＳＰは他の人よりその傾向が強いというだけだ。かりにその傾向があったとしても、まったく心配する必要はない。この症状には治療法がある。通常は光療法だが、自分に合った治療を適切な時期におこなってほしい。詳しくは、豊富な知識を備えた専門家に話を聞くといいだろう。

ＨＳＰの人間関係に関する研究

ＨＳＰの人間関係については、本書と『ひといちばい敏感なあなたが人を愛するとき——ＨＳＰ気質と恋愛』（青春出版社、二〇二〇）で詳しく書いてきたが、この主題に関する研究はまだ足りないように思う。それでも、研究は進んでいる。最初の研究は、情報を深く処理するＨＳＰは、近しい人との会話において、その内容を吟味するのを好む可能性があるのでは、という発想からはじまった。二〇一〇年、私は夫をはじめとする仲間たちと、敏感な親が「深い会話や、個人的に意味のある会話」を望むと、相手との関係が実際に退屈なものになるのかどうか、という調査に乗りだした。これは「彼らが自分の体験の意味について反芻する、あるいは熟考する」ときに、とくに当てはまった。敏感な女性のほうがその傾向が強かったものの、男女いずれにも当てはまる結果となった。興味深いことに、彼らはこうした会話に満足していなくても、この気質を持たない人よりも、関係性に対する不満を口にしなかった。一般的に、意義のある会話が多いほど、人は幸せを感じる。だからぜひ、あなたが望むとおりの会話を交わしてほしい。ＨＳＰにとっていいことは、たいてい誰にとってもいいことなのだ。

『ひといちばい敏感なあなたが人を愛するとき』を執筆する際、私はふたつめの研究をおこなった。ニュースレターを購読している六〇〇名のＨＳＰを対象にした「気質と性」に関する匿名の調査である。対象者は、まず調査用の質問に自分が答えたあと、さらにＨＳＰでない（と彼らが判断した）人にも同じ作業をお願いし、自分と彼ら、それぞれの回答を同封した返信用封筒でこちらへ送り返すのだが、女性からは三〇八通、男性からは一三五通送られてきた。結果は既出の拙著に書かれているが、少しだけ紹介すると、まず、ＨＳＰはセックスを神秘や力の資質とみなす傾向が強く、行為後ただちに普段の活動をするのがむずかしい。また、わかりやすい性的な合図に対して、他の人よりも興奮の度合いが低い。以下のふたつの項目にはすべてのＨＳＰが当てはまるが、とくに男性にその傾向が強い。「セックスをするときは毎回同じ段取りを好み」、さまざまな行為をすることにさほど興味はない。

一方で、同棲したことのあるパートナーの数はＨＳＰも同じで、関係のあった直近の期間、セックスが人生を満たしてくれるもののひとつであるという認識、行為に積極的でパートナーの好みに合わせること、オルガズムと自慰行為の頻度なども変わらない。ＨＳＰの性は、身体的、感情的、あるいは薬などの問題からもとくに影響は受けていなかった。ＨＳＰに性機能障害や性的虐待が多いという報告はないが、性的虐待の経験がある場合、性生活への影響は非ＨＳＰよりも大きくなる。

他の女性に比べると、敏感な女性はセックスを悲しみ、恐怖、恐れと関連づけることが少なく、愛されることと関連づけることが多かった。また彼女らは、性的関係に関して他者への影響を深く考慮する。性病や妊娠に対しては人一倍慎重で、相手への愛情を感じなければセックスを楽しめず、セックスを軽く考えることができない傾向にある。これは、行動する前に一度立ち止まるというＨＳＰの性質からきていると思われる。

ＨＳＰは性行為を人より楽しんでいるようにも思えるが、実はそうではなく、一般的に刺激の源であるセックスは、日常がすでに刺激でいっぱいだと、神経が過度に高ぶる原因にもなり得る。

こうした情報が、少しでもあなたの役に立ってくれればと思う。人間関係に関する自分の傾向を理解しておけば、さほど敏感でない人たちにも、「変わっている」と思われることなく、あなたの思いを伝えることができるだろう。

人間関係に関連する三番目の研究は、共感にかかわる脳の領域で、ＨＳＰは他の人より活発な動きをみせたという前述の研究である。

養育

ＨＳＰが親になることに興味があった夫と私は、インターネット上で一〇〇〇人を超えるＨＳＰに、三つのことを知るための質問をした。ひとつめは、もうひとりの親である「パートナー」との関係について（例：「私のパートナーは私をいい親だと思っている」「私のパートナーはいい親である」「子供を持つことは私たちの関係を困難にしている」）。幸いにも、報告によると、敏感な親たちはこの気質を持たない親同様、とくにふたりの関係性に困難を感じていなかった。

ふたつめは、子育てのむずかしさについて（例：「毎日が大騒ぎ」「自分の時間が持てない」「親になったことを後悔している」）。三つめは、子供に合わせることについて（「言われる前に子供の欲しいものがわかる」「何があっても子供と穏やかに過ごす」「私の強みは、子育てで発揮する創造性である」）。敏感な母親からは、子育てのむずかしさや、子供に合わせることが増えたという報告があったのに対して、敏感な父親は、子供と過ごす時間が少ないせいか、子供に合わせることが増えた、という項目のみで高い得点をつけた（こうした結果は、各自の家の外でのストレスの度合い、教育、結婚歴、年齢、子供の年齢には影響を受けなかった）。

人一倍敏感な親がその特性を発揮するには、育児にともなう過度の刺激を制御する必要があるだろう。拙著『ひといちばい敏感な親たち――子育てとＨＳＰ気質』（パンローリング、二〇二〇）は、こうした敏感な親たちを、可能なかぎり助けたいという思いで書いた。とくに彼らが、他の親がそうしているからといって、「ひとりでやろう」としないよう忠告している。彼らがいい親になるには、子供たちが小さいあいだはとりわけ、何らかの助けが必要なのだ。

親の燃え尽き症候群に関する研究が進むにつれ、人一倍敏感な親には助けが必要だという証拠も増えている。彼らはとくに影響を受けやすい。前述した研究によると、敏感な親は、家庭内の混乱に影響されやすく、また、育児に関するHSPの自己申告調査によると、専制型、迎合型、権威型の三つのスタイルのうち、専制型と迎合型のタイプが多いことがわかった。これらは確固とした、穏やかな権威型よりも望ましくないとされている。敏感な親たちは、厳しく抑えこんだり、逆に子供の好き勝手にさせたりすることで、子供たちの行動（かんしゃくや大きな物音などなかなか制御できないものや、絶え間ないおしゃべりや言い争いなど）が引き起こす刺激をコントロールしようとしているのではないかと研究者たちは結論づけている。四名のHSPの母親たちにおこなったインタビューは、そうした傾向を裏づけているようだった。

自閉症スペクトラム障害のある子供の子育てに関する研究では、敏感な親たちは、他の親よりもむずかしさを感じてはいなかった。ただし、困難な決断をくださなければいけない状況ではそのかぎりではなかった。興味深いのは、彼らが決断をむずかしいと思うのは、物事を深く処理するからだ。調査に参加した親たちは、育児に関する多くの決断は、まちがいなく困難事のひとつだったと述べている。

ＨＳＰと仕事

本書では仕事や職歴についても述べているが、ここでは本書が出版されたあとに発表された研究について話しておきたい。バビーニ・シュリバスタバがおこなった、インドの情報技術企業におけるＨＳＰに関する調査によると、敏感な人々は職場でより多くのストレスを感じているが、上司からは他の者より生産的だと評価されているという。ドイツのバンベルク大学人事管理学部のマイク・アンドレスンらは、ＨＳＰであることが、海外で働く従業員たちの「離職意向」にどう影響するかを調べた。その結果、ＨＳＰは重要な任務で海外に派遣されることが多い一方で、ストレスのせいで離職意向も高いことがわかった。さまざまな組織がきわめて多くのＨＳＰをこうしたポジションに起用していることからも、それらの仕事が（共感力や誠実さのある）ＨＳＰに適していると会社側が考えていることは明らかだ。ストレスに対処するための準備や支援がもっと整えば、ＨＳＰもこうした職にとどまっていられるかもしれない。

自分で起業できると思っている人に関する調査では、「英雄的」、外向的、そしてさほど敏感でないタイプにその傾向があることがわかった。ただしＨＳＰも起業への思いは強いことがわかっている。機会の認識力（処理の深さ、些細な刺激に対する気づき、創造性など）に優れた彼らは、自分で自分のエネルギーやリソースを管理したいと考えているのだ。詳細については本書のなかで後述する。

暫定ＣＩＯ（最高情報責任者）であり、最高のＣＥＯについて書いたジョン・ヒューズは、

ＨＳＰが並外れたリーダーになる理由を記している。第一に、彼らは他の人が気づかないことに気づき、チーム内で起こっていることを感覚で理解している。第二に、彼らはただ行動するよりも、他のメンバーの功績になるよう立ち回るのを好む。第三に、そして何より重要なポイントとして、彼らは「共鳴のリーダーシップ」と呼ばれるものを発揮し、言葉では表されない、現在進行形の出来後についての「感覚」をつかむため、理解と共感を持って人々を導くことができる。このようなリーダーは、「的確な時期に的確な言葉や行動を示す」傾向があり、「これは運や魔法ではなく、物事を深く感じ、豊かに処理し、じっくり考えて正しい言葉や行動を選択するという生来の能力の賜物である」。

敏感な人はそれぞれ違うし、時代によっても異なる

平均的なＨＳＰに関するさまざまな調査や状況、または脳機能に関する研究が示すように、ＤＯＥＳはＨＳＰを理解するための優れたガイドラインである。とはいえ、ひとりの個性ある人間であるあなたは、一般論でくくられるようなものではないし、（実際には存在しない）統計上平均的な人間でもない（現実に二・一二人の子供を持つ家族を見たことがあるだろうか）。また、そのときどきによっても違う。そのときの気分次第で、行動する前に考えなかったり、細かいことに気づかなかったりもする。同じＨＳＰでもさまざまなタイプがいて、それぞれに

特徴や過去がある。自分たちをひとつの仲間だと認識したい気持ちはそれとして、くれぐれも、ひとりひとり違うのだということを忘れないように。とりわけ、私たちＨＳＰ全員が、いつでもよく気がつき、誠実で、素晴らしい人間だというわけではないのだ！

たとえば刺激に過敏な性質を例に挙げる。敏感な人がふたりいたら、大きな音や、誰かの失礼な態度に対して、それぞれまったく違う行動を取る可能性がある。ひとりはこうした状況を避け、そっと席を外して、めったに不平を言ったり、嫌な顔をしたりすることはないかもしれない。彼もしくは彼女は、居心地の悪さをつねに感じるようなら、その場にとどまることなく、別の職場へ移動するか、自分で起業する。あるいは周囲の状況を改善する戦略を練りながら、静かに耐え忍ぶだろう。

一方、人よりストレスフルな過去を持つＨＳＰは、苦しみや苛立ちを人一倍募らせ、と同時にみずからを適切な環境に置いたり、不快な状況を避けたりすることが苦手で、ともすれば相手を喜ばせようとしたり、自分がどうにかしなければと感じたりする。彼らは、何らかの危機に直面し、同僚たちに自分の「過剰な」繊細さを知られないかぎり、職場に留まる可能性がある。このタイプのＨＳＰは、他人から（ＨＳＰだと）指摘されることが多く、物静かで、創造的で、共感力の高い自分の気質が、ＨＳＰだとは思いもしないのだ。

まとめ

私にとって、ＨＳＰ研究は素晴らしい旅路である。最初に述べたように、私がこの研究に興味を持ったのは、自分自身がそうだったからだ。そして心理学における科学的背景を武器に、私はいくつかのインタビューを開始したが、いまだに興味は尽きていない。やがて――好きな言い回しをさせてもらえば――通りを歩いていた私の後ろに、いつの間にかパレードができていた。パレードに参加していたのは「ＨＳＰ」という用語を聞いたこともない敏感な人たちだった。私たちはいまだに少数派であるだけでなく、目に見えない存在でもある。本書に掲載した自己診断テストに正しく答える人もいれば、全問間違った答えを出す人もいるだろう。彼らもまた、目に見えない存在である。そして私たちは、そういう人たちのなかで暮らしている。

もちろん、まったく私たちの姿が見えないわけではない。他者にとってＨＳＰの明確な「問題」は、他の人よりも「過剰に反応」することである。私たちは少数派なので、当然多数派の反応とは異なる。ＨＳＰに欠陥があるように見えるのは、この刺激や感情に対する過剰な反応のせいである。さらに、差次感受性から学んだように、過去に問題のあったＨＳＰは自分の反応をうまく制御できず、そのせいで問題があると思われたり、あるいは障害を抱えていると思われたりする。

一方で、処理の深さや気づきの鋭さに関しては、容易に見逃され、誤解されることが多い。

ある状況に足を踏み入れたり、決断をくだしたりするのに時間がかかっていると、周囲に不審がられ、どこかおかしいのではと思われるのに対して、時間をかけてくだされた決断の素晴らしさは、簡単に見落とされてしまうのだ。しかもこの種の遅延は、敏感性だけでなく、恐怖や知的障害によっても引き起こされることがあり、その境界線は、私たちの内部にしか存在しない。だが、脳研究のおかげでこれらの違いは明確になり、さまざまな研究がＨＳＰの優位性を発見してくれた。こうした一歩を踏みだしてくれたすべての人々に、心から感謝を捧げたい。彼らのおかげで私はこう言える。「そう、これが私の内部でも起こっていることなのだ。たとえ他の人には見えなくても」。

二五年を経たいま、ＨＳＰでない人にも、この気質は知られるようになってきた。彼らにはさらにその理解を深めてもらえればと思う。そして私たちの気質がとりわけ優れているわけでも、決して悪いものでもないことをみんなに知ってもらいたい。私たちならできる。これまでもそうやって理解を広めてきたのだから。さあ、お祝いだ！　パレードを開催しよう。

序文

「やーい、泣き虫！」

「意気地なし」

「空気読めよ」

聞き覚えのある言葉だろうか？　では、これはどうだろう。「あなたは繊細すぎるのね」

あなたが私と同じなら、こうした言葉を何度となく耳にし、自分は人とは違うのだと思った経験があるはずだ。私は、自分には人に知られてはいけない致命的な欠陥があり、いい人生は送れない運命なのだと思っていた。自分はどこかおかしいのだと。

実際には、そうではなかった。本書のはじめに掲載されている自己診断テストで一二個以上「はい」と答えたら、あるいは1章の内容が自分に当てはまるように思えたら、あなたは特別なタイプの人間、とても敏感な人（Highly Sensitive Person）――以後ＨＳＰと呼ぶ――であり、本書はあなたのためのものだ。

敏感な神経系を持っているのは正常なことで、基本的にニュートラルな性質である。おそらくは遺伝で、全人口の一五パーセントから二〇パーセントが当てはまる。その性質を備えていると、周囲の些細なことにもよく気がつき、多くの状況で有利になる。一方で、刺激の強い環境に長時間いると気圧されやすく、景色や音にやられ、神経系がへとへとに疲れてしまう。敏感であることには、利点も欠点もある。

しかし私たちの文化では、こうした性質を持っていることは理想とされていない。この事実は、あなたに大きな影響を及ぼしてきたのではないだろうか。両親や先生は、これがまるで欠陥であるかのように、この性質を「克服」するようあなたを促し、励ましたかもしれない。他の子供たちに意地悪をされたこともあるだろう。そして大人になってからは、適切な仕事や人間関係を探り当てるのが困難で、自信や自尊心を保つのもむずかしかったのではないだろうか。

本書が提供するもの

本書では、ＨＳＰの特性や、ここにしか存在しないデータについて、あなたに必要な基本情報を提供する。これは五年にわたる調査と、綿密な取材、臨床経験、何百というＨＳＰとのカウンセリングの結晶であり、心理学がこの特性について見落としていたものを慎重に読み解いた結果である。はじめの三章で、この性質についての基本的な事実を知り、神経系が過剰に反応した際の対処法を学んでほしい。

また本書では、個人的な経歴、職歴、人間関係、内面の世界に敏感性がどう影響するかに着目し、あなたが考えたこともなかったHSPの利点に焦点を当てると同時に、内向的であるとか、適切な仕事を探すのがむずかしいとか、HSPには馴染みの問題についても触れていく。きっと興味深い旅路になるだろう。こうした情報を伝えると、大半の人たちは、劇的に人生が変わったと言う。だからぜひ、他のHSPにも伝えてほしい、と。

敏感だがそれほどでもない、という言葉

はじめに、HSPの子供やパートナーや友人がいるから本書を手にしたという人がいれば、とくに歓迎したい。あなたと彼らとの関係は劇的に改善するだろう。

また、あらゆる年代を対象におこなった電話調査によると、二〇パーセントの人がきわめて、あるいはかなり敏感だと答えた一方で、二二パーセントの人がそこそこ敏感だと答えた。本書は、この「そこそこ」敏感な人にも役立つはずだ。

ところで、まったく敏感ではないと答えた人は、全体の四二パーセントだった。これこそ、HSPが世界の大多数と足並みがそろわないと感じる理由だろう。そしてこの大多数の人々が、いつもラジオをつけ、クラクションを鳴らすのだ。

状況によっては、誰もがとても敏感になる。たとえば山小屋で一カ月ひとりきりで過ごした

あと。年を重ねても敏感になっていく。実際、ほとんどの人は、自覚の有無にかかわらず、特定の状況下では敏感な一面を持っている。

非ＨＳＰに言いたいこと

非ＨＳＰのなかには、ＨＳＰのほうが優れているように感じ、自分がＨＳＰでないことに傷つき、疎外感を覚える人がいる。じゃあ、私は敏感ではないのか、と。「敏感」とひとくちに言っても、理解し、気づける能力を備えていることがポイントである。ＨＳＰでも非ＨＳＰでもこの資質を持つことは可能だが、ＨＳＰの場合、この能力は気分がいいときや、些細な変化に気を配っているときなどに発動する。冷静な状態にあるＨＳＰは、繊細なニュアンスを人一倍楽しんでいるとさえ言えるが（ＨＳＰにはよくあることだが）ひとたび興奮状態に陥ると、理解力も繊細さも吹き飛んでしまい、圧倒され、消耗し、ひとりの時間が必要になる。反対に、あなたが非ＨＳＰなら、混乱した状況でも、他人に対して理解を示してあげられるだろう。

私は長いこと、この気質をどう呼ぶべきか考えてきた。かつて心理学者は内気、恥ずかしがり屋、引っ込み思案など、数々の誤った呼称でこの気質を呼びならわし誤解を招いたが、それと同じ失敗をくり返したくはなかった。いずれの呼称も、この気質のポジティブな側面を欠いている。「敏感性」は、すなわち刺激を受容する感度が高いということだ。この先は前向きな言葉を用いて、ＨＳＰに対する偏見を正していく必要があるだろう。

とはいえ、「敏感すぎること」に何の恩恵も感じない人もいる。私は静かな自宅で机に向かい、誰も口にしてこなかったこの特性について記している。本書は、痛ましいエピソードを共有し、ＨＳＰの講釈を垂れるだけではない。誤解を招きやすい「敏感性」という概念をめぐっては、ジェンダー問題にも匹敵するほどの、多大なる心理学的エネルギーが費やされてきた（生まれつき敏感な赤ん坊の男女比は等しいにもかかわらず、女性と違って、男性はこうした気質を持っているべきではないとされており、それはいずれの性別に対しても大きな犠牲を強いている）。並々ならぬエネルギーを心して受けとめてもらいたい。そしてあなたの敏感性と、ＨＳＰに対して新たに芽生えた理解を大切にしてほしい。

何より、世の中にはあなたと同じような人たちが大勢いることを知って楽しんでもらいたい。これまでＨＳＰどうしが交わることはなかったが、これからは私たちＨＳＰにとっても、社会にとっても、いい環境が育まれていくだろう。1章と6章、および10章では、社会におけるＨＳＰの重要な役割について触れていく。

あなたに必要なもの

私はＨＳＰの利点を四つの観点から見出した。本書では以下のとおりに述べていく。

1. 自己認識。まずはＨＳＰについて理解すること。徹底的に。そしてそれがその他の気質にどのように関わっているか、社会でのネガティブな扱いが自分にどう影響しているかも理解すること。また、あなたの敏感な体質についても深く理解してほしい。思いどおりにならない、あるいは弱そうで嫌だからといって、もう身体の反応を無視する必要はないのだ。

2. リフレーミング。自分はＨＳＰだと認識したうえで、過去を積極的にリフレーミングすること。両親も先生も友達も同僚も、誰もあなたを理解していなかったのだから、これまで犯した多くの「失敗」も当然である。過去の体験をリフレーミングし直すことで、確固とした自尊心を育んでいける。自尊心はＨＳＰにとってとくに重要で、というのも自尊心があれば新たな（ゆえに刺激の強い）状況で取り乱すことが少なくなるからだ。

しかし、自尊心は勝手に芽生えるものではない。だから各章の最後に「エクササイズ」を載せておく。

3. 癒やし。まだ傷が癒えていなければ、深く刻まれた傷を癒やしていかなければならない。子供のころから敏感だったあなたは、家庭や学校での問題、子供のころの病気など、あらゆる事柄に対して人一倍影響を受けてきた。また、他の子供とは違うという理由で、ほぼ間違いなく苦しんできたはずだ。

ＨＳＰは、とくに激しい感情を覚えると、過去の傷を癒すのに必要な内面の葛藤を抑えることがある。注意深く、時間をかけるのはいいことだが、手遅れになる前に処置をしたほうがいい。

4. 外に出ても大丈夫だし、内にこもってもいい。外の世界と交わることは可能だし、交わるべきだし、交わらなければならない。あなたは世間に必要とされている。ただし、うまく加減をする必要がある。敏感でない世界からの紛らわしいメッセージを排除した本書は、それを学ぶためのものである。

これらの他にも、この気質が身近な人々との関係に及ぼす影響について、また心理療法とＨＳＰについても――ＨＳＰがセラピーにかかるべき理由、どの先生のもとで、どんなセラピーを受ければいいのか、セラピーがＨＳＰにとってどんなものなのかについても――触れていく。また、ＨＳＰと医療についても考えたい。そして最後の章では、私たちＨＳＰの豊かな内面世界を一緒に味わえればと思っている。

私について

私は研究に特化した心理学者で、大学教授で、心理療法士で、小説家でもある。だが何より、あなたと同じＨＳＰである。間違っても上から目線で、あなたを助けようとか、哀れな魂を救おうとか、この「症候群」を克服する手伝いをしてあげようとか、そういう目的で本書を執筆しているわけではない。当事者としてこの性質、利点、そしてむずかしさを知っている。

子供のころは家庭でのいざこざから身を隠していた。学校ではスポーツやゲーム、「普通の」子供たちを避けていた。この戦略が成功して、誰にも気づかれなかったときの安堵と恥辱は、何とも言いがたいものだった。

中学では、社交的な友達が私の面倒を見てくれた。高校でもその関係はつづき、私は勉強ばかりしていた。大学になると困難が格段に増えた。若すぎる四年間の結婚生活をはじめ、つまずいては進むことをくり返し、ようやくカリフォルニア大学バークレー校を優秀な成績で卒業した。だがこの間も私は、自分がおかしくなるのではないかと思いながら、多くの時間をトイレで泣いて過ごしていた（このようにどこかに引きこもり、よく泣くのは典型的なＨＳＰの特性であることが自分の研究でわかった）。

大学院では自分の研究室を与えられたが、やはりそこに引きこもってよく泣いていた。こんな状態がつづいたために、博士号を取るよう期待されていたにもかかわらず、私は大学での勉強をやめてしまった。それから二五年後、こうした自分の反応を理解するための気質についての情報を得た私は、ようやく博士号を取得したのだった。

二三歳のとき、私は現在の夫と出会い、物を書き、息子を育てるという非常に守られた生活に落ち着いた。外の世界に出なくていいことに喜びを感じる反面、後ろめたさも感じていた。

何かを学び、自分の才能を世間に認めてもらい、さまざまな人たちとつながる機会を漠然と失っているような気がしたのだ。だが過去の苦い経験から、それも仕方がないと思っていた。

ところが、なかには避けられない事態もあった。あるとき病院で治療を受けることになった私は、数週間で治るだろうと思っていた。しかし案に相違して、治療は長引いた。私を「普通の人」と隔てる謎の「致命的な欠陥」にまたしても直面する羽目になったのだ。私は心理療法を受けることにした。そして幸運にも、私の話を聞いたセラピストは、何度目かのセッションでこう告げた。「でも、動揺するのは当然です。だってあなたはとても敏感な人なのだから」

いったいどういうことだろう、場当たり的な慰めだろうか、と私は思った。だが先生いわく、これまでこの件についてじっくり考えたことはなかったけれど、経験上、どうやら刺激に対する寛容さや、何らかの深い経験に対するオープンさは、人によって良くも悪くも違いがあるらしい、とのことだった。彼女の見解では、こうした敏感性が、精神的な欠陥や疾患の兆候を示していることはほとんどないという。少なくともそう願っていると言った先生自身、実は人一倍感受性が強かったのだ。先生がこう言って笑ったのを覚えている。「この性質を鈍感な人たちも理解してくれたらいいのにね」

私は数年間セラピーに通い、子供のころのさまざまな問題に取り組みながら、有意義な時間を過ごした。最大の問題はこの性質が及ぼす影響だった。私はこの性質を欠陥だと感じていたし、私の想像力、共感力、創造力、洞察力を尊重してくれる人たちが私を守ってくれても、素直に感謝できず、結局、社会から孤立してしまった。それでもこの特性を理解すると、また社会に入っていくことができた。いまでは社会の一員、その道の専門家として、この敏感性という特別な贈り物を皆さんと分かち合えることに大きな喜びを感じている。

本書を支えるリサーチ

自分の特性を知って人生が変わった私は、さらに詳しく知りたいと思ったが、これに関する資料はほとんど存在しなかった。おそらく一番近かったのが、内向性に関する研究である。精神科医のカール・ユングは、これを内に向かう傾向であると呼び、この主題について書き記した。自身もHSPだったユングは、私にとって大きな助けとなったが、内向性に関する科学的な研究は、社交性の欠如に焦点を当てたものが多く、その概念は、内向性と敏感性が誤って同一視されているのではないかと、私に疑問を抱かせた。

情報がほとんどないなかで、私は当時働いていた大学の、スタッフ向けのニュースレターを活用することにした。自分が刺激に対して非常に敏感だと感じたり、内向的だったり、すぐに感情的になってしまうと感じる人たちを募集し、インタビューをさせてほしいとお願いしたのだ。するとすぐに予想以上の人数が集まった。

やがて地元紙がこの調査に関する記事を発表した。その記事に私の連絡先は掲載されていなかったにもかかわらず、一〇〇人以上の人が私に電話や手紙を寄こし、感謝を述べたり、助けを求めたり、あるいはただ「私も同じです」と伝えたりしてきた。二年経っても、相変わらず連絡が途絶えることはなかった（二年経ってようやく連絡してくる、というHSPも珍しくないのだ！）。

インタビュー（ひとりあたり二〜三時間のインタビュー四〇人分）に基づき、私は質問票を作成すると、北アメリカじゅうの何千人という人たちに配布した。そして無作為に選んだ三〇〇名にも電話調査をおこなった。何が言いたいかと言うと、本書に書かれている内容はすべて、私を含むさまざまな人びとによる確固たるリサーチに基づいているということだ。もしくは、私の講座に参加した敏感な人たちをはじめ、彼らとの対話、カウンセリング、心理療法を通じ、HSPを幾度となく目にしてきた経験から語られたものである。ちなみにHSPの人たちと交流した回数は何千回にのぼる。それでも私は「たぶん」とか「おそらく」という言葉を、一般的な書籍よりもたくさん使うし、HSPはその言い回しに理解を示してくれると思う。

こうしたリサーチ、執筆、啓蒙活動をしようと思ったことで、私はある種の開拓者になった。しかしこれもまた、HSPであることの一部である。私たちはしばしばやるべきことに真っ先に気がつく。この性質の利点が自信を育めば、さらに多くのHSPが——私たちなりのやり方で——声を上げることだろう。

本書の読み方

1. 本書はHSPに向けて書いたものだが、同時に、彼らの友人、親類、アドバイザー、雇用主、教育者、医療従事者など、HSPを理解しようと願う人たちに向けたものでもある。

2. 本書では、HSPは多くの人に共通する特性であるという書き方をしている部分があるが、これはある種のレッテル——あなたを大勢のなかのひとりとみなすレッテル——を貼る行為である。この利点は、あなたが普通で、他人の経験も参考になると感じられる点である。だがどんなレッテルも、あなたの個性を損ねてしまう。HSPとひとくちに言っても、やはりそれぞれ異なっている。それだけはどうか心に留めておいてほしい。

3. 本書を読みながら、おそらくあなたは「とても敏感な人」の視点から、あらゆるものを見るようになるだろう。それでかまわない。というか、それこそが狙いである。どっぷりとその身を沈めて、自分という人間を語るための新たな言語を習得してほしい。そのせいで誰かが不安や疎外感、苛立ちを感じたとしても、彼らには少し辛抱してもらえばいい。いつかこの概念が浸透し、こちらが多くを説明しなくてもすむ日がくるはずだ。

4. 本書には、HSPに役立つ、いくつかのエクササイズが収録されている。しかし、絶対にやらなければいけないものではない。あなたのHSPとしての直感を信じ、自分がいいと思うようにしてほしい。

5．収録されているエクササイズは、いずれも強い感情を喚起する恐れがある。もしそうなったら、ただちに専門家に助けを求めてほしい。現在セラピーを受けている人は、本書がきっと役に立つだろう。ここに掲載されたアイデアは、セラピーの時間を節約し、理想の自分――世間一般の理想ではなくあなたの理想――を見つける一助となるかもしれない。とはいえ本書は、何かあったときに優秀なセラピストの代わりとなるものではないので、その点は忘れないでほしい。

あなたが本書のページをめくり、私の、そしてあなたの、いや私たちの新たな世界に分け入っていくと思うと胸が高鳴る。長いあいだ独りぼっちだと思っていた自分に仲間ができるというのは、とても素敵なことではないだろうか。

HSP自己診断テスト

感じたままに各質問に答えてください。少しでも当てはまるようなら「はい」に、そうではないと思ったら「いいえ」に印をつけてください。

・周囲の些細なことによく気がつくと思う　はい・いいえ
・他人の機嫌に影響される　はい・いいえ
・痛みにとても敏感だ　はい・いいえ
・忙しい日は、ベッドや暗い部屋、もしくはプライバシーを確保できて刺激から解放される場所に引きこもりたくなる　はい・いいえ
・カフェインに対して敏感だ　はい・いいえ
・まぶしい光、強いにおい、粗い生地、近くから聞こえるサイレンなどにすぐに反応する　はい・いいえ
・豊かで複雑な内面世界を持っている　はい・いいえ
・大きな音が苦手である　はい・いいえ

・芸術や音楽に心を大きく揺さぶられる　はい・いいえ
・良心的である　はい・いいえ
・すぐに驚く　はい・いいえ
・短時間でたくさんやることがあると混乱する　　　　　　　　　はい・いいえ
・誰かが居心地の悪さを感じていると、その理由を察し（明かりを調整したり、席を変えたりして）心地よくしてあげようと思うことが多い　はい・いいえ
・一度にたくさんのことをやるよう言われると困ってしまう　はい・いいえ
・失敗や忘れ物をしないよう、とても気をつけている　はい・いいえ
・普段から暴力的な映画やテレビ番組は見ないようにしている　はい・いいえ
・周囲でいろいろなことが起こると動揺してしまう　はい・いいえ
・極度の空腹によって強い反応が引き起こされ、集中力や気分がそがれる　はい・いいえ
・環境の変化に動揺する　はい・いいえ
・繊細な、あるいは良質なにおい、味、音、芸術作品を堪能する　はい・いいえ
・動揺や混乱を引き起こすような状況を極力避けて生活している　はい・いいえ
・仕事で誰かと競ったり、評価されたりすると、普段より緊張し動揺してしまう　はい・いいえ
・子供のころ、親や教師から繊細、あるいは内気だと思われていた　はい・いいえ

自己採点をしてください

「はい」が一二個以上あった人は、おそらくＨＳＰでしょう。

ただし、こうした心理テストは必ずしも正確ではないので、参照するにとどめてください。「はい」の数が一～一二個であっても、それが完全に当てはまるのであれば、ＨＳＰと言えるかもしれません。

ＨＳＰについて詳述した本書の１章を読んで、その内容が当てはまるようなら、ＨＳＰかもしれません。２章以降で、あなたの特性を詳しく紐解き、現代の「あまり敏感でない世界」で活躍するための方法を学んでいきます。

1

とても敏感であるということ
——欠陥であるという(間違った)感覚

The Facts About Being Highly Sensitive: A (Wrong) Sense of Being Flawed

この章ではあなたの基本的な性質と、それが人とどう違うのかを学んでいく。親から引き継いだ他の性格や、社会が自分をどう見ているかを知ることで驚くかもしれない。だがその前に、まずはクリステンを紹介しよう。

彼女は自分がおかしいと思っていた

クリステンは私のHSP調査で、二三番目にインタビューをおこなった人物である。聡明で、洞察力の鋭い大学生だった。しかしインタビューをはじめてすぐ、彼女の声が震えはじめた。「すみません」。彼女は囁くように言った。「でも、心理学者であるあなたとどうしても話がしたくて。あの、私は——」。言葉が途切れる。「私は、おかしいのでしょうか?」。私は同情をこめて彼女を観察した。明らかに打ちのめされていたものの、これまでの話で精神疾患を思わせる兆候はまったくない。それでも私は、注意深く耳を傾けていた。

クリステンが、まるで私に答える時間を与えるのを恐れるかのように、ふたたび話しはじめた。「とても違和感があるんです。いつも。あの――いえ、家族に問題はないです。子供時代も学校に入るまでは理想に近かった。ただ母によると、私は気難しい赤ん坊だったようですが」

彼女はそこでいったん、息を吸った。私は励ますように声をかけ、彼女に先を促した。「だけど保育園ではすべてが怖かった。音楽の時間さえも。みんなが鍋やフライパンを叩きはじめると、いつも耳を塞いで泣いていました」

そう言って顔をそむけた彼女の瞳にも涙が光っていた。「小学校では先生に可愛がられていたけど、決まって〝ぼんやりしている〟と言われました」

その「ぼんやり」のせいで、クリステンはいくつもの健康診断や心理テストを受けることになった。最初は精神的な遅滞を疑われていたが、実際は、優秀な子供のための特別プログラムに登録されたという。HSPにはよくあることだ。

それでも、結局のところ「この子はどこか変わっている」と判断されることになった。聴覚の検査がおこなわれたが、問題なし。四年生になると、内向性は小発作によるものである、という理論に基づき脳スキャンが実施された。脳に異常は見られなかった。最終的な診断は？「刺激の選り分けに問題あり」。そして彼女は、自分が欠陥品だと思い込んでしまったのだった。

特別であることの誤解

診断自体は間違っていない。たしかにHSPは、他の人が気にしないような小さなことでも拾ってしまうし、大音量の音楽や人ごみなど、他の人にとっては何でもないように思えることからも、かなりの刺激を受け、ストレスを溜めることがある。

大半の人は、サイレン、まぶしい光、変なにおい、乱雑な状況をやり過ごせるが、HSPはそうではない。

大半の人は、一日中ショッピングモールや博物館を回って疲れていても、夜にパーティがあると言われれば参加できるが、HSPはひとりの時間がほしくなる。気分が高ぶりすぎて混乱してしまうのだ。

大半の人は、部屋に入ると家具やそこにいる人たちに目を留める程度だが、HSPはそこにいる人たちの望みや、気分、好意や敵意、風通しのよさや、空気のよどみ具合まで即座にキャッチし、花を生けた人の性格にまで思いを馳せる。

ところがHSP本人は、数々の素晴らしい能力を持っていることに気づきにくい。心のなかで思っていることを他人と比較するのは容易ではないからだ。そして多くの場合、あなたは自分が他の人より物事に対する耐性が低いと考える。そうして自分が——社会が認めるところの——優れた創造性、洞察、情熱、思いやりを持っていることを忘れてしまう。

私たちは社会的にひとくくりにされている。敏感な性質を持っていると、警戒したり、内向きだったり、ひとりの時間を必要としたりすることもある。この性質を備えていない人（多数派）には、こうしたことが理解できず、私たちを臆病だとかシャイだとか弱虫だと決めつけ、さらには非社交的だとみなすが、これはとりわけ罪深い。こうしたレッテルを恐れ、私たちはみんなと同じであろうとする。そのせいで、ますます混乱し収拾がつかなくなっていく。そして結局、人から神経質だの変だのと言われ、自分でもそう思うようになっていくのだ。

クリステンの危険な年月

人は誰しも、遅かれ早かれストレスフルな出来事に直面するが、ＨＳＰはそうした刺激に過敏に反応する。そしてこの反応を何らかの欠陥だとみなせば、すでに存在しているストレスが増幅し、やがて絶望や無力感に襲われることになる。

クリステンを例に挙げると、大学に入学した年に、彼女にはある危機が訪れた。ごく普通の私立高校に通っていたクリステンは、ずっと自宅から通学していた。ところが大学に入ると、突然見知らぬ人たちとの生活がはじまり、授業に出るにも書籍を買うにも人ごみにもまれ、つねに過剰な刺激を受けるようになった。それから（ＨＳＰによくあることだが）一瞬にして、激しい恋に落ちた。ほどなく彼女は恋人の家族に会うことになり――これだけでも十分恐怖を感じるが――日本を訪れた。彼女いわく、日本滞在中に「気が変」になったという。クリステンは、それまで自分を心配性だと思ったことはなかったが、日本で突然、恐怖に圧倒されて眠れなくなった。やがてふさぎ込むようになった。自分の感情が怖くなり、急速に自信がなくなった。若いボーイフレンドは彼女の「乱心」に対処できず、関係は終わりを迎えた。それ以来クリステンは、学校でも失敗するのではないかと怖くなった。クリステンは追い詰められた。

泣きながら最後の部分を語り終えると、彼女は顔を上げて私を見た。「そんなときにこのリサーチ、敏感な人についての調査の話を聞いたんです。それで、もしかしたら私もそうかもって。でも、違いますよね?」

私は彼女にこう告げた。この短時間の会話だけでは断言はできないが、おそらくはそうだろう、敏感性がストレスの影響を受けたことで、いまのような心理状態になっているのかもしれない、と。それから私は彼女に自身について語ってもらった――ずっと心に抱えていたことを。

HPSの定義――覚えておきたいふたつのこと

1. HSPであるかどうかにかかわらず、誰しも(退屈すぎたり、騒がしすぎたりしない)ほどよい刺激に心地よさを感じる。

会話であれスーパーボウルであれ、人は神経系が適度に興奮しているときに最高のパフォーマンスを発揮する。興奮が少なすぎると反応が鈍り、効率が落ちる。だから身体に刺激を与えるために、私たちはコーヒーを飲み、ラジオを聞き、友達に電話し、見知らぬ人と会話をし、転職をするのである。

逆に神経系が興奮しすぎると、誰もが不安を覚え、ぎくしゃくし、混乱する。何も考えられなくなり、身体の調整もきかず、感情が制御できなくなる。しかし、こうした状況を改善する方法はいろいろある。ときどき休息を取る。あるいは心を閉ざす。なかにはアルコールや精神安定剤を飲む人もいる。

「最適な興奮レベル」に対するニーズや欲求の存在は、実際のところ、心理学に裏づけられている。それは誰にとっても、乳児にさえ当てはまる。人は退屈なのも、刺激が多すぎるのも好きではないのだ。

2. 同じ刺激、同じ状況のもとでも、神経系の興奮の度合いは人によって大きく異なる。

こうした違いは大部分が遺伝によるもので、ごく現実的で正常なことである。実際これは、ネズミ、猫、犬、馬、猿、人間、すべての高等動物にみられる特質だ。それぞれの種において、非常に敏感な性質をもつ個体の割合は、およそ一五パーセントから二〇パーセントといわれている。他より多少サイズの大きな個体がいるように、他より多少敏感な個体が存在するのである。敏感な個体どうしを交配させると、数世代で感受性の高い系統が現れる。つまり、生まれ持った気質のなかでも、もっとも劇的でわかりやすい個体差を生み出すのが、敏感性なのだ。

いい知らせと、それほどよくない知らせ

興奮の度合いが違うということは、あなたは他の人が感じない刺激に気づくということだ。かすかな音や何気ない光景、痛みなどの肉体的感覚についても同じことが言えるが、これは別に、あなたの聴覚や視覚といった器官が特別鋭いわけではない（ＨＳＰの多くは眼鏡をかけている）。この違いを生むのは、どうやら脳へ通じる道のどこか、もしくは脳内にある、情報をより慎重に処理する場所にあるようだ。私たちはあらゆる物事を熟考し、こと細かく分類する。さながら果物をサイズごとに選別する機械のように、他の人がふたつか三つで済ますところを、私たちは一〇個に分類するのである。

些細なことに気がつくこの性質によって、ＨＳＰは人より直感が働く傾向にある。私たちは、半意識的、あるいは無意識的に情報を拾い上げ、処理をしていることが多く、その結果、理由はわからないが「とにかく知っている」ということがよく起こる。さらにこうした深い情報処理能力を使って、過去や未来についても思考をめぐらせているので、物事がなぜこうなったのか、これからどうなっていくかも、なぜか知っている。これはいわゆる「第六感」と呼ばれる

ものだ。聞き間違いや見間違いがあるように、もちろんそれは必ずしも正しいわけではないが、ＨＳＰに先見の明があり、きわめて直感的なアーティストや発明家になる可能性が高く、さらには思いやりがあって慎重で、賢い人々である傾向を鑑みるに、その直感はあながち間違ってはいないだろう。

この性質の欠点は、刺激が強いときに現れる。大半の人にとっての適度な刺激は、ＨＳＰにとってはかなりの刺激となる。そして大半の人にとってのかなりの刺激は、ＨＳＰを非常に消耗させる。やがて「超限抑制」と呼ばれる状態に達すると、ＨＳＰは電源を切ってしまう。超限抑制とは、二〇世紀初頭にロシアの生理学者イワン・パブロフがはじめて提唱したものだ。パブロフによると、もっとも基本的な遺伝の違いは、この「シャットダウン」地点に達する速度にあり、このシャットダウンが速い人は、根本的に異なるタイプの神経系を持っているという。ＨＳＰであろうとなかろうと、過剰に興奮したいと思う人はいない。人は制御できないと感じると、全身に警告を発して問題が生じたことを伝える。過剰に興奮すると、往々にしてパフォーマンスが低下し、当然、それは危険も意味する。興奮過剰の恐怖が、体内に刻み込まれることもある。走ったり、戦ったり、危険を認識することさえできない新生児は、新しいものや、興奮を掻き立てるものに遭遇すると、大声を上げて泣きわめく。これが最善の対処法であるのは、こうすれば大人が駆けつけて助けてくれるからだ。

私たちＨＳＰは、消防署と同じで、誤報であってもたいてい反応する。しかしこの敏感性がたった一度でも命を救えば、遺伝的に有益な特性といえる。たしかに、極度の興奮状態を引き起こすのは厄介である。しかしそれも、多くの利点を備えたこの性質の一部なのだ。

刺激について

神経系を覚醒させる刺激は、神経が伝達する小さな電荷を発火させる。私たちは通常、刺激は外部からやってくると思っているが、痛み、筋肉の張り、飢え、乾き、性的な感情、あるいは記憶や妄想、思考や計画のように、体内からやってくるものもある。（音の大きさなど）刺激によって強度や持続時間は異なる。たとえばクラクションや叫び声に驚かされたり、音楽の流れるパーティで同時に四人の会話を聞くといった複雑な行為を強いられたりしたら、刺激はさらに強くなる。

たいていの場合、そうした刺激には慣れていく。しかしときとして、慣れていたはずの状況にふと途方もない疲労を感じることがある。意識的にずっと何かを我慢していたせいで、どっと疲れが出てしまうのだ。職場で感じる適度な、馴染みのある刺激に対しても、夜には休息が必要となる場合がある。そういうときに、あと少しでも「小さな」刺激を受けると、それがダメ押しになるかもしれない。

同じ刺激でも人によって受け取り方が違うため、刺激を与える行為はさらに複雑になる。クリスマス時期の混みあったショッピングモールに行くと、家族での幸せな買い物を思い出し、温かい気持ちになる人もいるかもしれない。一方で、無理やり買い物に連れだされ、なけなしのお金で何を買ったらいいかもわからないままプレゼントを買わなければいけなかったつらい思い出のある人にとっては、苦痛以外のなにものでもないだろう。

通常私たちは、刺激が制御できなくなると激しく動揺し、自分が犠牲者だと感じると、さらに動揺が増す。自分で流す音楽はいいが、近所のステレオから流れてくる音楽は耳障りだし、しかも以前、音を小さくするよう頼んでいたなら、それはもはや悪意ある侵略行為に思えてくる。ひょっとしたら本書を読んで、少数派である自分たちの「刺激を受けない権利」が無視されていることに気づいたら、あなたの不快感は高まるかもしれない。

つまり、さまざまなことから距離を置くようにすれば、ＨＳＰはさほど刺激を受けなくなるということだ。そう考えると、多くのＨＳＰが精神世界に興味を抱くのもうなずける。

自分の敏感力を評価する

過去にあなたの敏感力が、あなたや他の誰かを、大きな喪失や死の苦しみから救ったことを思い出してほしい（私の場合、当時住んでいた古い木造家屋の天井で炎が明滅しているのに私が気づかなければ、おそらく私も家族も生きてはいなかった）。

興奮は本当に不安や恐怖とは違うのか

興奮と恐怖を混同しないことは重要である。恐怖は興奮を引き起こすが、喜び、好奇心、怒りなどの感情もまた興奮を生む。一方で、私たちは、半意識的思考や、曖昧な感情によって生じた軽い興奮によっても、必要以上に気持ちが高ぶってしまうことがある。そして多くの場合、私たちはその原因となったものを認識していない。

実際のところ、神経を高ぶらせる方法や、興奮を感じさせる方法はいくつかあるが、それはそのときどきで、人によっても異なる。興奮は、赤面、震え、動悸、手の震え、思考力の低下、胃痛、筋肉の張り、手汗などの形で現れることが多い。だが興奮状態にある人は、こうした反応にほとんど、あるいはまったく気づいていない。また、興奮していると言いながら、こうした症状をほとんど示さない人もいる。それでもこれは、間違いなく何らかの身体的状態を示している。「ストレス」という言葉と同じく、「興奮」もまた、個人差はあれど、私たちの知る共通の何かを伝える言葉なのだ。そして当然、ストレスと興奮は密接にかかわっている――ストレスに対する反応が興奮を引き起こすのだから。

この「興奮」に気づいたら、危険を認識するために、この感情に名前をつけ、その原因を知りたくなるだろう。そして私たちはこの興奮を、恐怖から生じるものだと考える。だが、余分な刺激を処理するために、心臓が必死に働いていることには気づいていない。他の人たちは、私たちのあからさまな興奮状態を見て、怯えているのだと想像し、私たち自身もそう思い込む。その結果、怯えなければと思って、さらに興奮状態に陥る。そして最終的に、制御できるはずの状況すら避けるようになる。恐怖と興奮を混同しないことの重要性は、５章の「内気」の話で再度触れることにする。

その特性はあなたを特別にしている

敏感性という特性からは、たくさんの果実が育っている。あなたの心の作用は人とは異なる。以下に挙げるのは、あくまで平均であり、全員がすべての特質を持っているわけではないが、それでも私たちの大半は、非ＨＳＰと比べると、

- ミスを指摘し、ミスを避けるのが得意である。
- きわめて良心的だ。
- 深く集中することができる（ただし気が散ることがなければ）。
- とくに、注意力、正確さ、スピード、小さな違いを検知することが求められる仕事が得意。
- 心理学用語で「意味記憶」と呼ばれる深いレベルで、物事を処理することができる。
- 自分の思考についてよく考える。
- 気づいたら学んでいる。

・他者の気分や感情に深く影響される。

当然ながら例外はたくさんある。とりわけ良心に関しては一概に言えないし、これについて独善的になるつもりはない。良かれと思ってやったことが、結果として悪い結果を生むこともたくさんある。実際、これらの成果には弱点もある。私たちには高いスキルが備わっているが、残念なことに、見られたり、時間を測られたり、評価されたりすると、実力を発揮できないことも多い。私たちの深い処理能力は、一見、物事を理解していないように思われるが、時間をかければ実は誰よりも深く理解し、記憶する。これはおそらく、HSPの言語能力が高い理由でもあるだろう（ただし興奮状態になると、スピーキングの流暢さは損なわれるかもしれない）。ところで、人よりも自分の思考について考えるというのは、ちっとも利己的なことではない。人から何を考えているかと訊かれたときに、周囲の世界のことよりも、自分の考えを語ることが多い、というだけのことだ。ただし、他人について考えたことはあまり話さない。

私たちは身体もまた、人とは異なる。こんな神経系を持っているおかげで、

・手先が器用。
・じっとしているのが得意。
・「朝型人間」（ただし多数の例外あり）。
・身体が慣れていなければ、カフェインなどの刺激を受けやすい。

・右脳タイプ（直線型ではなく、統合的にクリエイティブ）
・空気中の物質に敏感（花粉症や発疹にかかりやすいのはこのため）

やはり私たちの神経系は、些細なことに反応するよう設計されているうえ、激しい刺激を受けると、なかなか回復できないようになっているようだ。

とはいえ、HSPがいつも興奮状態にあるわけではない。日常生活や睡眠中に、「慢性的に興奮」しているわけではなく、ただ、新たな刺激や長時間の刺激に反応しやすいだけなのだ（HSPは、理由もなく不安を抱える「神経症」とは違う）。

違いの受け止め方

ここまで読んで、あなたが自分の性質を前向きにとらえられるようになっていれば幸いだが、私としては良くも悪くもない、ニュートラルなものとして受け止めることをお勧めする。この性質が利点にも欠点にもなり得るのは、特定の状況下に置かれたときだけである。すべての高等動物がこの性質を備えていることから、そこには何らかの価値があると考えられるが、それは、小さなことに気づく少数の個体の存在が種にとって有益だからではないだろうか。一五パーセントから二〇パーセントという数字は、常時危険や新たな食料に警戒し、子供や病人の世話をし、他の動物の習慣を心得ておくには適切な割合だと思われる。

当然、集団のなかには、そうした危険や行動の結果をかえりみない者も数多く存在する。彼らは新たなものを探求し、あるいは縄張りを守るために戦い、深く考えることなく突き進む。どんな社会にも、両方のタイプが必要である。そして突き進む者たちの殺される確率が高いからこそ、彼らのほうが多いと考えられなくもない。むろん、すべては推測にすぎないが。

また、人間は他の種よりも、ＨＳＰから受ける恩恵が多いように思う。人間と他の種を明確に分けるもの――可能性を想像する力がＨＳＰはとくに強い。なかでもＨＳＰは、過去と未来をはっきり認識している。しかも、必要性が発明の母であるなら、飢え、寒さ、不安、疲労、病気に敏感なＨＳＰは、他の人よりはるかに多くの時間を費やして、人間の問題に対する解決策を編みだそうとしてきたに違いないのだ。

私たちと同じ性質を持つ人は、人より幸せでないとか、幸せになりにくいなどと言われることがある。非ＨＳＰから見たら、たしかに私たちは不幸せで塞いでいるように見えるかもしれない。というのも私たちが、生死の意味や、すべてが白と黒で割り切れない複雑さなどについて思いをめぐらせることが多いからだ。どうやら大半の非ＨＳＰにとっては、こうした思考は楽しいものではないらしく、そんなことばかり考えている私たちは、彼らの尺度で見れば不幸だということになる。だから彼らの定義で幸福を諭されても、あるいは不幸そうだから直したほうがいいと言われても、こちらがいまより幸福になることはない。そういう非難は、みんなを不幸にするだけだ。

「幸せな豚でありたいか、不幸せな人間でありたいか？」。このアリストテレスの問いは見事に要点をついている。ＨＳＰは、喜ばしい結果をともなわないとわかっていても、自分の意識が非常に高く、非常に人間的であるということに、居心地の良さを感じている。

もちろん、非ＨＳＰが豚だと言っているわけではない！　こんなことを言うと、私が自分たちの優秀さを誇示しようとしていると思う人がいるのは承知している。だが人より優れているという感覚がすぐに罪悪感にとって代わられるＨＳＰにとって、そう思えるのはせいぜい五分が限界だろう。私はただ、自分と同じＨＳＰの人々を、引け目を感じなくてもいいよう励ましたいだけなのだ。

遺伝と環境

とくに、ある時期から自分が敏感になったという自覚がある場合、本当にこの性質は遺伝なのだろうか、と疑問に思う人もいるだろう。多くの場合、敏感さは遺伝する。主となる根拠は、別々に育てられても同じような行動を示す一卵性双生児の研究によるところが大きいが、これは、少なくとも行動の一部は遺伝することを示唆している。

一方で、一卵性双生児であっても、両者が敏感性を示すとは限らない。双子はそれぞれ（それが生物学的な母親でなくとも）育ての親の性格を引き継ぐ傾向がある。事実、子供の経験次第で、遺伝的性質を強化することも、減少させることも、生みだすことも、あるいは完全に消し去ることも可能だろう。たとえば家庭や学校でストレスにさらされている子供は、少しでも敏感な傾向があれば、引きこもってしまうだろう。また、遺伝子とはまったく関係なく、きょうだいがいる子供の方がＨＳＰになりやすいという説もある。同様に、母親から引き離されて精神的なダメージを負った赤ちゃんザルの研究によると、こうした赤ちゃんザルは、大人になると生まれつき敏感なサルのようにふるまうことがわかっている。

この性質は環境によっても消えることがある。敏感な性質を持って生まれた多くの子供は、両親、学校、友人たちから大胆になるよう焚きつけられる。騒々しい環境で暮らしたり、大家族のなかで育ったり、活発にならざるを得ない状況に置かれたりすると、やることをたくさん抱えた敏感な動物が生来の警戒を怠ってしまう場合があるように——少なくとも特定の誰かといたり、特定の状況下に置かれたりした場合——敏感性が低下することがある。とはいえ、根底にある性質がまったく消えてしまうというのは稀だろう。

あなたはどうか

この性質が遺伝なのか、環境によって育まれたものなのかを見分けるのはむずかしい。有力な証拠は、完璧とは言いがたいものの、あなたの両親が、あなたが生まれたときに敏感な子だったかどうかを覚えているかどうかだろう。できれば親、あるいはあなたを育ててくれた人に、生まれてから最初の六カ月の様子を尋ねてみるといい。

敏感であったかどうかという質問からはじめないほうが、多くのことを学べるかもしれない。まずは、自分がどんな赤ん坊だったかを尋ねてみよう。たいていの場合、あなたにまつわる話がすべてを物語っている。そのあとで、敏感な赤ん坊の兆候について訊いてみる。着替え、お風呂、新しい食べ物、物音など、自分を取り巻く変化に対応するのが苦手だったかどうか。腹痛をよく起こしていたか。疲れているのに、寝つきが悪かったり、眠りが浅かったりしたかどうか。

だが両親にとってははじめての子育てだった場合、比較する対象がないので、異変を見逃している可能性もある。また子育てのむずかしさに対する両親の苦労を思えば、あなたの子供時代は何の問題もなかったと、あなたや、自分自身に言い聞かせている可能性もある。率直な話が聞きたければ、両親が最善を尽くしてくれたことは知っているし、どんな赤ん坊も何らかの問題を抱えているから、自分の場合はどうだったのかが気になっただけだと言って安心させてあげるといいかもしれない。

あるいは本書に掲載されている自己診断テストを見せ、家族のなかにこうした性質を持つ人がいないか尋ねてみるのもいいだろう。母方、父方いずれにもその兆候を持った人がいれば、あなたがこの性質を引き継いだ可能性はかなり高いといえる。

それでもわからない場合はどうしたらいいのか。気にしなくていい。重要なのは、これがあなたのいまの性質だということなのだ。だからこうした疑問に長々と頭を悩ませる必要はない。これからもっと重要なことをお伝えする。

私たちを取り巻く文化について――知らないことで傷を負う

私たちはいま、この特性をニュートラルにとらえることを学んでいる――役に立つ場合もあれば、そうでない場合もある――が、私たちを取り巻く文化は何事に対しても、あるいはどんな性質に対しても、ニュートラルには見てくれない。人類学者のマーガレット・ミードがこの点をわかりやすく説明している。この世界に生まれてくる赤ん坊は、さまざまな遺伝的気質を示すが、これらのうちのほんの一部、特定のタイプだけが理想とみなされる。ミードの言葉を借りれば、理想の人格は「幼い子供の世話、子供たちの遊び、彼らがうたう歌、政治的組織、宗教儀式、芸術や哲学といった、あらゆる糸に織り込まれている」。その他の特性は無視されるか、否定されるか、もしくは嘲笑される。

では、この文化における理想とは？　映画、広告、公共スペース、どちらを向いてもターミネーターのタフさや、クリント・イーストウッドのストイックさ、ゴールディ・ホーンの社交性を見習うよう迫ってくる。私たちは、まぶしい光や騒音、バーでたむろする陽気な仲間に心地よい刺激を受けるはずで、たとえ圧倒されたり敏感になったりしても、そのつど痛み止めを飲んでおけばいいのである。

かりに本書の内容をひとつしか覚えられないのであれば、つぎの調査研究を覚えておいてほしい。カナダのオンタリオ州にあるウォータールー大学のシンイン・チェンとケネス・ルビン、上海師範大学のユーロン・サンは、上海の学生四八〇名とカナダの学生二九六名を比較し、どういう性格の生徒が人気者なのかを調べた。中国では「大人しい子」や「敏感な子」は、みんなが友達になりたいと思う子供のなかに入っていた（北京語では、内気や寡黙は「いい子」を意味し、敏感という語も「理解力がある」など、誉め言葉として翻訳されることがある）。カナダでは、大人しい子や敏感な子は人気が低かった。どうやら、この性質の良し悪しは、育った環境によるらしい。

あなたの性質が、その文化にとって理想的でない場合はどうだろう。当然、他人からの扱いだけでなく、自分が自分をどう扱うかにも影響を及ぼすはずだ。

多数派のルールを脱ぎ捨てる

1．あなたの敏感性に対する両親の態度は？　両親はあなたの性質を尊重したか、直そうとしたか。内気、ひ弱、臆病など不都合なものとして考えたか。あるいは芸術的な才能を見出し、魅力的に思ってくれたか。あなたに対する親類、友人、教師の態度は？

2. 子供時代のメディアについて考えよう。あなたの理想像は？　その人物は敏感な気質の持ち主だったか。あるいはいま思えば、自分とはかけ離れた人物だったか。

3. 過去の自分の態度を思い出そう。それがあなたのキャリア、恋愛、趣味、友情にどう影響したか。

4. 現在、ＨＳＰはメディアにどう取り上げられているだろう。ＨＳＰの正の要素と負の要素を思い浮かべてほしい。どちらがより大きいか（映画や本で犠牲になる人物は、決まって繊細でか弱くて、臆病者として描かれていることを心に留めておいてほしい。これはたしかに劇的な効果を生む。理由は、被害者が目に見えて震えて動揺しているからだが、ＨＳＰにとっては迷惑な話で、というのも「犠牲者」＝敏感な人と思われてしまうからだ）。

5. ＨＳＰがどのように社会に貢献しているかを考えよう。個人的な知り合いや、本で探してもいい。まずは、アブラハム・リンカーンあたりからはじめるといいだろう。

6. 自分自身の社会貢献度は？　彫刻でも、子育てでも、物理の勉強でも、投票でも、何をするにしても、物事を熟考し、細かいところにまで気を配る傾向があるあなたは、未来のビジョンを持ち、良心的であろうと努めている。

心理学の偏見

心理学研究は人に関する貴重な情報を集めており、本書の大部分もそうした発見に基づいている。とはいえ、心理学は完璧ではない。心理学は、それが由来する文化のバイアスを反映することしかできないのだ。私がＨＳＰと呼ぶ人たちが、他の人に比べて不幸せで、精神的にも健全とは言えず、創造力や知力さえ劣るという、偏見を反映した心理学研究の実例は枚挙にいとまがないが、これについては別の機会に譲ることにする。とにかく、「内気」「内向的」「恥ずかしがり屋」などのレッテルを受け入れる際には、よくよく注意をしてほしい。なぜこうした誤解が生まれるのか、これから順を追って明らかにしていく。心理学者はこの性質の本質を見逃し、ネガティブな印象を与えることが多い。調査によると、大半の人が内向性と精神疾患を関連づけているが、これは大いに間違っている。ＨＳＰがこうしたレッテルを認識すると、自信を失い、人々がまさに望むような状況で、動揺することが増えていく。

日本、スウェーデン、中国など、この特性が重視される文化では、違うニュアンスで研究がなされていることを知っておくといい。たとえば日本の心理学者は、敏感な人に高い効率性を期待しており、実際に被験者は期待どおりのパフォーマンスをする。またストレスの研究では、日本の心理学者は敏感でない人の対処法に、多くの不備を見出している。とはいえ、われわれの文化の心理学や善意の研究を責めても意味はない。彼らは彼らで最善を尽くしているのだ。

王族の助言者と、戦う王

良くも悪くも、世界はますます攻撃的な文化――外に目を向け、拡大し、競って勝つことを好む文化――に支配されている。これは、異なる文化が接触すると、より攻撃的な文化が引き継がれる傾向があるからだ。

なぜそうなったのか？　世界の大半にとってそれは、インド・ヨーロッパ文化が生まれたアジアの草原ではじまった。これらの騎馬遊牧民は、他人の家畜や土地を略奪し、馬や牛の群れを増やすことで生き残った。彼らは七〇〇〇年ほど前にヨーロッパに侵入し、ほどなくして中東や南アジアに到達した。彼らがやって来る以前は、戦争、奴隷制、君主制、ひとつの階級による別の階級の支配などは、ほとんど、あるいはまったく存在しなかった。この新参者は、馬を持たない土着民を農奴や奴隷にし、壁で囲った町を建設して定住の地とすると、さらに戦争や貿易を通じてより巨大な王国や帝国を築きはじめた。

もっとも長く平穏を維持したインド・ヨーロッパ文化は、つねにふたつの階級を用いてみずからを統治していた。王をはじめとする戦士の階級と、調整役である王族または聖職者の助言者の階級である。実際、この文化はうまく機能した。現在、世界の半分はインド・ヨーロッパ語族の言語を話しており、つまり彼らは、インド・ヨーロッパ語族の思考をたどらずにはいられないのだ。拡大、自由、名声はいいもので、それらは戦士たちの価値観である。

だが攻撃的な社会が存続するためには、司祭や裁判官的な助言者の存在が欠かせない。彼らは（アメリカ合衆国最高裁判所が、大統領とその指揮下の軍隊とのバランスを取るように）王や戦士とのバランスを取る。思慮深い集団である彼らは、戦士や王の衝動的なふるまいを監視する。多くの場合、助言者はいつも正しいため、彼らは相談役、歴史家、教師、学者、法の番人として尊敬を集める。また彼らは、社会にとって不可欠な人々、食物や子供を育てる庶民の幸せに目を向けるという先見性を備えており、性急な戦争や土地の悪用に警告を発する。

要するに、力のある助言者階級は、立ち止まって考えるよう主張するのである。そして社会における大きなエネルギーを、攻撃や支配とは違う方向へ導こうと試みる。エネルギーは創造的な発明や探検に、この惑星や力のない人々を保護するために使うべきである、と。

ＨＳＰは、助言者の役割を果たす傾向にある。私たちは物書きであり、歴史家であり、哲学者であり、裁判官であり、芸術家であり、研究者であり、セラピストであり、教師であり、両親であり、良心的な市民である。いずれの役割であっても、私たちはひとつのことに深く思いをめぐらせる。熟慮によって先を急ぐ大多数の人々を足止めすれば、どうしたって不興を買うことになるだろう。だが、だからこそ自分の役割をうまく果たすには、自信を持って、戦士たちの言を聞き流さなければならない。彼らの大胆さは、それとして価値がある。しかし私たちにも、私たちの流儀や貢献の仕方があるのだ。

チャールズの場合

チャールズは私がインタビューしたなかで、昔から自分の敏感さを利点だと考えていた数少ないＨＳＰである。彼の特殊な子供時代と、いまの生活を見れば、自尊心の重要性と、環境の影響力の大きさがよくわかるだろう。

チャールズは二度目の幸せな結婚をし、十分な収入と、アカデミックなキャリアを手にしており、余暇にはピアニストとしてたぐいまれなる才能を披露している。チャールズはこうした贈り物が、自分の人生をこれ以上ないほど豊かにしてくれているという感覚をはっきりと持っていた。インタビュー開始早々この話を聞いた私は、当然、彼の経歴に興味を持った。

以下がチャールズの最初の記憶である（私はインタビューの際、毎回この質問をする。絶対に正しいわけじゃないにしても、こうした記憶はたいてい、その人物の性格や人生の主題を教えてくれる）。チャールズは歩道に立っている。目の前にはクリスマスの飾りつけがされた窓を眺める人々の姿。チャールズが叫ぶ「みんなどいてよ。僕も見たい」。人々は笑い、少年を前に入れてくれる。

なんという自信だろう！　このように大胆に声を上げる勇気は、当然ながら家庭で育まれた。

チャールズの両親は、息子の繊細さを喜んでいた。芸術的で知的な仲間内では、繊細さは特別な知性、育ちの良さ、趣味の良さにかかわるものだったからだ。両親は友達とゲームもせずに勉強ばかりしている息子を変に思うこともなく、むしろもっと本を読むよう励ました。彼らにとって、チャールズは理想の息子だった。

こうした背景で育ったチャールズは、みずからを信じている。幼いころに優れた美的嗜好と倫理観を吸収したことを理解している。いかなる意味でも、自分を欠陥人間だとは思っていないし、やがて自分が特殊で、少数派だと気づいたときも、彼の育った特殊な環境そのものが、彼の性質は劣っているのではなく、優れているのだと教えてくれていた。一流の進学校に通い、名門私立大学に入学し、やがて教授の地位を得るあいだ、見知らぬ人々のなかでずっと自信を胸に生きてきた。

私がこの性質の利点を尋ねると、チャールズは即座にすらすらと答えを口にした。たとえば、彼は間違いなく音楽的才能に恵まれていた。そしてこの才能は、数年にわたる精神分析の際も、自己認識を深めるのにも役立ったという。

逆にこの性質の欠点と、その対処法を尋ねると、まず大きな音が苦手だと言い、だから中庭の噴水の水音や音楽など、心地よい静かな音に囲まれた閑静な地域に暮らしているとのことだった。ときおり塞いでしまうこともあるが、そんなときチャールズは、自分の感情を探索し、その理由を解き明かすのだという。自分が物事を真剣に受け止めすぎることはわかっているが、そんな自分も受け入れようと努力しているそうだ。

チャールズは神経が高ぶると、身体が激しく反応し、眠れなくなることがあるという。しかしたいてい、「決まった行動」でその状況に対処する。仕事関係で動揺した場合は、終業と同時に職場を出て、そうした状況を「ふり払う」か、ピアノを弾く。またチャールズはこの性質のため、ビジネス系のキャリアは故意に避けてきた。仕事でストレスがのしかかる地位に昇進したときは、できるだけ早くそのポジションから離脱した。

チャールズは、みずからの行動で傷を負わないよう、神経の高ぶりを最適なレベルで維持しつつ、自分の性質を中心に置いて人生を設計してきた。他の人に何か助言はありますか、といつものように私が訊くと、チャールズはこう答えた。「外の世界で存分に活躍してほしい。敏感であることを恐れなくていい」

誇りを持とう

1章から刺激が強すぎただろうか。いまあなたの身内では、さまざまな感情が渦巻いているかもしれない。しかし私は経験上、本書を読めば読むほど、こうした感情がさらに明確になり、前向きになっていくことを知っている。

改めて言うと、他の人が気づかない微細な物事に気づくあなたは、興奮がすぐに不快なレベルに到達する。逆に言えば、神経の高ぶりで不快にならなければ、人より敏感にはなれないのだ。これは表裏一体であり、とてもいい組み合わせだといっていい。

また本書は、あなたの生まれつきの特徴と、その特徴のせいで社会的に軽んじられる状況について記したものである。あなたはこの社会の助言者、思想家、精神的、道徳的指導者になるべく生まれてきた。そこに誇りを持てない理由はひとつもない。

・学んだことを実践しよう

変化に対する自分の反応をリフレーミングする。

いくつかの章の終わりに、いまの自分を認識したうえで、経験を「リフレーミング」するようお願いしたい。リフレーミングとは認知心理療法の用語で、自分の置かれた新たな状況で、物事を新たな角度、新たな文脈から見直すことである。

最初にやるべきリフレーミングは、これまでの人生における三つの大きな変化について考えることだ。ＨＳＰは通常、変化に抵抗がある。あるいは変化に身をゆだねようとしても、やはりつらさを感じてしまう。それがいい変化であっても、簡単に変えられるものではない。それが一番きつかったりもする。私は自分の小説が出版された際、宣伝のためにイギリスへ行くことになった。ようやく長年の夢がかなった瞬間だった。だが私は体調を崩し、その旅をまったく楽しめなかった。当時は、このビッグイベントに神経が参ってしまったのだと思っていた。しかしいまならわかる。自分はただ、この旅に興奮しすぎていたのだ。

こうした新たな理解こそ、まさにリフレーミングである。つぎはあなたの番だ。人生における大きな変化や驚きを三つ挙げてほしい。喪失や終わりなどネガティブなこと、良くも悪くもないが大きな変化、祝うべきことや親切にされた思い出などポジティブなもの。選び終えたら、つぎのステップに従って進めてほしい。

1. 変化に対する自分の反応や、ものの見方について考える。

そのとき「間違った」、あるいは他人と違う反応をしたように感じたか？　そう感じた期間は長すぎなかったか？　自分のせいだと思ったか？　動揺を知られないよう隠したか？　他の人から「大げさ」だと指摘されたか？

以下はネガティブな変化の例である。三〇歳のジョシュは、二〇年以上前、小学校三年生で新しい学校に転校したときから、恥ずかしさがつきまとうようになった。絵がうまく、ユーモアがあり、独特な服のセンスもあった彼は、前の学校では人気者だった。だが同じ性質が原因で、新しい学校ではいじめに遭ったのだ。ジョシュは平静を装っていたが、心の底では打ちのめされていた。三〇歳になったいまも、心のどこかであの当時なぜあんな目に遭ったのかわからない。本当に自分は変で「弱虫」だったのかもしれないが、それにしてももっと自分を上手に守れたのではないだろうか？

2．身体の作用についての知識を踏まえたうえで、自分の反応について考える。

ジョシュの場合、おそらく転校してから最初の一週間、かなり神経が高ぶっていたと考えられる。賢い子供にとって、新たな同級生に値踏みされながら、話したり、ゲームをクリアしたり、教室での作業をおこなったりするのは困難だったに違いない。いじめっ子にとっては、自分たちの力を誇示できる格好のターゲットとして映ったのだろう。他の生徒は怖くて新入生をかばってあげられず、ジョシュは自信を失い、自分をダメなやつだと思い、好きになれなくなった。それからジョシュは、他人の前で何か新しいことをやろうとすると、ますます神経が高ぶるようになった。つらい時期だったと思うが、なんら恥じることではない。

3．いまやるべきことを考える。

あなたの新たな見解を、理解のある誰かに話してみることをお勧めする。当時、近くにいた人でもいい。それなら一緒に過去の出来事を細かく埋めていけるかもしれない。また、古い視点と新しい視点を書き出し、しばらく手元においておくのもいいだろう。

2 さらに先へ――あなたの性質を理解する

Digging Deeper: Understanding Your Trait for All That It Is

ここからは、あなたの心のなかを模様替えして、自分の性質を疑う余地のないものへと変えていこう。これが重要なのは、この性質は心理学の分野でほとんど議論されていないためだ。これからおもに子供の気質に関する研究を例に挙げ、その科学的根拠と、事例を見ていこうと思う。まずは双子の話からはじめよう。

ロブとレベッカの場合

ＨＳＰの研究を始めたころ、私の仲のいい友人が、男の子と女の子の双子を生んだ。名前はロブとレベッカ。生まれたときからふたりは明らかに違っていた。ひとめでそれを見て取った私は、科学者として歓喜した。ロブという、人一倍敏感な赤ん坊の成長を見届ける機会を得たばかりか、まったく同じ環境で生まれた「対象群」、レベッカまで一緒だったからだ。

生まれた当初からロブを知れて幸運だったのは、この性質が遺伝的に受け継がれるということを確信できた点だ。はじめからふたりに対する両親の接し方（つまり環境）は異なっていたものの、それももとはといえばロブの敏感性を認めたからだった（性別が違うことから、ロブとレベッカは一卵性ではなく二卵性双生児で、その遺伝子は一般的な兄妹に近い）。

さらにふたりのケースでは、敏感性に関する性別の常識がひっくり返っていた。ふたりのうち男の子であるロブのほうが敏感で、女の子であるレベッカはそうではなかった。またロブがレベッカよりも小さかったのも、通常とは逆だった。

これからロブの話をするが、これを読んで自分が感情的になったとしても、どうか落ち着いてほしい。この話をするのは、あなたにも通じる部分があるかもしれないからだ。ひょっとするとそのせいで、過去の曖昧な記憶や感情が、思いがけず喚起されるかもしれない。だがそうなっても動揺することなく、客観的に見てほしい。もしくは思い出したことを書きだしてみてもいいだろう。その情報は、今後の章を読む際にきっと役に立つはずだ。

睡眠問題

生後間もないロブとレベッカは、とくにふたりが疲れたときに、その性質の違いを見せた。

レベッカはすぐに眠りに落ち、目を覚ますことはなかった。一方ロブは——訪問者やお出かけなど——環境が変わると寝つけずに泣いた。そのたびに両親は、ロブを抱いて歩いたり、揺らしたり、歌ったり、なでたりして、落ち着かせなければならなかった。

敏感な子が幼児くらいになっていれば、静かで暗い場所に寝かせ、泣いている本当の原因である過度の刺激をじょじょに取りのぞいていくことをお勧めする。ＨＳＰは「疲れすぎて眠れない」というのがどういうことか、身をもって知っている。それどころか彼らは「消耗しすぎて眠れない」のだ。

たいていの親は、泣き叫ぶ新生児を一時間以上放っておくなど耐えられないと思うが、もちろん放っておくのは賢明ではない。赤ちゃんは通常、動くものに癒される。結局ロブは、電動ゆりかごで眠るのがいちばん寝つきやすいことが判明した。

つぎなる問題は、ロブの睡眠時間である。誰しも簡単に目が覚めたり、なかなか目覚めなかったりする眠りのサイクルを持っている。が、どうやら敏感な子供は、深い平穏な眠りにつける時間が少ないようなのだ。そしていったん目が覚めると、なかなか眠りに戻れない（きっとあなたにも経験があるはずだ）。私はこういうとき、子供たちのベビーベッドを毛布で覆った。とくに慣れない場所で眠る場合、こうした小さなテントは、静かで居心地がいいものだ。敏感な子供は、ときに親の創造性を試すことがある。

双子の家に泊まる

ロブとレベッカが三歳を迎えるころ、弟が生まれた。その日、私と夫は病院にいる彼らの両親に代わり、双子の家に泊まった。ロブが悪い夢にうなされて、最低でも一度は目を覚ますかもしれない、と友人夫妻から忠告を受けていた（実際レベッカよりもその回数は多かったが、HSPによくあることだ）。

思ったとおり、ロブは朝の五時に目を覚まし、ぐずりながら両親の寝室にやってきた。ところが、両親が寝ているはずのベッドに私たちを認めると、突然悲鳴を上げた。ロブが何を思ったかはわからない。おそらく「大変！　ママがいない！　代わりに怖い化け物がいる！」といったところだろうか。

子供が言葉を理解できるようになれば、あらゆることがスムーズに運ぶ、という意見に賛同してくれる親は多いはずだ。とくに自分の想像にとらわれた、敏感な子供に関しては。私はロブがしゃくりあげるたびに、すばやく慰めの言葉を滑り込ませた。

幸い、ロブはとてもユーモアのある子供だった。そこで私は、以前ロブとレベッカのベビーシッターをしたときに、夕食前の「前菜」としてクッキーをあげたことを思い出させた。

ロブは泣きやむと、私をじっと見つめ、やがて笑顔になった。彼の脳内で、私は母親をさらった怪物から、おかしなエレインに書き換えられたのだ。

私はロブに一緒に寝るかと尋ねたが、ロブが自分のベッドを選ぶのはわかっていた。案の定ロブは自分のベッドに戻ると、静かに寝息を立てはじめた。

翌朝、レベッカが寝室にやってきた。彼女は両親のベッドで寝ている私たちを見ると、にっこり笑って「ハイ、エレイン。ハイ、アート」と挨拶をして出ていった。これがＨＳＰと非ＨＳＰの違いである。

もし自分がロブに向かって声を荒らげ、ベッドに戻るよう言っていたら、と想像するといたたまれない。きっとロブは危険な世界で見捨てられたと感じつつも、言われたとおりにしただろう。そうして眠れぬまま、その出来事を何時間も考え、自分は何か悪いことをしたと思い込んだに違いない。敏感な子供が暗闇を恐れるのに、身体的な苦痛やトラウマは必要ないのだ。

自分なりの「ロブ」を完成させる

まだ一歳の誕生日を迎える前、双子は両親に連れられてメキシコ料理店に行った。そこで演奏していたマリアッチ・バンドにレベッカは興味を覚えたが、ロブは泣きだした。二歳になると、レベッカは海の波、散髪、メリーゴーランドに大喜びしたが、ロブはそのすべてを（少なくとも最初は）怖がった。それは保育園の初日も同じで、誕生日や休暇にともなう特別な高揚感も嫌がった。やがてロブは、松ぼっくり、ベッドカバーの人形の絵、壁の影にも怯えるようになる。そうした恐怖は私たちにとっては奇妙で非現実的なものだったが、ロブにとってはたしかに存在するものだった。

つまりロブの幼少期は、本人にとっても、愛情深い両親にとっても、少々厳しいものだった。腑に落ちないかもしれないが、家庭が健全であるほど、むずかしい気質は顕著になる。逆に困難な環境であれば、子供は生きるために保護者の言うことを何でもきく。だが心の奥深くに閉じこめた気質は、のちにストレス関連の身体的症状などの形を取って表面化する。ロブの場合は抑圧されていなかったため、その敏感性であらゆるものを観察した。自分の感情を自由に表現し、その結果、どれが良くてどれがうまくいかないかを学ぶことができたのだ。

四歳になるまで、ロブは状況が自分の手に負えなくなると、腹を立てて泣くことが多かった。そういうときは両親が辛抱強くロブをなだめた。おかげでロブは、じょじょに動転することが少なくなっていく。たとえば怖い映画や悲しい映画を観ても、きっと両親なら「これはただの映画だよ」とか「うん、でも最後はうまくいくから大丈夫」などと言ってくれるはずだと思えるようになったのだ。あるいは、目を閉じて耳を塞いだり、少しのあいだ部屋を出ていったりすることで対処した。

その慎重な性格のためか、ロブは運動があまり得意じゃなかった。他の男の子たちと外で走り回るのは苦手だった。それでもみんなのようになりたいと願い、努力したロブは、やがてみんなに受け入れられるようになる。周囲が温かく見守ってくれるおかげで、これまでのところロブは学校で楽しく過ごしている。

その特性を考えれば驚くべきことでないが、ロブには他にも特別な点がある。まずはずば抜けた想像力。それから芸術、とくに音楽に対する熱意（HSPには本当に多い）。ユーモアのセンスもあり、リラックスしているときなどは、大いに周囲を笑わせた。三歳のころから「弁護士のような」思考を持っていたロブは、即座に細かい点を指摘し、些細な違いを見分けることができた。また他人の苦しみに寄り添い、親切で礼儀正しく、情も深い――ただし、過度の刺激を受けていないときは、だが。レベッカにも、長所はたくさんあった。精神的に安定していて、弟の支えになっているのもそのひとつといえる。

では何がロブとレベッカの違いを生んだのだろう？　どうしてあなたの自己診断テストの点数は高いのだろうか？

たしかに存在する「違い」

ハーバード大学の心理学者ジェローム・ケーガンは、キャリアの大半を敏感性の研究に捧げてきた。彼にとってこの性質は、髪や目の色の違いと同じくらい、わかりやすいものだった。

ケーガンはこの性質を「内気」「引っ込み思案」「内向的」などと名づけたが、もちろん、私はそうした呼び方には賛成しない。だが、はたから見れば、とくに研究室内においては、彼の研究対象である子供は、たしかに内気で引っ込み思案で内向的に見えただろう。これからケーガンの研究について触れていくが、敏感性というのはれっきとした気質であり、周囲を見つめながらじっと立っている子供の脳内でも、きわめて複雑な処理がおこなわれている可能性がある、ということを踏まえてこの先の話を読んでいただきたい。

ケーガンはこの特性を持った二二名の子供の成長を追跡調査した。また、「内気」とは無縁そうな一九名の子供の調査もおこなった。両親によると「内向的」な子供は、平均的な子供よりも、幼少時にアレルギー、不眠、さしこみ、便秘に苦しむ傾向が高かった。はじめに心拍数を調べてみると、（内向的な）子供たちは、もともと心拍数が高かったため、ストレスにさらされても、とくに拍動が速くなることはなかった。一方で、ストレスを受けると即座に瞳孔が開き、声帯が張りつめて声が高くなった（ＨＳＰの多くは、動揺で声の調子がおかしくなる理由を知ると安心する）。

つぎに敏感な子供の体液（血液、尿、唾液）を調べた。すると、研究室でさまざまなストレスにさらされたあとはとくに、彼らの脳内のノルアドレナリンが上昇していることがわかった。神経の高ぶりにかかわるノルアドレナリンは、脳におけるアドレナリンのようなものである。また敏感な子供たちの体液には、ストレス下においてもリラックス状態でも、コルチゾールが多く含まれていた。コルチゾールは興奮、もしくは警戒状態にあるときに分泌されるホルモンだ。コルチゾールについてはのちに触れる。

またケーガンは、これとは別の実験で、赤ん坊を観察し、どの子が「内向的」になるかを調べた。やがて全体の二〇パーセントが、刺激に対して「高い反応」を示すことを発見した。手足をばたつかせ、いらだたしげに、あるいはその場から逃れようとするかのように上体をそらして頻繁に泣くのだ。一年後、調査対象となった「高反応」の子供のうち、三分の二が「内向的」になり、新しい状況に強い恐怖を示した。動じなかったのはそのうち一〇パーセントだけだった。やはりこの性質は（ロブのように）生まれた直後からわかるものなのだ。

こうした結果からも、繊細な子供は、外部の刺激に対して人一倍強い反応を示す傾向をもともと備えていることがわかる。ケーガンらの研究は、その裏づけとなる証拠をさらに提示する。たとえば、のちにこの性質を発現した赤ん坊は、おでこの右側の温度が低く、つまり右脳の活動がきわめて活発であることを示した（表層にある血液が、活動のために内部へ流れ込むため）。別の研究でも、HSPは通常、左側より右側の領域を多く使っていることが判明しており、とくに生まれたときから敏感な子は、その傾向が顕著だという。

敏感、もしくは内向的な性質を持つ人びとは、特別な種類の人間である、というのがケーガンの結論である。同じ犬であってもその見た目がかなり異なるブラッドハウンドとボーダーコリーのように、同じ人間であっても、遺伝的にかなり異なるのだ。

私の研究でも、敏感な人びとの遺伝的な「品種」の違いを指摘している。無作為に選んだ三〇〇名を対象に電話調査をしたところ、この特別なグループとそれに連なるグループがいることがわかった。五人にひとり、およそ二〇パーセントの人々が自分のことを「きわめて」あるいは「かなり」敏感だと感じていた。それに加えて二七パーセントの人が「そこそこ」敏感だと答えた。どうやらこの三つのカテゴリーを合わせたものが、敏感な集団と呼べそうだ。一方「敏感ではない」と答えた人はわずか八パーセントで、「まったく敏感ではない」と答えた人は四二パーセントにのぼった。

私は多くのＨＳＰに会ってきたが、たしかに敏感な人たちは、敏感でない人とは一線を画しているような印象がある。その敏感性も、人によって度合いが違う。おそらくはさまざまな理由によって、異なる種類、あるいは異なる「風味」の敏感さが生まれ、感受性がとくに強い人、中くらいの人、低い人などがいるのだろう。それに、経験や意識的な選択を通じて、敏感性を高めたり抑えたりする方法もたくさんある。こうした方法によって、いまは明確に分断されているふたつのグループの境界線も、いずれは取り払えるようになるかもしれない。

ロブとレベッカが異なるタイプの人間であるという感覚は否定できない。あなたについてもそうだ。こうした「違い」はたしかに存在する。

脳のふたつのシステム

脳にはふたつのシステムがあり、そのふたつのシステムのバランスが敏感性を生みだしていると考えられている。ひとつは「行動の活性化」（または「アプローチ／促進」システム）と呼ばれるもので、知覚されたメッセージを受け取り、四肢を動かすよう命令を送る脳の領域とつながっている。このシステムは、とくに新しいものに対して働きかけるように設計されている。私たちが新鮮な食べ物や仲間など、生きていくうえで必要なものを日々求めてやまないのは、おそらくこのシステムのおかげだろう。このシステムが稼働すると、好奇心が高まり、大胆で、衝動的になる。

もうひとつのシステムは「行動の抑制」（または「撤退／回避」システム）である（名前だけでも、この社会においてどちらが「良い」ものかわかるだろう）。このシステムは、私たちに危険を知らせ、回避を促す。おかげで私たちは警戒し、慎重になり、さまざまな兆候に意識を向ける。驚くにはあたらないが、このシステムは、ケーガンの言う「内向的な」子供のほうがより活動的な傾向にある、脳の領域とつながっている。

では、このシステムは具体的に何をするのか。このシステムは、ある状況についての情報を受け取ると、現在と過去の経験則、および未来の予測を自動的に比較する。そしてそこに何らかの齟齬があれば、私たちの活動を停止し、新たな状況を理解するまで待機させる。私に言わせれば、これは非常に知的なシステムである。したがって、このシステムにはもっとポジティブな名前を与えたい――ここからは「自動一時停止・チェックシステム」と呼ぶことにしよう。

ではつぎに、活発な「チェックシステム」を持つとはどういうことかを考えてみたい。ある朝、ロブとレベッカが学校へ登校するところを思い浮かべてほしい。レベッカは、昨日と同じ教室、先生、同級生を見て、校庭に飛びだしていくだろう。一方ロブは、先生の機嫌が悪く、同級生のひとりが怒っているのに気づき、昨日はなかった鞄が教室の隅に置かれていることに目を留める。ロブは一瞬立ち止まり、警戒すべき状況だと判断する。そう、敏感性――感覚情報の微妙な処理――は、ここでも違いを発揮するのだ。前章で言及した戦士と王の階級と、王族の助言者の階級の対比のように、心理学が、ふたつのシステムを正反対の目的を持つものとして言及している点に注目したい。

敏感性におけるこのふたつのシステムの説明もまた、HSPにふたつの異なるタイプがあることを示唆している。チェックシステムは平均的だが、活性化システムは弱いという人は、おそらく非常に落ち着きがあり、静かで、シンプルな生活に満足する。言うなれば、国や人を統べる王室の助言者を僧侶が務めているようなものだ。もうひとつのタイプは、強いチェックシステムと並んで、強い（といっても強すぎない）活性化システムも備えているHSPだ。このタイプのHSPはとても好奇心が強く、警戒心も強い。大胆だが心配性で、すぐに飽きるし、容易に神経が高ぶる。神経の高ぶりに関する最適レベルの範囲が狭いのだ。彼らのなかでは、つねに助言者と衝動的な戦士がせめぎ合っていると言われている。

ロブは後者のタイプだろう。しかし他の子供たちのなかには、物静かで好奇心の弱い子もいる。そういう子らは、そのせいで無視されたりネグレクトされたりする恐れがある。

あなたはどちらのタイプだろう？　活性化／戦士システムがおとなしいおかげで、一時停止チェック／助言者システムが勝っていて、つまり静かな生活に満足している？　それともつねにふたつの勢力がせめぎ合っていて、だから疲れてしまうとわかっていても、新しいことに挑戦したくなってしまう？

遺伝子やシステムでは語れないこと

自分が複雑な生物であることを忘れてはいけない。オレゴン大学のメアリー・ロスバートらの研究者によると、成人の調査に関しては、気質はまったく別問題だという。というのも、大人は（気質にかかわらず）論理的に選択し、その選択を実行する意思を持っているからだ。ロスバートは、心理学研究が子供と動物ばかりに偏ると、人間の思考や人生経験の役割を見逃すと考えている。

ではロスバートの視点に立って、あなたや（双子の）ロブの成長をふり返り、敏感性の節目ごとの違いを見ていこう。

生まれたばかりの乳児は、いらだちや不快感など、ネガティブな反応しか見せない。あなたやロブのような敏感な赤ん坊は、それに輪をかけていらだち、不快感を覚える点が――ケーガンが言うところの「高い反応」を示す点が――目立った違いである。

およそ二カ月後、行動の活性化システムが機能しはじめる。あなたは自分の欲求を満たしそうなものに興味を覚える。と同時に、欲しいものが手に入らないと、新たな感情、怒りと不満が胸に渦巻く。つまりポジティブな感情と怒りが発生するのだが、どちらをより感じるかは行動システムの強さによる。活性化、抑制いずれのシステムも活発であるロブは、すぐ怒る赤ん坊になった。だがこのシステムが活発でない敏感な赤ん坊は、この時期、おとなしくて「いい子」になる。

六カ月後、より高度な「自動一時停止・チェックシステム」が機能しはじめる。現在の状況と過去のそれとを比較し、現状がおかしければ恐怖を覚えることになる。くり返しになるが、あなたは何かを経験するたびに、人より微妙な差異をそこに見出す。つまり未知のものや、恐怖の対象になりそうなものが人よりも多く存在する。

生後六カ月の時点で、あらゆる経験がＨＳＰにとって非常に重要となってくる。新しいものに近づいた際に何度かよくないことが起こると、一時停止・チェックシステムは、完璧な抑制システムである、完全停止システムに移行する。あらゆることを回避すれば、必然的に悪いことも回避できるからだ。だが世界とかかわらなければ当然、未知なるものが増えていく。未知の世界がどれほど恐ろしいか、想像してみてほしい。

そしておよそ一〇カ月後、ようやく自分のなかで物事の受け止め方が決まり、場合によっては行動しないという選択肢を取れるようになる。この時点になってはじめて、ふたつのシステムの葛藤を調整できるようになる。「やってみたいけど、ちょっと怖い」という場合、どちらのシステムが強いかによって選択肢は決まる。ロブのタイプならきっと「よし、ちょっと怖いけどやってみよう」と考えるはずだ。

一時停止・チェックシステムのせいでなかなか物事が進まない、という事態があまりに頻繁に起きると、このシステムを無効にしたくなるかもしれない。その方法のひとつに、このシステムが強くない人の真似をしてみるというものがある。あなたの心配とは裏腹に、やってみたら案外うまくいくかもしれない。もうひとつの方法は、刺激を馴染みのあるものに置き換えるというものだ。たとえば映画のなかで唸っているオオカミはただの「大きな犬」だと考える。だがおそらく一番効果的なのは、あなたを支え、安心させてくれる人の助けだろう。

ロスバートいわく、恐怖に対する社会的支援には、人間に備わっている別のシステムも役に立つという。これもまた一〇カ月ごろから形成されはじめるが、このシステムを使って子供は他者とかかわりを持ち、そのやり取り楽しむようになる。彼らの社会的経験が肯定的なものであれば、生物学的に備わっているこの生体システムが発達する。いわゆる「愛情システム」と呼ばれるもので、これは「気分をよくする」神経化学物質であるエンドルフィンを分泌する。

これまで他者の助けを信じたおかげで、どれだけ恐怖を克服できただろう？　あなたの周囲で信頼できる人は？　母親がいるから安心してやってみよう、という気持ちで行動してきただろうか？　母親の優しい言葉や行動――怖がらないで、大丈夫だから――を思い出して、自分に言い聞かせてきただろうか？　ロブは以上のすべてを試していた。

いまあなたは、自分のことや自分の子供時代について考えているかもしれないが、これについてはつぎの二章でさらに掘り下げていく。（たぶん覚えていないと思うが）現在の自分から判断して、〇歳のときはどんなふうだっただろう。自分の思考や自制心は敏感性にどんな影響を与えている？　動揺を抑えられるときもある？　あるとしたら誰がやり方を教えてくれた？　見本となる人物は？　警戒心を制御するよう口うるさく言われすぎて、必要以上に身体が反応してしまう？　これまでの経験で世界は危険で、神経の高ぶりは抑えられないと感じている？

信用は疑いに変わり、知らないものは危険になる

気質の研究者の大半は、短期的な神経の高ぶりについて調査している。この研究は、心拍、呼吸、発汗、瞳孔の拡張、アドレナリンといった明確な指標があればいいため、比較的簡単だ。だが、神経が高揚するシステムには長期的なものもあり、こちらはホルモンが大きく関係している。このシステムもシステム自体はすぐに起動するものの、主要成分であるコルチゾールの効果は、一〇分から二〇分後に顕著になる。ここで重要なのは、コルチゾールが分泌されると、短期的な高揚も起こりやすくなるという点だ。つまり、長期的な高揚を経験しているときには、いつもより興奮しやすく、敏感になるということだ。

コルチゾールの作用の大半は、数時間から、長いときには数日にわたって現れる。これらを測定するには血液、唾液、尿を調べる必要があるため、長期的な高揚を調査するのは少しばかり手がかかる。だがミネソタ大学の心理学者メーガン・ガンナーはこう考えた。一時停止・チェックシステムは、こうした不健全で不快な長期的な神経の高ぶりから個人を守るためにあるのではないか、と。

調査によると、脅威となり得る未知のものに遭遇した人間は、まず短期的な反応を示すという。そうしている間に自分の武器となるものを探す。自分に何ができるのか？　過去の似たような状況で学んだことは？　助けてくれる人は？　そしてこの状況に対処できると思った時点で、脅威とはみなさなくなる。短期的な警戒は解かれ、長期的な警戒システムは起動しない。

ガンナーはこのプロセスを調べるために、おもしろい実験をした。ガンナーはまず、ケーガンが「内向的」な子供を特定するのに使った方法と似たような危機的状況をつくりだした。生後九カ月の赤ん坊たちを母親から三〇分間引き離し、そのうち半数をこまごまと気の付く面倒見のいいベビーシッターに託し、残りの半数を赤ん坊が実際に泣きわめいたりしないかぎり何もしない、やる気のないベビーシッターに預けたのだ。それから、それぞれのベビーシッターのもとにいる赤ん坊に、彼らがびっくりするような未知の出来事を経験させた。

ここで注目してほしいのは、やる気のないベビーシッターに預けられた敏感な赤ん坊の唾液だけに、より多くのコルチゾールが含まれていたことだ。面倒見のいいシッターに預けられた赤ん坊は、あたかも自分にはストレスに対処するすべがあり、長期的なストレス反応を示す必要はないと知っているかのようだった。

このベビーシッターたちが本当の親だとしたら？　母親と赤ん坊の観察をしている心理学者たちは、子供が「安定した愛着を感じている」かどうかを示す兆候を発見した。守られている子供は、安心して未知の冒険に乗りだし、新しい経験を脅威とはみなさない。そうでない場合は、子供が「不安定な愛着」を持っていることを示している。こうした子供の母親は極度に過保護か、あるいは極度に無関心（いずれも危険）なことが多い（「愛着」については3章と4章で詳述する）。母親のもとで未知の状況に直面した敏感な子供に関する研究によると、こうした子供は、日常的に強い短期的な反応を示すという。ただし敏感な子供が母親にきちんと愛着を抱いていれば、ストレスによる長期的なコルチゾールの影響を受けることはない。一方で不安定な愛着しか抱けない子供は、長期的に神経が高ぶるようになる。

だからこそ、若いＨＳＰ（および大人のＨＳＰ）は、社会と交わり、新しいことから身を引くのではなく、挑戦することが大切だという人もいるかもしれない。だがそれには、保護者に対して安心感を抱き、経験を成功させなくてはいけないのだ。そうでなければ、「近づきたくない」という彼らの直感の正しさが証明されるだけになってしまう。しかもこうしたプロセスは、あなたがまだ言葉を話す前からはじまっているのだ。

賢明でよく気のつく両親は、子供たちに必要なものを自然と与えている。ロブの両親はいつも息子の成功を褒め、息子が恐怖を感じたら、それが本当に怖いものかどうか試してみるよう励まし、必要なら手を貸した。するとじょじょにロブの世界を見る目は変わり、生まれて一〜二年のあいだに神経系が伝えてきたほど世界は怖いものではないと思うようになっていった。やがて敏感な子供の才能ともいえる創造力や直感力が開花し、欠点の部分は影を潜めていくのである。

親が敏感な子供に対して「愛着」を抱かせる行動を何もしなければ、子供が本当に「内向的」になるかどうかは、おそらく「活性化システム」と「一時停止・チェックシステム」の強さ次第となる。だが両親や環境によっては、状況がはるかに悪くなる場合があることも忘れてはいけない。何度も怖い経験をすれば当然警戒心は高まるし、とくに落ち着かせてくれる人や手を差し伸べてくれる人がいなかったり、ちょっとした冒険心を起こして叱られたり、助けてくれるべき人が危険人物になってしまったりした場合は、悪いほうに転ぶリスクが高くなる。

もうひとつ重要なのは、体内のコルチゾール濃度が高いほど乳児の眠りは浅くなり、眠りが浅いとさらにコルチゾールが増加するという点だ。日中でも、コルチゾール濃度が高いと恐怖を感じやすくなり、恐怖を感じるとさらにコルチゾールが増加する。夜間の深い眠りやお昼寝は、乳児のコルチゾールを減らしてくれる。そしてコルチゾール値が低いほど、短期的な警戒心も抑えられる。ロブがこの眠りの問題を抱えていたのは明らかだが、ひょっとしたらあなたもそうだったかもしれない。

乳児期の眠りの問題が解決されないままだと、大人になってからもこの問題に悩まされ、そうすると、もともと敏感な性質は、さらに耐えがたいほど敏感になってしまう。くれぐれも睡眠を大切に！

さらに、深く

ＨＳＰの性質には、研究や観察ではとらえがたい別の一面もある。この性質を理解するために、ちょっと研究室を離れて、深層心理学者のカウンセリングルームへと足を踏み入れてみよう。

深層心理学者は、私たちの生活を支配する無意識と、深層意識に刻まれた経験――閉じこめられ、あるいは単に言葉にされない経験――に重きを置いている。敏感な子供や大人が眠ることに苦労し、鮮明でつねならぬ「典型的」な夢の報告をするのはよくあることだが、それは暗闇のなか、かすかな物音や形を敏感にかぎとり、想像力を人一倍膨らましてしまうからだ。また日中になにげなく素通りし、意識下に沈んでいる馴染みのない経験というのもあって、そうしたものもすべて、眠りにつこうとリラックスした状態の心に渦巻いている。

眠りに落ちる、眠りつづける、目が覚めてから眠りに戻る、これらをおこなうには、自分を落ち着かせ、安心感を抱く能力が必要だ。

敏感性について明確に書き記した深層心理学者は、深層心理学の第一人者カール・ユングだけである。その言葉は重要かつ、変化に対してきわめて肯定的なものだった。

その昔、ジークムント・フロイトが心理療法を開始したころ、感情的な問題も含め、生来の気質がどの程度人格形成に影響しているのか、という論争が起こった。フロイトが現れる以前、医療機関は、気質の違いは遺伝によるものだと主張していた。そこでフロイトは「神経症」(彼の専門分野)が、トラウマ、とくに尋常ではない性的経験によって引き起こされることを証明しようとした。カール・ユングは長いあいだフロイトに師事していたが、まさにこの性に関する意見の相違が、やがてふたりの道を分けることになる。ユングは、こうした気質の違いは、親から引き継いだ敏感性に大きく影響されると仮定した。敏感な人が(性的な、あるいは他の)トラウマを経験すると、必要以上に影響を受け、神経症を発症すると考えたのだ。注目すべきは、小児期にトラウマ経験のない人は、そもそも神経症ではないと述べている点である。前述した「母親に対する愛着を持っている子供は、未知の経験に怯えない」という、ガンナーの実験結果を彷彿とさせる言葉である。ユングは、敏感な人びとのことを非常に高く評価していたが、実はユング自身HSPだったと言われている。

ユングがHSPについて記した事実はあまり知られていない(この気質の研究をはじめるまで私も知らなかった)。たとえばユングは「生来の敏感性は特別な体験を生みだし、つまり敏感な子供は特別な方法で幼児期の出来事を経験する」と述べたり、「強烈な印象をともなう出来事は、敏感な人びとに何らかの痕跡を必ず残す」と述べたりしている。のちにユングは、内向的で直感的なタイプについても同様の見解を示すが、その際には、さらに肯定的な姿勢を示すようになっている。内向的な人たちは、より自己を防衛する力が強くなければならない、と。また、こうも述べている。彼らは「文化の教育者および促進者であり……その生き方は他の可能性、私たちの文明が切実に欲する内面世界を教えてくれる」。

ユングいわく、こうした人びとは無意識からの影響を受けやすく、そこから「もっとも重要な」情報や「先見の明」がもたらされるという。ユングによると、無意識とは学ぶべき重要な知恵を内包している。無意識と深く交わる人生は、周囲に大きな影響を与え、自分自身も満たしてくれる。

しかし、幼少時に親の愛情を感じられないまま数々の困難を経験した場合、将来的につらい人生が待ち受けている可能性がある。ガンナーの実験、およびのちに8章でも説明するとおり、ユングの見解はまったく正しかったのである。

そう、敏感でもいいのだ

ロブ、ジェローム・ケーガン、メーガン・ガンナー、カール・ユング、彼らの話を通じて、あなたの気質がまぎれもなく本物であることがわかっただろう。たしかにあなたは人とは違うのだ。次章では、あなたの敏感な性質を周囲とうまく調和させるにはどうしたらいいかを見ていこうと思う。

ひょっとしたらいま、あなたはネガティブな感情――恐怖、臆病、抑制、動揺――にとらわれているかもしれない。ユングだけはこの特性の利点を語っているものの、その記述でさえ、心の深さや暗闇とは無関係ではない。だが、敏感さに関するこうした否定的イメージは、おもに世間の偏見からきていることを思い出してほしい。「たくましさ」を美徳とみなすこの文化は、私たちの性質を生きにくい、治すべきものとみなしている。HSPと非HSPの大きな違いは、微妙な刺激に対する処理の仕方が異なる点である。これこそがHSPの基本的な資質であり、あなたの気質を理解する際のポジティブな、正しい捉え方である。

・学んだことを実践しよう

深い部分の反応を探る

これはこの章を読み終わったらすぐに実践してほしい。いま読んできたことに関して、脳が理解したこととは別に、感情はもっと深い反応を示しているかもしれない。

この深い反応に到達するには、身体や感情の深い部分、ユングが無意識と呼んだ、より基本的な、本能的ともいえる意識に到達する必要がある。これはいままで無視され、忘れられていた箇所であり、本書を読みながら、恐れや安堵や興奮や悲しみを感じているのもこの領域である。

以下の文章を読み、実践してみてほしい。

まずは身体の中心、下腹部に意識を集中して呼吸をする。その際、横隔膜も意識しながら、風船を膨らますように、口から強く息を吐くこと。息を吐き切り腹部がへこむのを確認したら、大きく息を吸う。息を吐き切った状態からだと、自然に大きく吸えるだろう。ポイントは、息を吐くときだけ意識的に長めに吐くこと。慣れてくれば、それほど意識しなくてもできるようになる。

気持ちを落ち着けたら今度は、何が起きても大丈夫という安全な場所を心に思い浮かべてほしい。そこに感情を招じ入れ、認識させる。ひょっとしたらそのせいで、背中の痛み、喉の引きつり、お腹の不快感といった身体的反応が起こるかもしれない。だがその感覚に意識を向け、それがあなたに伝えているものを見極めること。何かの映像の断片が見えるかもしれないし、声が聞こえるかもしれない。あるいは感情が見えるかもしれないし、こうした一連の身体的な感情が、ひとつのイメージを想起するかもしれない。

この間、心を静かに保つこと。笑ったり、泣いたり、怒ったり——感情を出したくなっても最小限に抑えること。

つぎに瞑想状態を解き、いま起こったことを考える。何が自分の感情を掻き立てたのか――自分が本書のどの部分に反応し、どの思考や記憶が反応したのか。自分が敏感であることをどう思ったか。

最後に、感じたことを言葉にしてみる。自分に語りかけてもいいし、誰かに話しても、あるいは何かに書いてもよい。実際、本書を読みながら感想をメモしていけば、あとから非常に役立つだろう。

3

ＨＳＰの健康状態とライフスタイル

――幼児／身体から受け取る愛と学び

General Health and Lifestyle for HSPs: Loving and Learning From Your Infant/Body Self

この章では、敏感な身体のニーズを受け入れることを学んでもらいたい。これは多くのＨＳＰにとって非常に困難なことなので、比喩を用いて進めていこうと思う。まず、自分の身体を幼児だと思ってほしい。これは実際、わかりやすい比喩である。

生後六週間のようす

嵐が来る。空が光沢を帯びる。空を渡る雲がちぎれ、空のかけらがてんでに飛んでいく。静寂のなか、風が勢いを増す……。世界が壊れる。何かが起きようとしている。不安が膨らみ、じわじわと痛みが広がっていく。

これは発達心理学者ダニエル・スターンが『もし、赤ちゃんが日記を書いたら』（草思社、一九九二）というユニークな自著のなかで、生後六週間のジョーイの空腹のプロセスを想像して書いた一節である。この日記には、幼児に関する膨大な研究が反映されている。たとえば現在では、幼児は外部と内部の刺激を区別したり、異なる感覚を選り分けたり、直前の経験と現在を区別できないと考えられている。また、それらを自分が経験しているという自覚もない。

そして考慮の末、スターンは幼児の経験を天気に例えることを思いついた。出来事にはそれぞれ程度があって、その程度が激しいほど神経の高ぶりも増す。そう、神経の高ぶりこそが、人生の最初に経験する、ＨＳＰにとって基本の試練なのだ。生まれた瞬間からそれははじまっている。

つぎにスターンは、食事を済ませ、空腹が満たされたジョーイの気持ちを想像した。

すべてが一変した。新たな世界が目を覚ます。嵐は過ぎ去り、風は静まり、空は和らいでいる。いくつもの線が走り、何かが流れ込んでくる。それらは調和し、光が移ろうように、すべてを生き生きとよみがえらせる。

スターンは幼児も大人同様、適度な高揚感を必要としていると考えた。

赤ん坊の神経系は、知覚できる刺激の強度をただちに判断できるようにできている。知覚した刺激の程度が、近づいていいのか、遠ざかるべきなのかを判断する最初の手がかりになっていると考えられ……適度な刺激であれば……心地よさを感じるだろう。適度な刺激は赤ん坊を活気づけ、その肉体を活性化する。

つまり、退屈はつまらないということだ。一方で赤ん坊の身体は、過度の刺激を避け、神経を高ぶらせない本能を備えている。ただし人によっては、それがうまく作動しない人もいる。

生後六週間の敏感な子供

今度は私が、架空の赤ん坊ジェシーとして、敏感な赤ちゃん日記をつけてみようと思う。

ずっと風が吹いている。ときおり突風が吹き荒れ、いらだったような、疲れたうめき声が聞こえてくる。永遠を思わせる雲が、まばゆい光を発し、あるいは陰鬱な闇を広げて、思い思いのようすで渦巻いている。不穏な夕暮れが迫り、光のなかで一瞬風が弱まっただろうか。けれど暗闇は自身の闇で方向を見失い、突風がでたらめに方向を変え、まるで竜巻のなかにいるようだ。実際に、この混乱からいくつもの風向きが生まれ、互いにエネルギーを与えながら、激しい怒りへと変わっていく。そして深夜、地獄のようなハリケーンがやってくる。

この恐怖が収まる瞬間や場所はあるものの、天国を見つけることは不可能だ。こうした天候には上も下も東西もなく、ただ、恐ろしい中心に向かってぐるぐると回りつづけるばかり。


この日記は、ジェシーが母親と姉ふたりと一緒に車でショッピングモールへ行き、ベビーカーでモール内を移動し、それからまた車に乗って家路に着くという一連の出来事を想定して書いたものだ。その日は土曜日で、モールは混みあっていた。帰りの車内では、ふたりの姉がラジオのチャンネルをめぐって争い、どんどんラジオのボリュームが大きくなっていく。道路は渋滞し、少し進んでは止まることをくり返す。ようやく家に着いたのは、ジェシーのお昼寝の時間をとうに過ぎたころ。母親があやしても、ジェシーはただ泣き叫ぶばかり。興奮しすぎてお腹がすいていることにも気づかない。母親はどうにか息子を寝かしつけようとする。日記のハリケーンに襲われたのは、このときだ。

ここで忘れていけないのは、ジェシーがお腹を空かせていたということだ。空腹もまた、内側からの刺激である。これはさらなる興奮を煽るだけなく、神経系の機能を落ち着かせるのに必要な生化学物質を減少させてしまう。私の研究によると、空腹は、ＨＳＰにとってとりわけ影響が大きいことがわかっている。こんなことを言った人がいる。「疲れていると、子供に戻ったみたいになって『いますぐミルクとクッキーをちょうだい』なんて口走ってしまいそうになるんです」。とはいえ、神経が高ぶりすぎると、空腹にさえ気づかない場合がある。敏感な身体をケアするのは、赤ん坊の面倒を見るようなものなのだ。

赤ん坊とあなたの身体

赤ん坊と、あなたの身体の共通点を考えてみよう。第一に、動揺したり疲弊したり空腹を抱えていないときは、両者ともすばらしく協力的である。第二に、へとへとに疲れるときは正しい選択ができなくなる。赤ん坊は世話をしてくれる人に依存しており、彼らの設けたルールのなかで、シンプルかつ基本的なニーズが満たされていればいい。そしてあなたの身体もまた、同じことをあなたに求めている。

また両者とも、何か問題があってもそれを言葉で説明できない。ただ助けを求めて大きな声で泣き叫び、あるいは無視できないような深刻な症状を発症する。賢明な保護者なら、子供や身体の最初の合図でたいていの悲劇を避けられることを知っている。

前章でも触れたが、新生児や身体を放置し、「泣かせておけばいい」というのは間違っている。研究によれば、小さな赤ん坊の泣き声にすぐに反応してやれば（ただしそれによって余計な刺激を与えてしまう場合は別だが）、成長した子供はあまり泣かなくなるという。

この赤ん坊／身体は敏感性のエキスパートである。なにしろ、生まれたときからずっと敏感なのだ。過去のつらかった出来事も、現在の困難も理解している。身体は、あなたに何が欠けていて、あなたが大人たちから何を学んだかを知っているし、自分にいま必要なものも、今後どのように扱ってほしいかも知っている。最初にこれを認識しておけば、もう半分うまくいったも同然である。

あなたと保護者

半数以上の子供が適切な両親に育てられており、そういう子供は「安定した愛着」を感じる子供になる。この用語は生物学からきたもので、生まれたばかりの霊長類は例外なく母親にしがみつき、ほとんどの母親は子供をしっかりと抱きしめる。

少し大きくなると、子供は安全な環境のもと、物事の探求に乗りだしはじめる。母親はそれを喜び、万一に備えて身構えながらも、わが子の成長をうれしく思う。だがそこにはまだ、見えない愛着が残っている。子供に危険が降りかかった瞬間、親子はふたたび結びつき、安全を確保する。

一方で、安全な愛着を得られない子供も存在する。母親か父親の幼少期に問題がある場合がほとんどだが、彼らは子供が愛着を育めないようなメッセージを発してしまうのだ。ひとつは「この世はあまりにひどい」あるいは「保護者は自分に無頓着で頼りない」というもの。このメッセージを受け取ると、赤ん坊は必死に彼らにしがみつくようになる。そういう子供はあえて冒険しようとは思わないし、保護者のほうも冒険を避けるか、子供がしがみついていなければ彼らを置き去りにしてしまう可能性がある。こうした子供は保護者とのつながりに不安を覚え、執着しやすくなると言われている。

もうひとつのメッセージは「保護者は危険で、避けなければならない」あるいは「問題を起こさず自立している子のほうが好まれる」というものだ。もしかしたら保護者は、ストレスのせいで子供の面倒を見られなくなっているのかもしれないが、親のなかには、怒りや絶望に苛まれ「この子さえいなければ」と思ってしまう人もいる。この場合、子供は親に愛着など感じないほうがいい。こういう子供は回避的であると言われており、母親や父親から引き離されても、ほとんど関心を示さない（もちろん、どちらか一方の親にだけ愛着を感じている場合もある）。

愛着に関する最初の体験が、今後、身近な人に何を期待するのかを決定づける。それがあまりいいものじゃなかったとしても、保護者の望みを満たすことは、あなたが生き残るために大切なことだった。やがて生存の心配がなくなってからも、プログラムは頑なに存在しつづける。安全なものであれ、不安や回避を生じるものであれ、とにかく生き残ることのできた方法にしがみついていれば、危険な間違いを犯さずに済むからだ。

愛着と、とても敏感な身体

前章で、馴染みのない状況下でも長期的な興奮状態に陥らない敏感な子供の話をしたのを覚えているだろうか。面倒見のいい保護者、あるいは守ってくれる母親のいる子供である。健やかな環境で育ったHSPは、自分に優れた資質があることや、過度の刺激にうまく対処できることを知っている。そして保護者から受けた扱いを、自分自身に対しておこなうようになる。

幼いときに、あなたの身体は新たな経験にいちいち怯えないことを学んだ。反応しなければ、長期的な興奮も起こらない。やがて自分の身体を信頼のおける友人だとみなし、と同時に、自分が人より敏感な神経の持ち主であることを理解する。そして自分を鼓舞し、時間をかけ、あるいは完全に手を引き、休んでからもう一度挑戦すれば、何事にも対処できることを知る。

ただし私たちの半数は、理想とは言いがたい両親のもとに生まれる。触れるのもつらい現実だが、この問題にはこのあとじっくり取り組んでいこうと思う。ともあれ、あなたに自覚してもらいたいことがある。不適切な親の存在がことさらつらかったのは、あなたが敏感だったからだ。誰よりも「理解される」必要があったからだ。

不安定な子供時代を過ごした人も、このことを自覚し自分の耐性を高めてほしい。何より、自分に与えられなかったものを知ることで、自分の身体を労わることができるようになる。これまで自分の身体を――ぞんざいに扱ったり、逆に過保護に守りすぎたりして――大事にしてこなかったかもしれない。その理由は、無責任な保護者があなたに接したのと同じように、自分の身体を扱っていたからにほかならない。

それではいい保護者と、そうではない保護者が、具体的にどういうものかを見ていこう。まずは新生児の――または新生児のように小さくて無力に思えるあなたの身体の――ケアから。これについては心理学者ルーセレン・ジョセルソン博士の記述がわかりやすい。

両腕に包まれた私たちは、外の世界に存在する有害なもの、あるいは自分を圧倒するものとのあいだに障壁を築いている。腕のなかにいる私たちは、外の世界から幾重にも守られている。それがどのようなもので、どこから来たのかは定かでなくとも、緩衝材の存在を知覚している。

いい母親は、赤ん坊を抱きしめることで、過度の刺激を受けないよう守っている。どの程度の刺激なら受け入れても大丈夫かを知っているのだ。心地よい腕のなかで赤ん坊は、適度に反応しながら、健やかに育っていく。最適な環境下では、外部からの侵入者に邪魔されることなく、赤ん坊の自我が育っていく。

あまり腕に抱かれることがなかったり、邪魔されたり、ネグレクトされたり、さらには虐待されたりすると、赤ん坊／身体にとって刺激は耐えがたいものになる。唯一の頼みは、意識を遮断し、肉体から「分離」することだけ。この時期の過度の刺激は、自我の発達も妨げる。侵入者を阻止することに全エネルギーが注がれるからだ。彼らにとってこの世は危険極まりないのである。

では、少し成長して、冒険の準備が整ったとしよう。これは、あなたの身体が、安全なら外に出て、周囲を探検してみようと思う年頃に相当する。この段階では、無関心な保護者よりも、過保護な保護者のほうが、敏感な赤ん坊／身体にとってははるかに厄介な存在になるかもしれない。乳児期、または非常にデリケートな時期に、絶えず干渉されると、それが過度の刺激や不安の要因になる。この時期に不安を抱えた保護者が干渉しすぎると、冒険心や独立心が育たなくなってしまうのだ。つねに監視されている赤ん坊／身体は、自由にのびのびと育てない。

お腹がすいて泣いたり、寒くてむずかったりする行為は、赤ん坊／身体が自分の欲求を知る手がかりになる。ところが保護者が先回りして食事を与えてしまうと、そうした本能と接触する機会が失われる。赤ん坊／身体を内の世界で守っていては、いつまでたっても彼らが外の世界に慣れることはない。保護者／あなたが、世界は恐ろしい場所だと思わせたら、赤ん坊／身体は外の世界で生きてはいけない。神経の高ぶりを回避する機会も、それに対処する機会も、耐える機会もないからだ。あらゆることが不可解で、動揺の引き金となる。前章の話で言えば、適切な「一時停止・チェックシステム」を発展させられなかった赤ん坊／身体は、過度に内向的になる。

これらのことが自分に当てはまるようなら、その要因を考えてみてほしい。おそらくはあなたが自分に依存し、決して離れないようにと望んだ、過保護な、重たい保護者に育てられたのではないだろうか。もしくは、彼らは強く必要とされることで、自尊心を満たしていたのかもしれない。彼らに複数の子供がいる場合、敏感な子ほど目的にふさわしい。こういう保護者は本当にダメな保護者である。彼らが何を言ったとしても、それはあなたのニーズではなく、彼らのニーズなのだ。

ここでの要点は、あなたの赤ん坊のときの扱われ方が、現在のあなたの身体に対する扱い方に大きく反映されているということだ。あなたの敏感性に対する彼らの態度が、あなたの敏感性に対するあなたの態度を形成した。考えてみてほしい。他の誰がこれほど深く影響を与えられただろう？　彼らの世話の仕方、あなたの身体に対する彼らの態度が、あなたの健康、幸せ、寿命、社会貢献に直接影響を及ぼしているのだ。ここまで読んでつらくなければ、少し立ち止まって、赤ん坊／身体の最初の世話人のことや、子供時代にどう育てられ、現在自分で自分をどう扱っているかを考えてみてほしい。

だがもしつらいようなら、休んでほしい。不安定な愛着や、それが自分に与えている影響に直面し、専門家や（あるいは専門家でなくても）誰かの支えが欲しいと思えば、ぜひとも誰かの助けを借りてほしい。

幼少時代の最初の世話人と、現在の身体の世話人

二歳ごろまでの記憶を思い出し、あなたの両親が赤ん坊のあなたを描写するのに使ったと思われる言葉やフレーズを書きだしてみてほしい。両親に直接聞いてみてもいい。

例：楽しい、騒がしい、むずかしい、問題なし、眠らない、病気がち、怒りっぽい、疲れやすい、よく笑う、あまり食べてくれない、可愛らしい、幼少期を思い出せない、歩けるようになるのが早かった、複数のベビーシッターに育てられた、ベビーシッターや託児所はほとんど使わなかった、怖がり、恥ずかしがり、ひとりが好き、いつも何かに夢中。

こうした言葉のなかで、下手をしたら墓石にさえ刻まれかねないほど、よく使われていたフレーズに注意してほしい（私の場合は「あの子は何の問題も起こさない」だった）。あなたの感情をかき乱し、混乱させ、葛藤を引き起こすフレーズはあるだろうか。あるいは、言い聞かせるように強調され、その反対こそが事実なのではないかと思うような言葉は？　たとえば喘息の子供が「問題ない」といわれるように。

ではつぎに、赤ん坊のころのあなたを保護者がどう見ていたか、そしていまのあなたが自分をどう見ているか、両者のあいだにある類似点を探してほしい。先にリストアップし

たフレーズのうち、本当に当てはまると思うものは？　逆に親の杞憂だったと思うものは？

かりに「病気がち」と言われていたなら、いまでも自分は病気がちだと思うか？　いまも昔も、本当に他の子よりも病気がちだったのか（もしそうなら、幼少期にかかった病気について詳しく調べてほしい――身体は覚えているし、きちんと労わってあげる必要がある）。

「歩けるようになるのが早かった」というのはどうだろう。あなたの家族のなかでは、いかに人の注意を引けるかが、達成であり、重要視されていたのではないだろうか。もしあなたの身体が何かを「達成」できなくてあなたをがっかりさせても、あなたは自分の身体を愛せるだろうか？

やりすぎる

放任と過保護――保護者にも二種類の問題があるように、HSPが自分の身体を適切にケアできない理由も大きく分けてふたつある。無理をしすぎる（必要以上に働き、危険を冒すなど自分に刺激を与えすぎる）か、内にこもりすぎる（みんなと同じように外に出たいのに自分を守りすぎる）かだ。

この「すぎる」というのは、物理的にも感情的にも、自分の限界を超えてしまうことである。

他人からこれまで「〇〇しすぎる」と言われたことは、気にしなくていい。なかには（少なくとも人生のある一定の期間）自分の内だけに、あるいは外だけに属して生きてきた人もいるかもしれない。それもかまわない。ここで私が言いたいのは、自分がやりすぎていると感じていて、できることなら変えたいのに、それができないという状況のことだ。

また、過保護な保護者や一貫性のない保護者に育てられたからといって、必ずしもその子供が自分の身体に対して過保護になるわけではない、ということも言っておきたい。放置や虐待された場合も同じだ。それほど単純なものではない。私たちの心というのは、容易に過剰反応を示したり、かと思えばその埋め合わせをしたりと、反対のことをやってのける。また状況が違えば、真逆の行動を取ることもある（職場では積極的なのに私生活では臆病だったり、精神の健康には無頓着なのに肉体の健康は異常に気にしたり）。だがいずれ、こうしたことに折り合いをつけ、うまく身体を扱えるようになる日が来るかもしれない。

一方保護者とのあいだに愛着を育んで育った人は、どうしていま、自分が両極端に走って苦労しているのかと不思議に思っているかもしれない。そもそもこの社会の状況や文化、サブカルチャー、職場環境、友人、それに自分の性格など、あらゆるものが私たちを両極端に走らせる要因なのだ。

自分がどちらのタイプかわからなければ、つぎのエクササイズを試してほしい。

あなたは無理をしすぎ？　それとも内にこもりすぎ？

以下の文章を読み、「非常に当てはまる」なら三を、「ある程度当てはまる」あるいは「状況による」なら二を、「ほぼ当てはまらない」なら一をつける。

1. 一時的に神経が高ぶったり、刺激やストレスを感じ——赤面、動悸、呼吸が速く浅くなる、胃のむかつき、手の汗ばみや震え、突然涙が出たりパニックを起こしたりすることがある。
2. 長期的な神経の高ぶりに悩まされ、苦痛や不安を感じたり、消化不良、食欲不振、不眠などの症状が出たりする。
3. 動揺を引き起こす状況に向き合う努力をしている。
4. 一週間のうち、出かけるよりも家にいるほうが多い（ただし睡眠、着替え、入浴などの時間はのぞく）。
5. 一週間のうち、誰かと過ごすよりもひとりでいるほうが多い。
6. 恐怖を感じることでも試してみようと努力する。
7. 気分が乗らない日でも外に出かける。
8. 働きすぎだと人から言われる。

9. 自分が、肉体的、精神的、感情的にがんばりすぎていると思ったら、ただちに休憩し、気分転換をする。
10. 夜間にコーヒー、アルコール、薬などを飲んで興奮状態を保っている。
11. 暗い映画館や興味がない授業では眠たくなる。
12. 真夜中や早朝に目が覚めて、そこから眠れなくなる。
13. 食事時間をきちんと確保していない、あるいは定期的に運動をしていない。

4、5、9をのぞいた各設問の答えの数字を合計する。その合計から4、5、9の答えの数字を差し引く。合計数は最高で二七点、最低で一点になる。平均は一四点。一〇点以下の人は「こもりすぎ」、二〇点以上の人は「無理をしすぎ」の可能性がある。つぎにそれぞれの問題点を記していくので心に留めてほしい。

「こもりすぎ」の問題点

ＨＳＰは、社会に出てもうまくやれるわけはないと思われるため、蚊帳の外に置かれることがある。ＨＳＰは特殊で、脆弱で、問題があると考える人がいるのだ。

自分と比べてはるかに大胆な、非HSPと同じようにこの社会で暮らしていくのは不可能だ、と思うあなたの気持ちは痛いほどわかる。だが、自分なりのやり方で成功しているHSPもたくさんおり、彼らは社会で大いに活躍し、家でも豊かな空想のなかで平穏な日々を送っている。

ここで先ほどの赤ん坊／身体の視点であなたの行動を眺めてみよう。新しいことをしたいのに怖いと感じている場合、恐怖を増幅するのではなく、行動を後押しする必要がある。そうしなければ、試したいと思う欲望そのものが間違っており、自分はこの社会で生きていくのに適していないと思ってしまうからだ。これは子供に対する最悪のメッセージである。将来あなたは、誰のせいで自分はこんなふうになってしまったのか、そしてなぜ、世間で生きていくための自分にふさわしい方法を教えてくれなかったのか、と長いあいだ思い悩むことになるだろう。

自分の身体を育て直すにあたって、まず、刺激を避けるほど、刺激に対して動揺しやすくなるという点に注意してほしい。瞑想の先生にこんな話を聞いたことがある。ある男がストレスとは無縁の生活を送ろうと、洞窟に引きこもり、朝も夜も瞑想をして過ごすことにした。だがすぐに、洞窟に水がしたたる音に我慢できなくなり、洞窟を飛び出したという。要するに、敏感性を持って生まれた私たちには、多少のストレスがつねにつきまとうということだ。私たちに必要なのは、ストレス要因と折り合いながら暮らす方法である。

また、身体を動かすほど——窓の外見たり、ボーリングや旅行をしたり、人前で話したりするほど——困難や動揺は少なくなる。これは「順化」と呼ばれるもので、慣れれば慣れるほどあなたのスキルは上達する。たとえば海外へのひとり旅。これはHSPにとってはとんでもないことに思えるかもしれない。だからこそ避けてきたかもしれないが、実際に何度か挑戦するうちに、次第に大したことではなくなり、自分の好き嫌いもはっきりしてくる。

この社会を耐え抜き、楽しむコツは、社会の一員でいることだ。

私は何も、軽い気持ちでこんなことを言っているわけではない。私自身、人生の中盤にさしかかるまで極力世間を避けてきた。だが、いろいろあって変わらざるを得なくなり、それ以来、恐怖、動揺、不快感などに毎日のように直面してきた。これはとても大変なことだし、ちっとも楽しいことではない。それでも何とかなるものだ。社会で認められたあかつきには、思わず「見て！　私にもできた！」と叫びたくなるだろう。

「無理をしすぎ」の問題点

「こもりすぎ」問題の根本に、自分の身体に欠陥がある、という思い込みがあるなら、「無理をしすぎる」原因もまた、ネガティブな要因に根ざしている。というのも、その事実がほのめかすのは、あなたの子供（身体）に対する愛情不足が、無関心や虐待を引き起こしている、ということだからだ。一体いつからこんなふうになってしまったのだろう？

両親のせいばかりとはかぎらない。私たちの社会には、トップを目指して努力をしない人は無価値で、非生産的な部外者とみなす風潮がある。これは仕事だけでなく、私生活でも同様だ。健康的な身体であるか。趣味を持っているか。料理や庭いじりが得意か。そして結婚生活、あるいは性生活がうまくいっているか、優秀な子供を育てたか。

あなたの身体は、こうしたプレッシャーに警鐘を鳴らしながら抵抗を示す。私たちはそのつど、体や心を強化したり、薬を使ってなだめようとしたりするが、そのせいで消化不良、筋肉のはり、慢性疲労、不眠、片頭痛など、ストレスに関連した慢性的な症状を発症し、あるいは免疫系が弱くなってインフルエンザや風邪にかかりやすくなる。

こうした虐待を止めるには、まず虐待行為を認めることだ。いったい自分のどの部分が虐待をおこなっているのだろう。完璧を目指す社会に感化された自分だろうか。それともきょうだいに勝ちたいと思う自分？　自分が欠陥人間でも「敏感すぎる」人間でもないと証明しようとしている自分？　両親の愛情を勝ち取りたい、せめて一度でも自分を見てほしいと願う自分？　この子には才能がある、という両親の思いを証明しようとする自分？　世界には自分が必要だと思っている自分？　それとも自分は完璧かつ不死身で、すべてをコントロールできると思っている自分だろうか。ここにはたいてい傲慢さが潜んでいる。

ＨＳＰが無理をしすぎるもうひとつの理由に「直感力」が挙げられる。これは一部のＨＳＰにとって、絶え間ない創造の泉をもたらす。創造力が豊かなＨＳＰは、あらゆることを表現したくてたまらない。

だが、考えても見てほしい。全部は無理だ。どれを表現するのか、取捨選択が必要だろう。すべてをやろうなどと思うのはやはり傲慢だし、身体にとって酷である。

昔、こんな夢を見たことがある――何やら恐ろしい物体にどこまでも追いかけられる夢だ。それは、ディズニーのアニメ『魔法使いの弟子』を思い起こさせた。その映画では魔法使いの弟子であるミッキーマウスが、師匠からの言いつけられた雑用――水汲み――を魔法で命を吹き込んだホウキにやらせようとする。それはミッキーが怠けものだからというだけではなく、わざわざ苦労してこんな程度の低い仕事などやっていられないという思い上がりがあったからだ。だがミッキーは間違いを犯す。室内が水で溢れても、ホウキは作業をやめなかった。そこでミッキーはホウキを粉々に砕くのだが、今度は無数のかけらとなったホウキたちが水を運びはじめ、ミッキーは自分の策によって文字どおり溺れてしまうのだった。

もしあなたが片っ端から思いついたアイデアを試そうとして、自分の身体をこのホウキのようにぞんざいに扱えば、同じような復讐に見舞われるだろう。

見習いになる、というミッキーの選択は悪くなかった。ミッキーはたいてい私たちの文化における、平均的なキャラクター――明るくて、エネルギッシュ――を象徴している。この性質のいい面は、努力して、上手にやれば、人は何でもできると思えることだ。どんな人にも大統領やお金持ちや有名人になれるチャンスがある。だが一方で、この性質の「影」、あるいは負の側面（すべての美徳は影をともなう）は、人生を無慈悲な競争にしてしまうことである。

バランスの取れた行動

どの程度社会に出ていて、あるいは出ていないか、という問いに対する答えは、人によって異なるし、時間とともに変化する。大半の人は時間やお金が足りなくて、なかなかバランスの取れた行動ができないというが、その気持ちは私にもよくわかる。人は誰しも選択し、優先順位をつけなくてはならないが、心優しいＨＳＰは、ついつい自分を後回しにしてしまうことが多いのだ。必要に駆られて休む場合でも、他の人より長く休むことはない。

あなたが「こもりすぎ」の場合、あなたとあなたの敏感性が社会に必要とされていることを認識しよう。そして「無理をしすぎ」なら、適切な休息や余暇を取ることで、はるかにパフォーマンスが向上することを理解してほしい。

以下は、私がインタビューしたあるＨＳＰからのすばらしい助言である。

敏感性についてあなたは一から学ぶ必要がある。あなた次第で、それは障害にも言い訳にもなるだろう。私自身、内にこもりすぎると、もう一生家から出たくないと思うことがある。しかしそれでは自滅するだけだ。だから私は外に出て、自分と世界を融合させる。創造的な人にはひとりの時間が必要だ。でもずっとひとりでいることはできない。内にこもると、現実感や適応能力が薄れてしまう。

年を重ねても現実から遠ざかる場合がある。柔軟性が失われるからだ。年を取るほど外に出るべきだろう。一方で、年を取るといいこともある。人間的な成長とともに、敏感性以外の特性も強くなっていくことだ。

心と身体のバランスを調和させること。あなたの身体に備わった敏感性は、すばらしい贈り物である。それはあなたを導き、あなたが受け入れることで、ますますその才能を開花させていく。もちろん敏感な人びとは、社会や身体のことから距離を置きたいと思っている。心を開くのが怖いから。でもそれではだめなのだ。自分を表現したほうが、いい人生を歩んでいける。

休息

周知のとおり、乳児には多くの休息が必要だ。敏感な身体にとっても同様で、私たちはあらゆる種類の休息を必要としている。

まずは睡眠。眠りに問題がある人は、これを最優先課題にしてほしい。慢性的な睡眠不足に関する研究によると、好きなだけ寝てもいい状況に置かれた人が、睡眠不足の兆候（すぐに居眠りをする、暗い部屋ならどこでも寝てしまう）を示さなくなるには、二週間ほどかかるという。もし「睡眠負債」の兆候があるなら、定期的に休みを取って、好きなだけ眠れる時間を確保してほしい。きっと「負債」の多さに驚くだろう。

ＨＳＰは、夜勤や不規則なシフトだと人一倍疲れがたまり、また時差ボケからの回復にも時間がかかる。残念ながらこれも特性のうちである。時差のある国々をつぎつぎと回るような旅行は避け、少なくともそういう旅行を楽しめるとは考えないほうがいいだろう。

不眠症に関しては、それについて書かれた関連書籍が山のようにあるし、治療センターもある。ここでは、とくにＨＳＰに当てはまるポイントを挙げておく。まずは、自然のリズムに身を任せ、眠気を感じたら休むこと。朝型の人なら、なるべく早く床に就くこと。夜型の人は（少しむずかしいかもしれないが）できるだけ遅くまで眠ること。

睡眠の研究者はよくこういうことを言う。眠るときだけベッドに入り、眠れなければベッドから出るように、と。だがＨＳＰに関して言えば、実際に眠るか眠らないは別として、九時間ベッドにいるだけで身体が楽になることがある。感覚刺激の八〇パーセントは目から入ってくるため、目を閉じて横になっているだけで、ずいぶん身体が休まるのだ。

しかし、覚醒したままベッドに横たわっていると、思考や妄想で神経が高ぶり、不安になる人もいるだろう。そうなった場合は、本を読むといい。あるいはベッドから出て、その問題と向き合い、自分の意見や解決策を書きつけてからベッドに戻るのもいい。睡眠問題は、人によって大きく異なる問題なので、それぞれに見合った解決策を見つける必要がある。

さらにＨＳＰには、他の休息も必要だ。ＨＳＰは一般的に、良心的で完璧主義な傾向にある。

だから仕事がすべて終わるまで「遊ぶ」ことはむずかしい。細かいことが気になって仕方ないので、途中でくつろいだり、楽しんだりすることができないのだ。だが幼児（敏感な身体）は遊びたいと願うものだし、遊ぶことでエンドルフィンを分泌し、ストレスを和らげる。気分が沈んだり、感情的になったり、眠れないなどの身体の不調が出てきたら、無理にでも遊ぶようにするといい。

では、楽しいこととは何だろう？　どうか非ＨＳＰに「楽しい」の定義を任せないようにしてほしい。多くのＨＳＰにとって、楽しいこととは面白い本を読んだり、自分のペースで庭いじりをしたり、家で静かに食事を摂ったりすることだ。午前中にあれもこれも予定を詰め込むのは、楽しいことではない。午前中だけならまだしも、午後までつづくのはつらいはずだ。だから、いつでも休息を取れるようにしておくこと。誰かと一緒に行動する場合は、前もって事情を伝え、あなたの姿が見えなくなっても相手が気分を害すことがないよう、配慮も忘れないように。

また、休暇の計画を練る際は、飛行機代や預金と相談して旅の予定を決めてほしい。旅費を計算したら事前に準備をしておこう。

睡眠と娯楽の他にも、ＨＳＰには、その日一日をふり返る「ダウンタイム」がたっぷり必要だ。日常生活のなかで――ドライブ、皿洗い、庭いじりなど――そういう時間を持てることもあるが、それ以外のときにもやはりダウンタイムは必要である。

休息の別の形態で、おそらくもっとも重要なのが「超越」の時間である。これは一般的に、瞑想、黙考、祈りの形でおこなわれる。超越の時間は（少なくともその一部は）、あなたを日常のしがらみから解き放ち、純粋な意識、純粋な存在、純粋な結びつき、神との一体感へと誘うためにある。たとえそこまで深くなくとも、超越の時間を終えたあとは、これまでよりも自分の人生が大きく、新鮮に映るだろう。

睡眠もまた、汲々とした心の状態からあなたを解き放つが、睡眠時、脳は異なる状態にある。脳は活動の種類――睡眠、遊び、瞑想、祈り、ヨガ――によって異なる状態を示すため、いろいろな活動を組み合わせるといいだろう。ただし、純粋な意識だけを見つめ、肉体的な活動、集中、努力をともなわない瞑想は、ぜひとも取り入れてほしい。たとえ神経が張りつめたままでも、間違いなく深い休息を得ることができる。この状態を作りだす「超越瞑想」の研究は一貫して、前章で述べたような長期的な神経の高ぶりに悩む瞑想実践者が少ない（瞑想者の血中コルチゾールが減少する）ことを示している。まるで瞑想が、彼らに安心と実力を与えているかのように。

もちろん、食べるものに気を遣い、十分な運動もしたほうがいい。だがそれには個人差があるので、既存の書籍を参考に、身体を落ち着かせる食べ物や、神経を落ち着かせて眠りにつく方法を学ぶといい。ちなみにビタミンや（マグネシウムなどの）ミネラルをたくさん摂ると、ストレスや神経の高ぶりを抑えてくれる。

カフェインに慣れている場合、多少その量が増えたところで影響はないが、実際のところカフェインは、HSPにとって強力なドラッグである。人と同じように集中力を維持しようとカフェインを摂取するなら、注意が必要だ。たとえば重要なテストや面接があるからといって、普段飲みなれないカフェインを摂取すると、神経が高ぶりすぎて実力が出せない場合がある。

心の動揺を抑えるために

よくできた保護者は、自分の子供をなだめるために数多くの方法を生みだす。心理学的なものもあれば、物理的なものもあるが、いずれを選択するかは直感に従えばいい。どのアプローチを取るにしても、行動を起こす必要がある——立ち上がり、子供のもとへ行き、何かをしてあげること。

ニューヨークのペンシルベニア駅へ行ったあなたは、人ごみに圧倒されて恐怖を覚えたとする。敏感な身体をなだめるために、心理的、もしくは物理的に何かをしなくてはならない。この場合なら、心理学的手法を用いて恐怖や動揺を抑えるのがいいだろう。たとえば「ここは危険な他人だらけの騒々しい地獄なんかじゃない。いつもの駅より少し大きいだけだ。どこかへ向かう人たちがたくさんいるだけで、困ったことがあればみんな助けてくれる」と考えてみる。

つぎに、神経の高ぶりを抑えるのに役立つ心理学的方法をいくつか挙げる。

- 状況をリフレーミングする。
- 日頃から心を落ち着かせるフレーズ、祈り、マントラをくり返す。
- 心の動揺を客観視する。
- 状況を楽しむ。
- 神経の高ぶり自体を楽しむ。

リフレーミングでは、自分の馴染みの状況やものを見つけだし、過去に似たような状況でうまく対処したことを思い出す。祈りの言葉やマントラをくり返す際は、すぐに効果がなくても辛抱強くつづけること。馴染みのフレーズを唱えることで必ず気持ちは落ち着いてくる。

気持ちを客観視するには、そばに立ってあなたを見つめ、あなたについて話をしている穏やかな人物を想像するといい。「ほら、まただ。こんなに動揺したら心がバラバラになってしまう。でも彼女の気持ちはよくわかる。こうなると、この子は周りが見えなくなるから。明日になったら、また仕事で興奮するかも。とにかくいまは休息が必要。ゆっくり休めば、大丈夫」

状況を楽しむというのはふざけて聞こえるかもしれないが、実はとても大切なことだ。全宇宙に向かって開かれるような愛に満ちた広い心は、きつく締めあげられた落ち着きのない心とは対極にある。そして状況を好ましく思えない場合、その状況を好ましく思えない自分を好ましく思うことがきわめて重要で、もっといえば絶対に必要なのだ。

もうひとつ忘れてならないのが、あなたの気分を変える音楽の力である（軍隊にバンドやラッパがあることでもわかるだろう）。ただし、HSPの多くは音楽に強い影響を受けるので、正しい音楽を選ぶようにしてほしい。神経が高ぶっていたら、それ以上感情をかき乱さないほうがいいし、好ましくない記憶を呼び覚ます音楽も避けたほうがいい。バイオリンの切ない旋律などもふさわしくないだろう。どんな音楽も刺激を増幅するので、音楽で気持ちが落ち着くと感じるときだけ使うといい。音楽の目的はあなたの気を紛らわすことである。だから反対に、集中したいときには適していないかもしれない。

ここで物理的なアプローチも紹介しておく。生身の身体に対処するには、やはり物理的なアプローチも欠かせない。

- その状況から脱出する！
- 目を閉じて刺激を遮断する。
- 頻繁に休憩を取る。
- 外に出かける。
- ストレス解消に水を使う。
- 散歩をする。

- 呼吸を整える。
- 落ち着きと自信を態度で示す。
- 動く！
- 優しく微笑む。

驚くべきことに、状況から抜け出すためにとりあえず行動を起こす、あるいは休息を取る、もしくはノルマや議論からいったん離れて戸外へ出かけてみる、ということを私たちはしょっちゅう忘れてしまう。戸外の自然に触れると、多くのＨＳＰはほっとする。

「水」は多くの点で助けになる。気持ちが高ぶったら水を飲むといい――一時間に一度大きなグラスで。水辺を歩いて水面を眺めたり水音を聞いたりするのもいいし、風呂や水泳など、水に入るのもいい。熱い風呂や温泉が人気を集めるには、ちゃんとした理由があるのだ。

散歩は気分転換の基本だ。一定のリズム、とくにお腹からの深くゆっくりした呼吸は気持ちを落ち着けてくれる。ロウソクを吹き消すように、少し意識してゆっくり息を吐く。そうすれば自然に大きく息を吸えるし、単に呼吸を意識するだけでも気持ちが落ち着くだろう。

心はしばしば身体の状態を模倣する。歩きながらふと、まるで未来に向かって急いでいるかのように、身体が前のめりになっていることに気づくことはないだろうか。もしそうなっていたら、身体の軸をまっすぐに立てること。また、何か重荷を背負っているみたいに肩を丸めて俯いている場合も、重荷をおろして背を伸ばしてほしい。

肩のあいだに頭を押し込むのは、起きているときも寝ているときも、あなたのお気に入りの姿勢かもしれない。刺激や動揺から無意識に自分を守る姿勢だからだ。だがここでも身体を伸ばすこと。顔を上げて肩を引き、上半身を下半身の上にまっすぐ乗せるとバランスが取りやすい。両足でしっかりと地面を踏みしめ、少しだけひざを曲げて、腹を使って深く呼吸をする。身体の重心をしっかりと意識することが大切だ。

落ち着く姿勢の他にも、いろいろな動きを試してみてほしい。ゆったりと深く腰かけたり、あるいは立ち上がって好きなもののほうへ近づいてみたり。また、怒っている人の横柄な態度を真似してみるのもいい。こぶしを震わせ、顔をしかめ、荷物をまとめてその場を去る。心が身体を真似しているのがわかるだろう。

自我を保ち、自分の望む態度を取れるというのはきわめて重要だ。ＨＳＰは動揺すると「戦うか逃げるか」の代わりに「すくむ」を選択してしまう傾向がある。リラックスした姿勢や自由な動作は、こうした麻痺状態から解放してくれる。とはいえ、極度に混乱した場合は、いったん行動をストップしてほしい。

笑顔は誰かに向けたものでなくてもいい。とにかく笑ってみること。

人生の容器

これまでのアドバイスを改めて理解するには、この章のはじめを思い出してほしい。赤ん坊／身体が最初に必要とし、そしていまでも必要としているのは、抱きしめられ、過剰な刺激から守ってもらうことである。これがあればこそ、あなたは冒険に出かけられるし、保護者の腕のなかという安全な場所に帰っていける。

考えてみると、人生には安全な容器が数多くある。具体的に言えば、家、車、会社、ご近所、コテージ、山小屋、特定の谷、丘、森、海岸、お気に入りの服や場所、教会、図書館など。なかでも重要な容器は、あなたの人生における大切な人たちである。配偶者、両親、子供、きょうだい、祖父母、親友、恩師、セラピスト……。なかには形のないものもある。仕事、思い出、もはや会うことの叶わない記憶に息づく大切な人たち、人生における信念、哲学、祈りや瞑想のなかに存在する内面世界……。

とくに乳児にとっては、物理的な容器のほうが信頼できて価値のあるものに思えるかもしれない。だが本当に信頼できるのは形のないものである。極度のストレスや危険にさらされた際に、無形の容器に助けを求めて正気を保った人は大勢いる。個人の愛、信仰、創造力、精神の鍛練は、たとえ何人たりとも犯せない。成熟するというのは、自分が安心だと思う感覚を、形あるものから抽象的な容器へと移し替えていくことでもある。

最大の成熟とはおそらく、全宇宙を自分の容器だと考え、自分の身体をその一部だとみなす能力のことだろう。いわゆる悟りの状態だ。とはいえ、危機的状況を無形の容器で乗り越えるすべを学びはじめたとしても、しばらくのあいだは有形の容器も必要である。肉体があるかぎり、どのような状態にあっても目に見える安全性、少なくとも同一性は必要なのだ。

そうした容器を（最悪の場合いくつもの容器を）なくしたら、しばらくは自分が危うい精神状態になることを自覚してほしい。

境界

容器と密接に関連した「境界」という概念にも触れておきたい。境界には、状況に応じてあなたの望むものを受け入れ、望まないものははじきだすことが求められる。誰も彼をも締めだすわけにも、無条件で人を受け入れるわけにもいかない。短期間ならそれもいいかもしれないが、長期的には無理である。自主性が失われてしまう。

多くのＨＳＰは、自分の最大の問題点として境界が曖昧なことを挙げる。自分とは無関係な問題に巻き込まれ、大勢の人に悩まされ、必要以上に口をだし、他人の泥沼に引きこまれ、よく知りもしない人と深く付き合ってしまうのだ、と。

ここでひとつのルールを提案したい。それは「境界を築く訓練をすること」だ。適切な境界を築くのがあなたのゴールである。それはあなたの権利であり、責任であり、尊厳の源である。だがうまくいかなくても、あまり深刻にならないでほしい。それよりも、どれほど改善されたかに目を向けることが重要なのだ。適切な境界を持っていれば、必要以上の刺激を締めだすことができる。以前、あらゆる刺激を自分の意志で締めだすことのできるＨＳＰに出会ったことがある。かなり便利な能力だが、とくに重要なのは「自分の意志で」という点だ。彼らは不快感によってやむを得ず距離を置いたり、意識を飛ばしたりするわけではなく、自分で選んで周囲の声や音を遮断し、自分に影響のあるものを軽減するのだ。

ぜひあなたも挑戦してみてほしい。まずラジオのそばに座り、自分と周囲を隔てる境界を想像する。それは何かの光やエネルギーかもしれないし、信頼できる保護者の存在かもしれない。それからラジオをつける。しかしその際ラジオの音に気を取られてはいけない。音が聞こえても、具体的な言葉は聞き取らないようにする。少ししてからラジオを消し、いまの体験について考えてみる。ラジオの音を遮断することができただろうか。境界を感じられただろうか。もしうまくいかなくても、何度でも挑戦すればいい。いずれうまくできるようになる。

赤ん坊／身体からのメッセージ

1．私の能力以上のことをさせないで。求められても私にはどうしようもないし、そのつど傷つくことになる。お願いだからどうか私を守って。

2. これは私の生まれ持った性質で、変えることはできない。何かひどい経験をしたからこうなったんじゃないかって、「生きにくく」なったんじゃないかって思っているのは知ってるけれど、それならもっと私に同情してほしい。どのみち私にはどうしようもないのだから。私を責めないで。

3. 私はすばらしい。そのことを深く感じてほしい。私はあなたの最高の資質なのだから。

4. もっと私に構って、できるかぎりのケアをして。それが無理なときも、あなたが努力しているのはわかっているし、すぐに対処してくれると信じてる。

5. すぐに休息を取れないときは、どうか私のことを気遣って。腹を立てて無理やりがんばろうとしても、不毛なだけだからやめてちょうだい。

6. あなたが私を甘やかしているという人の言葉には耳を貸さないで。あなたにはわかっているはず。たしかにひとりで泣かせてほしいときもあるけれど、あなたの直感を信じてほしい。わかるでしょう？　つらすぎてひとりになりたくないときもある。いつも優しく接してほしい。だからってそれに甘えたりはしないから。

7. 疲れたときは眠りたい。たとえ全然眠そうに見えなくても。大切なのは寝る前に決まったルーティーンをこなすこと。そうしないとベッドに横になったまま、いつまでも眠れない。でも、たとえ眠れなくてもベッドに横になっていたい。日中でもそうしたいときがある。どうか休ませて。

8. 私のことを理解して。騒々しいレストランなんて馬鹿げているし、よくあんな場所で食事ができるなと思う。他にもそう思うことはたくさんある。

9. 遊び道具も生活もシンプルにしてほしい。パーティなんて週に一度で十分。

10. どんなことにもそのうち慣れると思うけど、一度にたくさんの変化があると困ってしまう。どうかよく考えて。近くの人のペースに引きずられることのないように。ゆっくり自分のペースでお願いいね。

11. 甘やかしてほしいわけじゃない。とくに病人や弱い人みたいに扱ってほしくはない。自分では、すばらしく賢いし強いと思ってる。私のことを四六時中心配してほしくはないし、私を言い訳に使ってほしくもない。あなたにも他の人にも、厄介者だと思われたくない。何より私は、大人であるあなたを頼りに、生きる方法を探っている。

12. どうかわたしを無視しないで。私を愛して!

13. そしてあるがままの私を好きになって。

・学んだことを実践しよう

赤ん坊/身体からの最初の助言を受け入れる

つぎのエクササイズは、ゆっくり時間が取れて、気持ちが落ち着いていて、自己分析をしてみようという気分のときにおこなうこと。これは強い感情を引き起こす可能性があるため、まずいと思ったら時間を置くか中断してほしい。また気が散ったり、不快感を覚えたり、眠たくなったりと、身体が反発する可能性もある。もしそうなっても気にする必要はない。何度かにわけて取り組んで、その結果を受け止めてほしい。

パート1

あとからもう一度読み返さなくてもいいように、つぎの指示をよく読んで頭に入れること。

1. 赤ん坊のように丸くなる、もしくはうつぶせ、あるいは仰向けになってみて、しっくりくるポジションを決める。
2. 頭で考えることをやめ、赤ん坊のように身体で感情を感じるように意識を変える。そのためには身体の中心、お腹を意識して、たっぷり三分間呼吸をくり返すこと。
3. 呼吸を終えたら、赤ん坊になる。赤ん坊のころのことなど覚えていないと思うかもしれないが、身体は覚えている。まずは、この章の最初で紹介した、天気のイメージからはじめてみるといいだろう。あなたの空は晴れている？　それとも嵐が吹き荒れている？

物心ついたころの最初の記憶からはじめてみてもいい。多少年齢が上がったころの記憶を持って赤ん坊を演じても構わない。ひょっとしたらそのころには、泣いて助けを呼ぶのは得策ではないと思っているかもしれない。ひとりでいるのが最善だと。

4. 自分が敏感な赤ん坊であることを強く意識する。

5. 自分の一番欲しいものを意識する。

パート2

同じように指示を読み、スムーズに実践できるように内容を覚えておくこと。

1. 生後六週間の可愛い赤ん坊を想像してほしい。本当に小さくて、いたいけで可愛らしい。あなたは、この子を守るためなら何だってする。

2. つぎにこの可愛い赤ん坊があなたの身体であると認識する。最近見かけた赤ん坊に似ているなと思っても、あくまであなたの想像上の赤ちゃんである。

3. その赤ん坊が泣いたりぐずったりするのを見守る。いったい何があったのだろう。赤ん坊に訊いてみよう。「どうしてほしい?」。そして答えに耳を傾ける。するとあなたの身体がしゃべりだす。

それが自分の「作り話」だからといって心配しなくていい。当然、身体がしゃべるというのはあなたの「作り話」だが、あなたの赤ん坊／身体もどこかでその「作り話」にかかわっている。

4. 身体の訴えに答えを返し、対話を進める。この赤ん坊/身体のニーズに応えるのがむずかしそうだと思ったら、それも伝えよう。悪いと思えば謝ること。腹が立ったり悲しくなったりしても、それはあなたの赤ん坊との関係を知るうえで大切なことである。

5. このエクササイズをいろいろなやり方で試してみてほしい。たとえば次回、赤ん坊/身体の年齢や設定を限定せず、あなたのなかに現れた彼らに、ただ素直に心を開いてみるのもいいだろう。

4

子供時代と思春期をリフレーミングする
――自分を育てる方法を学ぶ

Reframing Your Childhood and Adolescence: Learning to Parent Yourself

この章ではあなたの子供時代についてもう一度考えてみたい。敏感な子供の体験談を読むうちに、自分の子供時代の記憶が戻ってくるかもしれない。だがここでは、そうした体験を、あなたの気質に関する新たな知識を通じて、違った視点で捉え直してほしい。

子供時代の経験は重要だ。それは植物のようなもので、地面に撒かれた種――あなたの生まれ持った性質――は、物語の一部でしかない。土壌、水、太陽の質もまた、いまのあなたという植物の成長に深く影響を及ぼしている。生育条件が悪ければ葉も、花も、種子もほとんど育たないだろう。同じように、あなたの成長過程が違ったものであれば、敏感性は発露しなかったかもしれない。

調査を開始してすぐ、私は「二種類」のＨＳＰがいることに気がついた。うつや不安を訴える人と、訴えない人である。このふたつのグループの違いはかなりはっきりしており、のちに私は、うつや不安を訴えるＨＳＰの大半が、子供時代に問題を抱えていたことを知る。同じように問題のある子供時代を過ごしても、非ＨＳＰはＨＳＰほどうつや不安を示さないし、健全な子供時代を過ごしたＨＳＰについても同様である。ここで注意したいのは、敏感性と「神経症」を混同しないことだ。神経症の症状には極度の不安感やうつ、過剰な愛着、親密性の回避などが見られ、問題のある子供時代に起因することが多い。実際に「過度の敏感性」と「神経症」が同列に論じられることがあるが、このふたつはまったく別物である。神経症と子供時代の影響が敏感性と混同される理由のひとつは、ＨＳＰに対するネガティブな固定概念（本質的に不安やうつを抱えている）のせいである。なので、さっそくこの考えを改めていこうと思う。

子供時代の問題が、非ＨＳＰよりもＨＳＰに深く影響を与える理由は明快だろう。ＨＳＰは恐怖を感じているときも、あらゆることを事細かく観察している。ただし子供時代に受けた影響は、当人も忘れていることが多く考慮されにくい。つらい思い出だったために故意に忘れることもある。あなたの保護者が腹を立てたり危険な状態になったりした場合、恐ろしさのあまり意識はその情報を心の奥深くに埋め、無意識のなかで疑念だけが育っていく。

幸いなことに、こうした負の影響は変えられる。実際に負の影響を取り去り、うつや不安から解放されたＨＳＰを何人も目にしてきた。その代わり、時間はかかる。

子供時代にどれほど恵まれていても、ＨＳＰであることはやはり困難がともなう。自分は人と違うと感じるし、たとえいい子であっても、両親や先生は敏感な子をどう扱うべきかがわからない。それはこの気質に関する情報が少ないからだが、そのせいで、あなたをいわゆる「普通の子」として扱うことにただならぬ緊張感がついて回るのだ。

もうひとつ、覚えておいてほしい。敏感な子供でも、少年時代と少女時代ではずいぶん違う。この章では、性別によってどのように経験が異なるかも指摘していこうと思う。

マーシャの場合

HSPであるマーシャは、自分の「強迫観念」を理解しようと、私のもとで何年も心理学療法を受けていた。彼女は四〇代のときに、詩人兼カメラマンとしてスタートを切り、六〇代のいま、その作品は高い評価を受けはじめている。

彼女はつらい体験もしてきたが、基本的に彼女の両親は最善を尽くした。それに彼女は自分の過去にうまく対処しており、現在も自分の内面、そして作品作りを通じて、過去から学びつづけている。いまの彼女に幸せかどうかをたずねたら、おそらくイエスと答えるだろう。だがそれよりも重要なのは、彼女の知恵がいまなお着実に成長しつづけていることである。

マーシャは六人きょうだいの末っ子で、アメリカ中西部の小さな町で必死に生活費を稼ぐ移民の両親のもとに生まれた。マーシャの姉たちは、母親が妊娠するたびに泣いていたのを覚えている。マーシャのおばによると、妹（マーシャの母）はひどくふさぎ込んでいたという。しかしマーシャには、母が悲しみ、うつ、疲労、絶望などで参っていたという記憶はない。母親は申し分ないドイツ人主婦で、敬虔なクリスチャンだった。マーシャの父親もとくに問題はなく、「働いて、食べて、寝ていた」記憶しかないという。

子供たちは愛されていないとは感じていなかった。両親には単純に、愛情を示したり、会話をしたり、休みを取ったり、宿題の手伝いをしたり、知恵を貸したり、プレゼントを送ったりする時間も、エネルギーも、お金もなかったのだ。この六羽のヒナたち（マーシャはときどきこう表現した）は、ほとんど自力で育っていった。

前章で見た三つの愛着のタイプ——安全、不安、回避——のうち、マーシャの幼少期に必要なのは回避だった。誰にも頼らず、問題を起こさない子供にならざるを得なかったのである。

ＨＳＰの小さなマーシャ、大きな獣と一緒に寝る

マーシャは二歳まで三人の兄たちと一緒のベッドで寝かされていた。そしてこの兄たちは、こともあろうに妹を性的な実験台にした。二歳になるとマーシャは姉たちの部屋に移された。彼女はそのとき「ようやく安心して眠れる」と思ったが、しかし兄のひとりは彼女が一二歳になるまで執拗に性的ないたずらをおこなった。

両親はこのことにまったく気づいていなかった。マーシャは、もし父に言えば、きっと兄は殺されるだろうと思った。殺しは特別なことではなく、さもありそうなことに思われたからだ。

生きる糧とはいえ、裏庭で鶏の首が落とされるのは日常茶飯事で、淡々とおこなわれるその光景にマーシャは愕然としたものだった。彼女がきょうだいたちのことを「ヒヨコ」と呼ぶのは、このあたりにも理由がある。

性的苦痛に加え、兄たちはまるでおもちゃのように、マーシャをいじめたり怖がらせたりするのが好きだった。恐怖のあまり気絶したのも一度ではない（HSPはその強いリアクションのせいで、格好の標的になってしまう）。とはいえ、悪いことばかりではなかった。おもちゃにされたおかげで、他の女の子はめったに行かないような場所へ連れていかれ、普通なら見逃してしまうような自由を味わうこともあったのだ。兄たちは、確固とした独立性を有しており、それはマーシャにとって母親や姉たちの受け身な態度より好もしかった。マーシャは兄たちのそうした態度を見習った。繊細な少女にとっては、ある意味貴重な体験だったといっていい。

仲の良かった姉のひとりが、マーシャが一三歳のときに亡くなった。マーシャは両親のベッドに横たわり、空を見つめながらその知らせを待っていた。一時間以内に両親から電話がなければ、姉は死んだということだった。時計の針が一時間を過ぎると、マーシャは本を取りだして読みはじめた。この一件もまた、愛着を持たないほうがいいという教訓になった。

小さな妖精マーシャ、鶏小屋のなかに

マーシャの最初の記憶は、裸で太陽の下に横たわり、細かな埃を見つめながら、その美しさ

に魅了されている、というもので――これは敏感であるがゆえに持ち得る記憶である。彼女の人生はずっとこんな調子だが、とくに芸術家として表現できるようになったいまは、その影響が色濃く反映されている。

彼女の最初の記憶に人物が登場しないことに注目したい。同じように、彼女の詩や写真にも、ほとんど人は登場しない。作品には、窓や扉を閉ざした家々のイメージがよく使われており、彼女の作品に見られる執拗な空虚さは、ときとして私たちの心の奥底に語りかけてくる。とくに子供時代に親密な関係を避けるよう学んだ人たちは、強くそれを感じるだろう。

彼女の治療中に撮影された作品のなかに、鶏が全面にはっきりと映しだされているものがある（鶏がマーシャにとって重要な意味を持っていることを思い出してほしい）。刑務所のような鶏小屋の金網と扉にはピントが合っておらず、とくに存在が希薄なのは、鶏小屋の暗い扉の向こう側にいる、幽霊のようなみすぼらしい子供たちの一団である。鶏の他にも、秘密の庭に住む小さな妖精が、自分の庭へ立ち入ろうとする侵入者をピリピリしたようすで見張っている、という彼女がいつか見た夢も、作品に影響を与えているという。

マーシャはこれまで（過剰と判断されるぎりぎりの量の）食べ物、アルコール、ドラッグなどを摂取せざるを得なかった。だが彼女は非常に知能が高く、現実的で、ＩＱも一三五を超えていたため、一線を越えるにはいたらかなった。ある日彼女は、食べ物でいっぱいの部屋のなかを、ひどくお腹をすかせた赤ん坊をベビーカーに乗せてぐるぐると歩き回り、しかし赤ん坊は一向に食べ物を欲しがらない、という夢を見た。私たちはその夢を分析し、赤ん坊が切望していたのは、（食べ物ではなく）愛情と注目だったのだろうと結論づけた。飢えたヒヨコたち同様、人は必要なものが与えられないと、手近なもので飢えをしのごうとするのだ。

HSPと愛着

前章では、保護者（たいていは母親）に対する愛着がいかに大切かを学んだ。不安定な愛着の形は、大人になってから誰かと安定した関係を育んだり、心理療法を受けたりする機会がないと、その後もずっとつづくことになる。専門的な治療でなければ、子供時代の不安感（親密さを避けたり、無理に親しくなって見捨てられたりすることへの恐怖）を取りのぞくのはむずかしいことも多い。それに長いこと恋焦がれていた安全を求めて、具体的な探し物がわからないままふらりと外の世界へ出てしまうと、自分を不安にするような人物ばかりを選んでしまい、結局同じ過ちを何度もくりかえすことになる。

非HSPよりもHSPのほうが大人になってから不安定な愛着を形成する傾向がやや高いことはわかっているが、それは敏感性という性質がそうした状況を作りだすのではない。おそらくそれは、敏感な子供があらゆる人間関係において、より細かな事象に気づくことに関係している。

ＨＳＰにとって、人間関係におけるもっとも重要な訓練は、その人が、こちらが動揺したときに助けてくれる人物であるか、あるいは追い打ちをかけてくる人物であるかを見極めることである。毎日が訓練だといっていい。

3章で紹介した書籍『もし、赤ちゃんが日記を書いたら』（草思社、一九九二）のなかで、発達心理学者のスターンは、母親と空想の赤ん坊ジョーイの「顔を近づける遊び」を例に挙げている。母親が優しく語りかけながらジョーイに顔を近づけては、ぱっとその顔を離す。ジョーイはにこにこと声を上げて笑い、もっとやってと母親にせがむ。だがやがて、興奮が頂点に達し、神経が激しく高ぶってしまったジョーイは、顔を背け、気持ちを落ち着けようとする。この一連のやり取りを、スターンはふたたび天気でたとえている。このとき母親は、子供と遊ぶ風である。

つぎの突風がうなりを上げてやってくる。ぼくめがけて、襲いかかってくる。ぼくはその風と一緒に走ろうとするけれど、思い切り揺さぶられてうまくいかない。身体が震えて動かない。ぼくはためらい、針路を変える。風に背を向け、しずかな水面に漕ぎ出していく。ひとりきりで。

ここまで読んできたあなたなら、これがどういう状況かわかるだろう――ジョーイは高ぶりすぎた気持ちを最適な水準に戻そうとしているのだ。世話をしているほうもたいてい赤ん坊の状態を察することができる。赤ん坊の落ち着きがなかったり、退屈そうに見えたりしたら、彼らはゆっくり顔を近づけたり、変な顔をしたりして赤ん坊を楽しませる。子供がきゃっきゃと喜ぶ声は大人にとって何よりうれしいものである。ひょっとしたら子供の自信や柔軟性を育むために、少々しつこくする場合もあるかもしれない。だが子供が嫌そうなそぶりを見せたら、たいていはその時点でストップする。

では、敏感な子供であるジェシーについて考えてみよう。先ほどの遊びで母親は、わが子をほどよく楽しませる加減を心得ている。

しかし、他の人がおこなった場合はどうだろう？　姉や祖父たちがしつこくジェシーに構ったら？　ジェシーが目をそらして距離を置こうとしているのに、姉が何度も顔を近づけてきたら？　無理やりジェシーの顔を自分に向けさせたら？

ジェシーは目を閉じるかもしれない。

姉はジェシーの耳元に口を近づけて大きな声を出すかもしれない。

祖父はジェシーを抱き上げくすぐって、なんども宙に放り投げるかもしれない。

やがてジェシーが制御を失い叫びだしても、彼らはジェシーが楽しくて声を上げているのだと都合よく解釈するだろう。

ややこしい問題——自分が「本当に」好きなもの

もしジェシーが自分だったらどうだろう。きっと激しく混乱するだろう。動揺している原因をまったくコントロールできないのだ。あなたは、いつもなら自分を助けてくれるはずの大人たちが、このときばかりはまったく役に立たないと直感する。しかも、彼らときたら楽しそうに笑って、あなたにも笑ってほしいと願っている。

あなたがいまだに、自分の望みと他人の期待を区別するのがむずかしいと感じていたら、理由はここにある。

以前、ある人が子犬二匹をサーフィンに連れて行き、その子たちを水中に放り投げるのを見たことがある。子犬たちは戻ればまた放り投げられることがわかっているのに、必死に飼い主のもとへ泳いでいく。それは溺れることへの恐怖のせいだけでなく、飼い主の腕がこれまで唯一安全と食べ物を与えてくれたものだったからだろう。子犬たちはそのとき尻尾を大きくふっていたので、きっと飼い主は、彼らがこの「遊び」を気に入ったと思ったに違いない。ひょっとしたら、子犬自身もよくわかっていなかったのかもしれないが。

ほかにも、最初の記憶が「ケーキをこねて」という手遊び歌のなかに出てくる「生地」になったことだった、というHSPもいた。二歳のころ、家族にやめてと泣き叫んでも、見知らぬ人びとの間をぐるぐると回されたという。この記憶にともなう、長らく抑え込んできた感情を思い出すたび、彼女は物理的にコントロールされるという恐怖、そして両親は彼女を守ってくれないという絶望を感じていた。

私たちが他人や外の世界を信頼するか否かは、生まれて数年で決まる。信頼できた場合は、長期的な神経の高ぶりにほとんど悩まされることなく、敏感性を保持できる。たとえ動揺しても、ちゃんと制御できるとわかっているからだ。嫌なことはやめてほしいと伝えれば相手はやめてくれるし、彼らは敵ではなく、自分を助けてくれる人たちだとちゃんと理解している。一方で、幼いときに信頼関係を確立できないと、慢性的な内向性、不安、社会的回避の症状が出ることがある。これは生まれつきの性質ではなく、経験から学んだものである。

だがどの経験が信頼関係の確立に結びつくかは一概には言えない。いずれにしても、最初の二年で子供がこの世界に対する見方を決定するというのは事実である。

健全な子供時代を過ごしたＨＳＰ

ところで、多くのＨＳＰは健全な子供時代を過ごしたと思われる理由がいくつかある。インディアナ大学の心理学者グウィン・メテタルは「気質に問題のある子供」の親を助けるにはどうしたらいいかを研究している。彼女の見立てによると、ほとんどの親はわが子を理解し、適切に育てようと努力している。そして敏感な子供がこうした意図を理解すれば、総じて強い愛情を抱くという。

こうした親子は、とくに親密な関係を結ぶことが多い。親はコミュニケーションよりも、子供が出した結果を重視し、たとえばサッカーをしている子供の「見て、ママ！　ゴールを決めたよ！」という言葉ひとつからも、いろいろな意味を見出している。また、生まれたときからこの気質と触れ合っているため、両親のいずれか、あるいは両人ともが、子供のことを深く理解している可能性が高い。

カリフォルニア大学サンフランシスコ校医学部の研究で、「ストレスにとても敏感な子供」は、ストレスを受けるとけがや病気が増え、逆にストレスを受けていない状態では、他の子供よりもけがや病気が減ることがわかった。ストレスは子供の愛着や家庭環境に大きく影響されることから、健全な愛着を持つ敏感な子供は、健康面でもとくに問題はないと考えられる。

また、たとえ両親に放っておかれても、そこに十分な愛情やスペースがあれば、子供はひとりでも健やかに育っていく――空想の友達、本のキャラクター、自然とともに。おそらく敏感な子供は、他の子供よりも、孤独な時間を楽しく過ごすことに長けている。また、直感力やその他多くの優れた性質によって、親戚や教師などとも近しい関係を築くことができるだろう。たとえ短い時間でも、適切な人物との交わりは大きな影響を与えてくれる。

複雑な家庭環境で育った場合でも、他の子供なら混乱してまごついてしまうような状況から、あなたの特性はあなたを守ってくれたのだと覚えておいてほしい。そしていずれ過去のトラウマから回復するときも、その直感力が助けになるだろう。愛着の研究によると、ほとんどの場合、私たちは子供に自分と同じ経験を与えるが、子供時代の悲惨な傷を癒やした大人だけは、決して同じ経験を与えようとはしないという。努力次第であなたもそうしたひとりになれるが、これについては8章で詳しく述べる。

外の世界で感じる新たな恐怖

学校へ行く年齢に近づくと、HSPは新たな局面を迎える。それはあなたの助けにも、妨げにもなる。2章で見たロブのように、広い世界へ投げ出されたことで想像力が刺激され、他の人より優れた観察眼が育まれ、人生におけるささやかな美しさに大いなる喜びと感謝を覚えることもあれば、広い世界に遭遇して、「不合理」な危惧や恐れを覚える可能性もある。

さまざまな要因によって、この年頃の子供の恐怖は増幅する。まず単純な理由として、神経が高ぶりすぎると、何を見てもびくびくするし、恐れの対象になる。そして、自分の気持ちを理解されぬままに、周囲の期待だけが高まっていくことにも気づくだろう。さらに、あなたの敏感な「アンテナ」は、他人のあらゆる感情――彼らが隠したがっている感情までも拾い上げてしまう。他人の気持ちを知るのは恐ろしい場合もあるため（彼らに依存してきたことを思えばなおさらだ）、あなたはそれらにふたをするかもしれないが、それでもあなたの恐怖は「不合理」な恐怖としてくすぶりつづけることになる。

また、不快感や反感、あるいは他人の怒りに敏感であるがゆえに、失敗を恐れてできるだけ素早くルールに従い、忠実であろうとするかもしれない。だがいつでも聞き分けのいい子を演じると、いらだち、不満、利己心、怒りなど、さまざまな感情を無視してしまうことになる。とにかく相手を喜ばせたい一心で、自分のニーズは叶えられないことが多い。あなたの怒りは蓄積されるが、怒りを表現するのは恐ろしすぎて、そうした感情は押し殺される。こうしてあなたの恐怖は「不合理」なものとなり、悪夢の原因となっていく。

両親があなたの敏感性に対して示してきた忍耐は、三歳を迎えるころには薄れてゆく。あなたがそれを乗り越えるよう望んでいた両親も、小学校へ上がるころには、あなたを取り巻く世界がそれほど優しくはないことに気づくのだ。彼らはあなたを過保護に育てたことを後悔し、もっと厳しく接しようとするかもしれない。あるいは専門家の助けを借りて、あなたは何かがおかしいのだというメッセージを伝えてくるかもしれない。こうしたすべてが、この年齢のあなたに新たな不安を植えつけるのだ。

敏感な少年の抱える問題

ＨＳＰに生まれつく男女の数は同じらしい。だが社会の定義はどうだろう。世間には、男女はそれぞれこうあるべきだという固定観念がある。

あまりにも重要なこの問題は、ともすれば笑ってしまうほどだ。以前同僚から、非公式な社会心理学の実験に関するこんな話を聞いたことがある。ある人が子供をちょっと見ていてほしいと頼まれた。その人物は承諾したが、その子が男の子か女の子か知らなかった。通りがかりに話しかけてくる人たちは、子供の性別がわからないことにひどく戸惑った。服を脱がせてみようと言いだす者までいた。なぜ性別がこれほど重要なのか？　別の研究によると、男の子か女の子かによって、人々の接し方は大きく変わるという。

性別と敏感性は大いに混同されている。男性は敏感であるべきではなく、女性は敏感であるべきだと。こうした考えは家庭で形成される。研究によると、「内気」な男の子が母親に好まれないのは、「母親の価値観がそう形成された結果」だという。なんという人生のはじまりだろう。内気な男の子は他人からも受けが悪く、とりわけ家でおとなしくしているような男の子に対する印象はよくない。

敏感な女の子——母親の特別な仲間

男の子とは対照的に、内気な女の子は、その性質が美徳とされ、母親たちと良好な関係を築くことができる。ここでの問題は、彼女たちが過保護に育てられるケースである。敏感な娘を理想の子供だと感じた母親は、あれもだめ、これもだめ、家から出るなんてもってのほか、とついつい構いすぎてしまい、その結果、少女たちの探求心や恐怖を克服しようという気持ちはしぼんでいく。

少女はいくつになっても、批判、拒否、冷淡さといった母親の否定的な態度からネガティブな影響（引っ込み思案になるなど）を受けやすい。敏感な少女ならなおさらである。そして父親のほうは、あまり気にしていないのか、恐怖を克服しようという娘に積極的に手を貸そうとはしない。どちらかといえば女の子のほうが、良くも悪くも両親からの影響を受けやすいと言えるだろう。

ここまでの内容を踏まえて、今度はあなたがこれまでとは違った（自分自身の）親になる方法を考えてみよう。まずは自己診断「心が動揺したときの対処法」からはじめよう。

心が動揺したときの対処法

以下の項目を読んで当てはまるものをチェックしよう。自分の答えが矛盾しているように感じても気にしないように。各項目だけを見て、当てはまるか当てはまらないかを判断してほしい。

何か新しいことに挑戦するのが怖い、もしくは激しく動揺しそうになると私はいつも

——状況から逃げだそうとする。

——刺激を抑える方法を探す。

——どうにか耐えられるだろうと思う。

——すべてが悪い方向に向かっているように思えてくる。

——自分を助けてくれる人を探すか、そういう人物を心に思い描く。

——これ以上問題が大きくならないように、誰にも接触しないようにする。

——友人、家族、顔見知りの人たちと一緒にいるようにするか、教会に行ったり、授業を受けたり、人の集まる場所へ行ったりする。

——どれだけ失うものが多くても、全力で避けようと心に誓う。

——文句を言う、腹を立てるなど、たとえどんな手段を使ってでもその苦痛を止めようとする。

——心を落ち着け、ひとつずつ対処していく。

あなたなりの対処法：

すべての感情には（恐怖にさえも）居場所があり、私たちは状況によってそれぞれの感情を招集する。そして状況に見合った感情を引きだすには、柔軟性がカギとなる。当てはまる項目が三つ以下の場合、もう一度リストを見て自分が取るべき選択肢を増やすことをお勧めする。

こうしたテクニックを教えてくれたのは誰か？ この方法を選んだのはなぜか？ 子供時代に育まれたこうした対処法を認識することで、いまも有効な手段や、もう必要のないものがわかってくるだろう。

違うタイプの親になる

ある状況が激しすぎたり長すぎたりすると、過度の刺激になる場合がある。たとえばあなたの内なる子供は花火に耐えられないし、あと一時間、祭りを楽しむことに耐えられない。前章で、あなたの赤ん坊／身体が限界に達したら、きちんと対処するよう述べた。だが花火を見る、あるいは観覧車に乗るなど、つぎに起こることを怖がるあまり、本当はできることもやらない場合がある。自分に馴染みのない新たな状況が過剰な刺激を生むと、あるいは馴染みのないもののせいで過去に動揺したことがあると、私たちは挑戦する前にすべてを拒否するようになる。つまり、多くの機会を逃すということだ。

新しいことをやってみようと思うには、未知の状況をうまく切り抜けたという経験が何度も必要になる。HSPが新たな環境で自然に適応する、ということはまず起こらない。わが子の敏感性を理解している親たちは、段階的な戦略をとっている。こうした段階を踏んで、子供たちは自分で適した戦略を取れるようになっていくのだ。子供のときに段階的な戦略を教わらなかった人も、これから学んでいけばいい。

ここで、新たな状況が怖いと思う人のためにいくつか助言を送りたい。以下のアドバイスは臨床心理士アリシア・リーバーマン博士の著書『ジ・エモーショナルライフ・オブ・ザ・トドラー The Emotional Life of the Toddler』の「内気な子供」に関する記述を参考に作成した。

1. 親が幼いわが子を未知の状況に置き去りにしないのと同様に、あなたも自分の身体を放置してはいけない。必ず一緒に行動してあげること。
2. 親がまず子供に状況を説明するように、恐怖を感じている自分に話しかけ、自分のよく知る安全なものに注意を向けること。
3. 「嫌だったら帰ってもいい」と親が子供に約束するように、必要に応じていつでも帰宅すること。
4. 「この子は大丈夫だろう」とやがて親が子供を信頼するように、自分の一部が怖がっていても、いずれは未知の刺激にも慣れるだろうと信じてあげること。

5. 子供の恐怖に対して親がむやみに心配せず、きちんと状況を見極めて対処するように、怯えた心が助けを求めてきたら、不安を煽るのではなく、勇気をもって適切に対処すること。

くり返しになるが、極度の興奮は不安感と混同されることがある。ぜひとも自分自身のいい親になって、こう言ってあげてほしい。「もちろんあなたの人生には多くのことが起こるけど、心臓がどきどきしているのは不安じゃなくて期待のせいじゃないかな」と。

特別なニーズの大切さ

おそらく一番むずかしいのは、わが子をどの程度守り、どの程度背中を押せばいいのかというさじ加減だろう。これは敏感な子供を持つ親なら誰もが直面する問題である。両親、先生、友人のやり方を見てきたあなたは、自分にプレッシャーをかける方法を知っている。ほとんどのＨＳＰはいい人、普通の人になろうと努力し、みんなを喜ばせようと努め、ともすればとっくに交流の途絶えた人たちまでも喜ばせようとがんばってしまう。あなたには特別な緩衝地帯が必要なのに、それを受け入れようとしない。前章の言葉を借りれば、「無理をしすぎている」のである。

あるいは過保護が身について、怯えたときも、あるいは何かに挑戦したいと思ったときも、自分の能力を発揮できないようになっているかもしれない。もしそうなら、あなたは「内にこもりすぎている」。

あなたが怖くてできないことを友達が楽しんでいたら、きっととてもつらいと思う。この「つらい」気持ちを過小評価してはいけない。大人になったいま、あなたの恐れをよそに友人たちは就職し、旅行や映画に出かけ、恋愛を楽しんでいるかもしれない。だがあなたの奥底にも、彼らに劣らぬほどの才能、欲望、可能性がくすぶっているのだ。

羨望はふたつの真実を掘り起こす。ひとつは、やりたいことがあればやってみること、ただやりたいと願うだけでは何も起こらない、ということだ。2章で見たように、発達に関するロスバートの記述によれば、私たちにはみずからの意志を駆使して、恐怖を克服しようとする力がある。もし他人をうらやむ気持ちが強いなら、思い切って行動に移せば、きっとやり遂げられるだろう。

ふたつめは、何でもできると思い込む必要はないということだ。人生は短く、限界と責任に満ちている。私たちは少しだけ「いいこと」を楽しみ、少しだけ「いいこと」を社会に還元する。すべてを手にできる人などいないのだ。

みんなと同じようにできないからといって、すべてのＨＳＰが落胆しているわけではない。人をうらやむことなく、自分の気質に感謝し、この気質のおかげで人より多くのものを享受しているということを知っている人たちもいる。思うに、自分を制御できずに落ち込んでしまう要因は、幼少期の学びにあるのではないだろうか。

挫折はいまからでも乗り越えられる

変えられないことを受け入れるのは賢明だが、一方で「いくつになっても挫折は乗り越えられる」ということも覚えておくといいだろう。

子供のころ、私は「落ちる」ことにとくに敏感だった。高いところに登ったり、バランスを取ったりする必要があるときはいつも、緊張して体が思うように動かくなったものだ。だから(母親はほっとしていたと思うが)自転車の乗り方、ローラースケート、アイススケートなどを教えてほしいとねだったことは一度もなかった。そんなわけで私はつねにみんなが身体を動かしているのを見ているだけだったが、一度だけ例外があった。カリフォルニア州のシエラネバダ山脈のふもとにある牧場でおこなわれた、夏の終わりを祝う夏至祭りでのことだった。

祭りにはさまざまな年代の女性が参加していた。だがある夜、ブランコを見つけた彼女たちは、誰もが幼い少女に立ち戻った。長いロープにつながれたブランコが、斜面に沿って弧を描く。薄暮のなか、まるで星に向かって飛んでいくみたいだ、と口々に言うのが聞こえた――私以外のみんなが。

彼女たちが屋内に戻ってからも、私はその場に残り、誰も気にしていないのに、ブランコを見ながら臆病な自分を恥じていた。

そのとき私よりもうんと年下の女性がやって来て、ブランコの乗り方を教えましょうかと言ってきた。私は断った。乗りたくなかったのだ。だが彼女は私の答えを無視して、強く押さないから大丈夫と約束すると、ブランコを両手でつかんだ。

しばらく見つめ合い、やがて彼女に不思議な安心感を覚えた私は、勇気をふり絞って、みんなと同じように星に向かって漕ぎだした。

あれ以来、あの若い女性に会うことはなかったが、彼女のおかげで味わえた経験にも、彼女が示してくれた敬意と理解にも私は感謝している。ゆっくりと、少しずつ漕ぎだせばいいのだ。

学生時代

マーシャの学生時代の記憶は、典型的なＨＳＰのそれだった。成績は優秀で、計画を立てたりアイデアを出したりする際はリーダーシップを発揮することもあった。と同時に、退屈でもあった。とどまることを知らない想像力を満たすため、授業中に他の本を読んでいた。それでも「桁違いに優秀」だった。

学校では、退屈だけでなく、過度の刺激にも悩まされた。とくに騒音。音が怖かったわけではないが、先生が教室を出ていったあとの、あの喧騒は耐えがたかった。八人の人間がひしめく小さな自宅の騒々しさも彼女を打ちのめした。天気がいい日は、木やポーチの下に隠れて本を読み、天気が悪い日には、読書に没頭することで周囲の雑音を遮断した。

しかし学校では、過度の興奮を抑えられないこともある。ある日先生が戦時中の捕虜が受けた悲惨な拷問についての記事を読み上げると、マーシャは気を失った。

学校へ通いはじめると、これまでよりも広い世界と出会うことになる。最初の衝撃は、おそらく家から離れることだろう。たとえ幼稚園などへ通って就学の準備は万端でも、あなたの敏感性は、平均的な低学年のクラスでの、長く騒々しい一日を過ごす準備はできていない。先生たちのがんばりで、教室内は「平均的な子供が適度に興奮するくらい」の刺激を保てるかもしれないが、いずれにしてもあなたには、ほとんどいつも過剰な刺激がふりかかることになる。

学校へ通いはじめたばかりのころ、あなたはみんなから一歩引いてようすを見ていたのではないだろうか。私は息子がはじめて学校へ行った日のことをよく覚えている。息子は教室の角へ行き、呆然とした顔で周囲を見つめていた。しかし、子供が黙ってみんなを見ているのは「普通」ではない。そんなようすを見つけたら、先生は「あなたもみんなと一緒に遊んできたら？」と声をかけるだろう。先生をがっかりさせたくなくて、あるいは変な目で見られたくなくて、しぶしぶ従う場合もあれば、どうしても動けない場合もある。すると、あなたの行動にみんなが注目する——それこそ避けたいことなのに。

ミュンヘンのマックス・プランク心理学研究所で働くイェンズ・アセンドルフは、「ひとり遊びを好む子供の正常性」に関する論文を執筆した。両親は、子供が家でひとりで遊んでいても、単にひとり遊びが好きなのだろうと考える。しかし学校生活ではそうはいかない。二年生になってもひとりで遊んでいると、その子は仲間外れにされ、教師の心配の種になる。

こうした周囲の雑音や恥辱によって、教室で実力が発揮できなくなるHSPもいるが、大半のHSPは、読書や落ち着いた環境での勉強を好み、成績優秀であることが多い。神経の興奮によって妨げられるのは、社交性、および身体技能の発達である。それを補うために、気の合う友人を見つけて遊ぶようにし、ゲームを考えだしたり、物語を書いたり、絵を描いたりしているうちに、その才能が評判になったHSPもいるだろう。

実際、1章で紹介したチャールズのように、自信をもって学校に通っていれば、あなたはクラスの中心人物になれたかもしれない。そうでなければ、私の友人のひとりで、繊細な物理学者のように、こうこぼすだろう。「学校を楽しんでいた人たちのなかに、優秀な人間なんていた?」

男子生徒、女子生徒

私が調べたところ、学齢期までに、ほとんどのHSP男子は内向的になるが、これは納得の結果である。というのも、敏感な男の子は「普通」でないからだ。彼らは集団のなかで、他人にどう見られているかをつねに心配しなければならない。

敏感な女の子も、敏感な男の子同様、学生時代はひとりかふたりの友人に依存していることが多い。だがなかには、かなり外交的な少女もいる。男の子と違って、かりに興奮したり、感情的になったりしても、女の子はそういうものだと思われているので問題ないのだ。むしろそうした敏感性のおかげで、他の女の子たちと仲良くなれる場合もある。

女の子は感情的になることを許される反面、男の子のように自分を守る鎧をまとう機会がいつまでたっても訪れない。感情を制御する訓練をあまりしてこなかった少女たちは、本当に感情が高ぶってしまったら、途方に暮れることだろう。あるいは、感情が高ぶらないようにするために「またあのゲームをやるなら、泣くからね」などと自分の感情面を利用して、他人を操ろうとするかもしれない。少女たちは、大人になってからうまく立ち回るすべを学べず、またそうするように期待されても、望まれてもいないのである。

特別な才能

子供時代に天才のレッテルを貼られていれば、もっと楽に過ごせたかもしれない。もしそうなら、あなたの敏感性は「特別な才能」として理解を得られたはずなのだ。そして「才能ある子供」を持つ親や教師たちは、適切な助言を受けられる。たとえばある研究者は、そういう子供たちが仲間とうまくやっていくことを期待しないよう両親にアドバイスしている。特別なケアや機会を与えれば、子供が甘やかされた変わり者になることはない、だから才能ある子供たちはそのままでいさせるように、と。これは敏感性にかかわらず、「普通」から逸脱する気質を持ったすべての子供にとって最良のアドバイスだが、とりわけ才能ある人材は、基準から逸脱することを許されるのだ。

とはいえ、何事にもいい面と悪い面がある。才能があるがゆえに、親や両親からプレッシャーを受けた人もいるだろうし、功績を上げることでしか自尊心を感じられない人もいるだろう。あるいは自分と同じような才能に恵まれた仲間がいなければ孤独を感じ、実際に拒絶された経験がある人もいるかもしれない。現在は、才能ある子供を育てるための新たなガイドラインがある。ここでは「才能ある自分を育てる」ためのガイドラインにアレンジしたものを紹介する。

「才能ある自分」をもう一度育て直す

1. 自分の行為ではなく、自分という存在を認める。
2. 成功したという結果ではなく、リスクを冒して新しいことを学んだ自分を褒める。これができれば失敗したときも対処できるようになる。
3. 自分と他人を比べない。過剰な競争心を煽るだけだ。

4．才能ある仲間と交流する機会を持つ。
5．予定を詰めこみすぎない。思索に耽る時間を持つように。
6．現実的な期待を持つ。
7．才能を隠さない。
8．自分の味方でいること。自分自身でいるための権利を主張する。
9．自分の興味の幅が狭くても、広くても受け入れる。

最後の項目については、たとえばあなたは、ニュートリノだけを研究したいと思うかもしれないし、この惑星に住む人類の意味を解き明かすために本を読んだり、旅行をしたり、勉強したり、話をしたりしたいと思うかもしれない。世界にはどちらのタイプも必要だ。こうした才能については、6章でもう一度触れようと思う。

敏感な子供の思春期

思春期は誰にとってもむずかしい時期である。私の調べによると、平均的なＨＳＰにとってもっとも困難なのは、高校生のころである。その年頃には、驚くほどの生物学的変化が起こり、大人としての責任がつぎつぎにのしかかってくる――車の運転、就職や進学といった進路の選択、アルコールやドラッグの使用、親になる可能性、ベビーシッターやキャンプカウンセラーのバイトを通じて子供に信頼されること、身分証、お金、鍵などの管理。なかでも大きな変化は、性への目覚めと、それにともなう痛ましい自意識だろう。敏感な若者は、メディアがほのめかす性的役割に不安を感じやすい。

一方で、不安の本当の原因を直視できずに、持て余したエネルギーや不安をセックスに置き換える場合もある。結果もわからぬまま、今後の人生を決定づける選択を迫られるプレッシャーを考えてみてほしい。生まれ育った家を嬉々として、あるいは覚悟を持って出ていくよう期待されること、そして自立した生活に失敗すれば、自分の「致命的な欠陥」が白日の下に晒されるかもしれないという恐怖。

敏感な若者の多くが、芽生えはじめた自我を破壊し、それが「正しく」咲き誇るところを見ようとしないのもうなずける。自我を破壊する方法はたくさんある。なんとなく結婚し、赤ん坊を作って自分の役割を制限する、薬物やアルコールの乱用、身体的にも精神的にも無気力になる、安心や答えをくれるカルトなどの組織に入信する、あるいは自殺。こうしたふるまいのすべてが敏感さによって引き起こされるわけではないし、強い植物であるあなたが、こうした問題行動に屈し、花を咲かせないわけではない。しかし一般的な若者同様、ＨＳＰも現実逃避の手段としてこれらを用いることがある。

もちろん、大学に進学すれば大人の義務の多くは先延ばしされるし、人によってはこうした義務を段階的にゆっくりと引き受ける方法を見つけていく。回避とは違い、先延ばしするのはれっきとした戦術であり、段階的に学ぶ方法のひとつである。したがって、先延ばしすることになんら後ろめたさを感じる必要はない。

実家を出るのを遅らせてもいい。成人してからもしばらく両親と暮らし、彼らのために働くのだ。あるいは高校時代の友達と一緒に暮らすという手もある。こうやって少しずつ大人の階段をのぼっていけば、気づいたときには、ひとりの大人として何でもこなせるようになっているだろう。

だが、ときには大きな一歩を踏みださねばならないこともある。大学への進学もそのひとつだろう。大学の一学期を終えた（もしくはクリスマス休暇ではじめて帰省した）直後に中退するＨＳＰは非常に多い。本人も両親もカウンセラーも、その原因が新たな生活からくる過剰な刺激にあるとは気づかない――新しい人たち、新しい考え、新しい人生計画、騒々しい寮生活、夜を徹してのおしゃべりやパーティ、あるいはセックス、ドラッグ、アルコール。

敏感な生徒は、休みたいと思っても、他の人たちと同じように友人を作ってみんなを満足させなければというプレッシャーを感じてしまう。もし大学でトラブルに遭遇したら、それがどんなトラブルであれ、リフレーミングをしてほしい。そこで起こった問題は、あなたの責任ではないのだから。

当然といえば当然だが、よい家庭生活は、子供の巣立ちにも大いに役に立つ。家庭の影響は、とくにＨＳＰにとっては強く残る。あなたがいい家庭で育ったなら、思春期を迎えるまでに、社会でどうふるまえばいいかを、家族がしっかり教えてくれたことだろう。

敏感な少年少女が大人になったら

大人になるにつれ、ＨＳＰの性別の違いは如実になっていく。旅のはじまりはごく小さな違いだったとしても、育ち方によってまったく異なる目的地にたどり着くことがある。一般的に男性のほうが女性よりも自尊心が強い。１章のチャールズのように、親が敏感な男の子を大切にすれば、大人になったときに大いに自信を持っていられる。反対に、自己嫌悪でいっぱいの敏感な男性もたくさん存在し、これまでの人生で拒絶を味わっていれば、それも無理からぬことである。

子供のころから内気だった男性（大半はＨＳＰだと思われる）の研究によると、彼らは結婚の時期が平均より三年遅く、最初の子供を授かるのは四年遅い。また安定した職に就くのも三年遅く、そのせいで仕事においてこれといった業績は残せない傾向にある。これは内気な男性や自尊心の低さに対する偏見を反映したものだともいえるが、同時に、ＨＳＰにとって用心深さや先延ばしが健全であること、彼らには家族や仕事の他にも（精神性や芸術性など）大切なものがあることを示唆している。いずれにせよ、結婚や就職が遅い人は世間に大勢いる。

これとは対照的に、内気な女性を対象にした同じ研究によると、彼女たちは昔ながらの人生設計をはずれない傾向にあるという。内気な女性はそもそも外で働くことをしないか、結婚後は仕事を辞め、まるで家父長制の伝統に乗ずるかのように父親の家から夫の家へと移り住むことが多い。

しかしこうした女性たちも学生時代は「静かな自立心、知的な物事への関心、高い志、および内向性」を示していた。おそらくはこうした「静かな自立心」によって生みだされた人生観と内向性が混在するせいで、安全で落ち着けるのは昔ながらの結婚しかないと感じる自分に違和感を覚えたことだろう。

私が話を聞いた女性の多くは、彼女たちの最初の結婚は間違いであり、誰かと一緒になることで自分の敏感性に折り合いをつけ、あるいは安全な役割を演じるための試みだったと述べている。彼女たちの離婚率が高いかどうかは不明だが、離婚の理由については、一般的な女性たちとは違うのかもしれない。最終的に彼女らは世界にひとりで立ち向かい、強い直感力、創造力などの才能を発揮する道を見つけなければならないようだ。最初の結婚がそうした成長を助けてくれなければ、それを踏み台にして、いずれ準備が整ったときに旅立っていく。

マーシャもそんな女性のひとりだった。若くして結婚し、学生時代に見られた創造性や知的能力が開花するのを四〇代になるまで待っていた。マーシャの（そして私がインタビューした三分の一の女性の）能力がなかなか発揮されなかったのは、自分の敏感性よりも、社会に対する戸惑いが大きかったからではないかと思う。彼女たちは（マーシャと兄たちのような）性的経験に混乱していることが多く、明確な性的虐待がなかったとしても、若い女性は、思春期になると自尊心が低くなる。これはおそらく、この時期、性的対象としての自分の役割を自覚するからだと思われる。敏感な少女は（性に対する）あらゆる兆候を察知し、なんとしても自分を守ろうとする。人によってはドカ食いをして太ってみたり、勉強や運動に打ち込んで自由時間をなくしてみたり、自分の身を守るために早めに彼氏を作ってみたりする。

マーシャは、中学校時代に胸が膨らんでくると、教室での輝かしいリーダーシップが幕を下ろしたという。いきなり男子の注目を浴びるようになってしまった彼女は、なるべく目立たないよう、いつでもコートを着るようになった。またその頃になると、クラスで目立っていたのは「男子に媚びる頭の悪い少女たち」ばかりだったため、そういうひとりになりたくなかったとも述べている。

マーシャはしょっちゅう男の子から声をかけられた。あるとき、ふたりの男の子が追いかけてきて無理やりキスをされた。マーシャは怯えながら帰宅した。そして家に入ると（本物か幻かわからない）ネズミがマーシャに向かって階段を駆け下りてくるのが見えた。このあと何年も、マーシャは誰かとキスするたびに、このネズミを見たという。

マーシャは一六歳のときにはじめて恋をしたが、ふたりの距離が近づきすぎたと見ると、自分の思いを断ち切った。彼女は二三歳まで処女だったが、デートレイプによって処女を失った。

それ以来、彼女は請われれば誰でも身体を許すようになった。ただし、「自分が本当に好きな人」をのぞいて。やがて不幸な結婚をし、長年の我慢の末、勇気をふり絞って離婚すると、彼女はようやく芸術家の道を歩みはじめるのである。

くり返しになるが、敏感性の現れ方には性差がある。敏感な男の子は、大人になると、どこかの段階で他の男性と歩調を合わせなければならない。男性全般にとって「敏感であること」は「普通」ではないからだ。一方で敏感な女の子は、期待どおりとみなされる。そして彼女たちは自分で世の中をわたるすべを見つけだす間もないまま、昔ながらの既定路線にいとも簡単に組み込まれていく。

大人になるとは、社会に出ることである

この章は終わりを迎えているが、私たちのライフワーク——あなたの性質に照らし合わせて幼少期をふり返り、必要であれば自分を育て直すこと——ははじまったばかりである。

ＨＳＰとして成長することは、あなたや、あなたと他者（両親、親類、仲間、先生、他人、友人、恋人、配偶者）との関係に強い影響を及ぼす。人間は非常に社会的な生き物で、それはＨＳＰであっても変わらない。いまこそ私たちＨＳＰも社会生活と、長年言われつづけてきたこの言葉、「内気」といわれる状態に目を向けるときだろう。

・学んだことを実践しよう

幼少期をリフレーミングする

この章、そしておそらく本書を通じた重要なテーマは、敏感性という観点からあなたの人生を捉え直すことにある。それは失敗、痛み、恥、恥ずかしかった瞬間などを新たな視点で、これまでよりも冷静な判断力と温かな思いやりを持って捉え直すということだ。

おもだった出来事――幼少期から青年期にかけて、あなたという人物を形成した記憶――を書きだしてみてほしい。学習発表会とか、両親が離婚を告げた日とか、それは一瞬の出来事かもしれないし、新学年を迎える初日とか、毎年恒例のサマーキャンプとか、より大きな出来事かもしれない。なかにはいじめられたり、からかわれたり、ネガティブで悲惨な思い出もあるだろう。クリスマスの朝や、家族旅行、成功体験などのポジティブだけど圧倒された思い出でもいい。

そうした出来事をひとつ選び、1章で紹介した手法を用いて段階的にリフレーミングしていこう。

1. その出来事に対する自分の反応をふり返り、その出来事をこれまでどう捉えてきたかを考える。

その反応は「間違ったもの」だったと感じる、あるいは人とは違うものだったと感じるか。その出来事を引きずりすぎたと思うか。自分で正しくなかったと判断してはいないか。動揺を隠そうとしたか。それを見た他人から「大げさ」だと指摘されたか。

2. 自分の身体反応に関する現在の知識を踏まえたうえで、その出来事に対する反応を考える（著者である私が、あなたにそれを説明しているところを想像してもいい）。

3. 現在、その出来事に対してやるべきことがあるかどうか考える。

その反応が正しかったと思えば、その状況に対する新たな視点を他の誰かに話してみる。当時その場にいた人なら、一緒に過去の出来事を細かく埋めていけるかもしれない。また、古い視点と新しい視点を書きだし、しばらく手元においておくのもいいだろう。

これが役に立ちそうなら、二、三日後に別の幼少期の出来事もリフレーミングしてみてほしい。最終的にはリストに挙げたすべての出来事をリフレーミングしていくのだが、焦りは禁物だ。数日ごとにひとつずつ実行すること。こうした出来事はゆっくりと消化していってほしい。

5

社会生活
――「内気」になること

Social Relationships: The Slide Into "Shy"

「君は本当にシャイだね」。この言葉をこれまで何度耳にしたことだろう？　本章を読み終わるころには、きっとこの言葉はあなたにとって違う意味を持つだろう。内気というのは、往々にして馴染みの薄い人間関係のなかで発動する、ということを本章では論じていこうと思う（7章でもこれに近いことを紹介する）。多くのＨＳＰには社交性が備わっており、これは事実である。そもそも壊れていないものを修正しても意味はないので、ここでは修正が必要な問題（他人が「内気」、「社会的回避」、「社交恐怖」と呼ぶもの）に焦点を当てていく。

くり返しになるが、こうした問題を取り上げたからといって、ＨＳＰが必ずしも困難な社会生活を送っているというわけではない。現にアメリカ大統領やイギリス女王でも、他人の顔色を窺わなければならないときがある。だからあなただってそうするだろう。問題は、その際に生じる気持ちの動揺なのだ。

「大丈夫、誰も気にしてないから」というのも、私たちがよく言われることだ。だが敏感な者は、実際には誰かが見ていて、何かしらの評価をくだしていることに気づいている。無邪気な非ＨＳＰだから、あまり気づかないだけなのだ。ＨＳＰの人生は、そういう意味でははるかに困難だといえる。他人の視線、無言の評価を受けとめながら、それをあまり気にしないようにするというのは、簡単なことではない。

ずっと自分を内気だと思ってきたなら

多くの人は敏感性と内気を混同している。だからこそ「あなたはシャイですね」と言われるのだ。一般的に、敏感な神経系を持って生まれてきた犬や猫や馬は「内向的」だという（ただし虐待された場合は「怯えている」というのが正しいだろう）。シャイとは、他人から好かれたり認められたりしないかもしれないという恐怖である。つまり、状況に応じた反応なのだ。それはある種の状態であり、その人の持っている気質ではない。内気は（たとえ慢性的でも）遺伝ではない。一方で、敏感性は遺伝である。ＨＳＰに内気の傾向が多く見られたとしても、それは必然ではないし、現に私は、内気とは程遠いＨＳＰを大勢知っている。

もし内気だと感じることが多くても、それにはちゃんとした理由がある。過去の社会生活で（最初は過剰な刺激を受けることが多い）、他の人から間違っていると指摘されたり、彼らに煙たがられているように感じたり、自分自身が納得いく結果を出せなかったりして、失敗したと感じたのだ。あるいはすでに興奮状態に陥っていたために、何もかもうまくいかないと思い込んだのかもしれない。

たったひとつの失敗で、その先もずっと「内気」になることは稀だが、あり得ないことではない。たとえば、前回と同じ状況に遭遇したあなたは、同じ失敗をするのを恐れて極度の緊張状態に陥り、その緊張のせいでやはり同じ失敗をくり返す。そして三度、今度こそはと意気込むあまり、やはり過剰な緊張状態に陥ってしまう。その結果、頭が真っ白になり、やってはいけないことをしでかし、「そういう人」だというレッテルを貼られる。こうしたことがくり返されると、やがて負のスパイラルに絡み取られていく。そして少しでも似たような状況に遭遇すると緊張するようになり、ひいては人がいるだけでも動揺するようになるのである。

ＨＳＰは神経が興奮しやすく、こうしたパターンに陥りやすい。しかし、あなたは内気に生まれついたわけではない。敏感なだけなのだ。

「内気」という概念を取り払う

「内気」のレッテルを受け入れることの問題点は三つある。

第一に、そもそも見当違いである。あなたは内気ではなく、ささいなことに敏感で興奮しやすいたちなのだ。そして興奮が生じるのは、必ずしも恐怖を感じたときだけではない。興奮した状態を、自分が怯えているせいだと思うと、実際はそうではないのに内気だと思ってしまう。（少なくとも米国では）七五パーセントの人が社会的な発言をしていることを考えると、「内気」と呼ばれる心の状態が敏感性と混同されても不思議はない。彼らは、あなたの反応を過剰な刺激のせいだとは考えもしない。そういう経験がないからだ。だからあなたの態度を、拒絶が怖いからだと考える。内気な人は、拒絶されるのが怖いのだと。それ以外の理由があるだろうか。

たしかに拒絶が怖いこともある。当然だろう。そもそもあなたの性質は、社会一般のそれとは違うのだ。だがHSPであるあなたは、とにかく過剰に動揺するのを避けたいだけのときもある。あなたを内気だと思っている人は、それが（ひとりでいることが）あなたの選択だということをなかなか理解できない。あなたは拒絶されているのではなく、むしろ拒絶している側なのだ（非HSPはもともとあなたよりも多くの興奮を必要としているうえに、自分自身の持つ「拒絶される恐怖」に目をつぶり、あなたのなかにだけ見出そうとしている場合がある）。

人の多い場所に出かけたり、見知らぬ人に会ったりする機会が少ないHSPがそういう状況に遭遇すると、ほとんどお手上げ状態になる。というのも、それがあなたの得意分野ではないからだが、やはりここでもあなたを内気や怖がりなどと形容するのは正しくない。周囲があなたを助けようとする場合、たいてい間違った前提から出発する。たとえば彼らは、あなたに自信がないのだと考える。そして「あなたはみんなに好かれる人だから大丈夫」などと励ます。

だが実はこうした言葉は、あなたの自尊心の低さを暗に批判していることになる。あなたの本質を理解していない彼らは、あなたの社交性の低さに間違った理由づけをするばかりで、こちらの気分をよくしてくれるような話はひとつもしてくれない。

内気という偏見

第二に、残念ながら、内気という言葉には非常にネガティブな意味合いがある。本来なら、謙虚、自制心のある、思慮深い、繊細などの同義語とみなされてもいいはずだが、HSPと呼ばれる人たちを調査したところ、不安、不器用、怖がり、臆病、弱虫といった言葉を、内気の同義語とみなしている人がほとんどだった。メンタルヘルスの専門家でさえ、しばしば同じ評価をくだし、そのうえ、知能の低さや心の健関状態の悪さと関連づけることさえあるが、もちろんそれらと内気は一切関係ない。配偶者が内気など、この性質をよく知っている人だけが、「内気」に対してポジティブな言葉を選んでいる。また、心理学者が「内向度」を測るのに用いるテストの結果でも、やはりネガティブな言葉ばかりが並んだ。このテストが、心の状態を知るためだけに使われるのであれば問題ないが、実際には（ネガティブなレッテルを貼られた）「内気な人」を特定するのに用いられることも多い。内気という言葉の裏に隠された偏見にはくれぐれも注意してほしい。

内気という思い込み

第三に、スタンフォード大学のスーザン・ブロッドとフィリップ・ジンバルドが、内気などに関する面白い心理学実験をおこなった。これは、なぜ内気と神経が高ぶりやすいＨＳＰを区別する必要があるか、を示した実験である。

ふたりはまず、（とくに男性に対して）極度の「内気」だと申告した女生徒を探しだし、そうでない女性のグループと比較した。それから騒音の影響を知る実験だと偽り、それぞれの女性に若い男性と過ごしてもらった。女性が内気かどうかを知らない男性は、どちらの女性に対しても同じように接するよう指示されていた。ここで面白いのは、「内気な」女性の何人かは、神経が高ぶっている――心拍数が上がっている――状態を、騒音のせいだと考えたことである。

結果、神経の高ぶりを騒音のせいだと考えた「内気な」女性は、内気でない女性と同じくらい男性と会話をすることができた。そして内気でない女性と同じように、会話の主導権を握る場面まで見られた。一方で、神経の高ぶりを（騒音など）他のもののせいにできなかった内気な女性たちは、はるかに言葉数が少なく、会話の主導権も男性に握らせることが多かった。実験終了後、どの女性が内気だったかを尋ねられた男性たちは、騒音のせいで神経が高ぶったと信じていた内気な女性と、内気でない女性との違いを見分けることができなかった。

この女性たちは、自分の興奮状態を社交性とは無関係なところに見出すことで、内向的ではなくなった。実際、彼女たちはまったく恥ずかしさを感じることなく、実験を楽しめたと述べている。そして、また「騒音実験」をするとしたら、ひとりで実験に臨みたいかと尋ねると、三分の二の女性がひとりは嫌だと述べた。明らかにこの女性たちは、神経の高ぶりを「内気な」性質以外の何かに求めたことで、快適な時間を過ごせたのである。

今度、誰かと一緒にいるときに気持ちが動揺したら、この実験を思いだしてほしい。心拍数が上がる理由は無数にあり、一緒にいる相手のせいとは限らない。雑音が多すぎたり、なんとなく気になることが頭の片隅に引っかかっていたりするせいかもしれないのだ。だからあまり気にせず、できるかぎり楽しい時間を過ごしてほしい。

ここまで、あなたが内気ではない三つの理由を述べてきた。この言葉は不正確かつネガティブで、単なる思い込みである。他人があなたに対してそのようなレッテルを貼るのも許してはいけない。この社会的偏見を根絶するのは市民の義務だと言ってもいい。これは不公平なだけでなく、1章でも見たように、ＨＳＰの自信を奪い、思慮深い声を黙らせる可能性をはらんでいるため、危険でもあるのだ。

「社会的不快感」をどう考えるか

社会的不快感（「内気」よりも好ましい）は、神経の高ぶりによって生じることがほとんどである。神経が高ぶると、行動、発言、社交性が未熟に見え、過覚醒状態になる恐怖もはらんでいる。あなたは興奮のせいで何かをしくじったり、上手く言葉が出てこなかったりする状況を恐れる。だが、特定の状況に陥ると、恐怖そのものが動揺の引き金になることも多い。

不快感は一時的なものであり、しかもあなたには選択肢があることを覚えておいてほしい。たとえば、とても寒かったとする。あなたは寒さを我慢してもいいし、もっと快適な環境に移動してもいい。火をおこしたり、ヒーターをつけたりして暖を取ってもいいし、コートを着てもいい。やるべきでないのは、寒さに弱い自分を責めることだ。

興奮による一時的な社会的不快感についても同じことが言える。我慢してもいいし、その場を去ってもいい。また、その場の雰囲気を変える、あるいは誰かに頼んで変えてもらうこともできるし、「仮面」をかぶって自分に快適な状況を作りだしてもいい（これについてはのちほど説明する）。

どんなときでも、あなたは意識的に不快感を取りのぞいている。自分がこの社会に、本質的に合わないという考えは忘れてほしい。

興奮状態に対処する五つの方法

1．興奮状態の原因は、恐怖ばかりではないことを思い出す。

2. 自分以外のＨＳＰと一対一で話してみる。
3. 自分なりの興奮を抑える方法を使う。
4. 有効な「仮面」を身に着け、意識的に使用する。
5. 自分の気質を他人に説明する。

神経が高ぶってしまう原因が、必ずしも一緒にいる相手が理由ではない、と認めるのは重要なことだ。人より興奮しやすい性質のせいでレッテルを貼られたとしても、それは本当のあなたではなく、一時的な興奮状態に陥って苦しんでいる状態に対するレッテルである。小さなことにもよく気がつく、冷静な状態のあなたを知れば、周囲の人たちはきっと好印象を抱くだろう。現にあなたのことを大好きな親友がいるというのが、何よりの証拠だ。

私は大学院を中退してから数年後に復学したのだが、その初日に、食堂でいきなりミルクをぶちまけてしまった。誰かがぶつかってきたわけでもなく、私が勝手に何かにぶつかったのだ。よりにもよって将来の仲間たち、私が好印象を抱いてほしいと切実に願う人たちの目の前で。ただでさえ高ぶっていた神経は、一気に興奮状態に陥った。だが自分のおこなったＨＳＰ研究のおかげで、私はなぜ自分がミルクをこぼしてしまったのかを理解していた。私の身体は、子猫のミルクを運ぶことさえ不可能なほどがちがちだったのだ。初日は散々だったものの、こぼれたミルクが私の社会的不快感を煽ることはなかった。

やがて他のＨＳＰと知り合いになると、私はずいぶん救われた。私たちはみんな「ミルクをこぼしていた」ようなものだったからだ。平均的な社会には、二〇パーセントのＨＳＰと、三〇パーセントのそこそこ敏感な人びとが存在していなければならない。内気に関するアンケートでは、四〇パーセントの人が、匿名で自分のことを内気だと答えている。割合で言えば、人であふれた部屋のなかに、あなたと同じ気質、あるいは社会的不快感を覚えている人が最低でもひとりいることになる。自分が何か失敗をしたあとに、もし彼らを見たなら、その目には深い同情が浮かんでいることだろう。その人は、あなたの友人である。

ここで、3章で提案した方法を使ってあなたの興奮状態を抑えてみよう。まず休憩を取る。散歩をする。深呼吸をする。身体を動かす。選択肢を考える。いつ動き、どこにいくのが最適か。それは開いた窓のそばかもしれないし、通路やドアの近くかもしれない。また、「容器」という観点で考えてみる――自分はいま、静かでなじみ深い人やものに守られているだろうか。

大学院の初日、私は学部の先生に変だと思われるのではないかと何度も不安になった。平均的な非ＨＳＰなら、こうした神経の高ぶりは、ちょっとした葛藤や情緒不安定なだけだと思うだろう。そこで私は、散歩や瞑想をおこない、昼時にキャンパスを離れ、自宅に電話をかけた。すると、ずいぶん気持ちが落ち着いた。

ＨＳＰの多くは、自分の興奮状態が人よりひどいと思い込んでいる。だが知ってのとおり、社会生活の大部分は「仮面」をかぶったものどうしの交流で、それほど深くまで相手のことを見ていない。予測可能な行動を取り、たとえ不本意でも相手に合わせて話していれば、あなたを煩わせたり、あなたのことを傲慢だの、よそよそしいだの、裏がありそうだのと言ってきたりする人はまずいない。ある研究によると、「内気」な生徒は自分が精いっぱい社会に尽くしていると思っているが、ルームメイトには努力が足りないと思われていることが多いという。これはHSPに対する理解のなさによるところもあるが、こうした社会の概念が変わるまでは、その他大勢に合わせておいたほうが社会生活を送りやすいのかもしれない。だから、仮面をつけるのだ。そうすれば、なりたい自分になれるだろう。

一方で、あなたの気質についてちゃんと説明したほうがいい場合もある。私ははじめて会う人の前で話したり、講義をしたりする際にこの手法を用いる。はじめは（私の口調が）ぎこちなく聞こえるかもしれないけれど、じきに慣れて普通に話せるようになるので気にしないでほしいと最初に説明するのだ。集団のなかでは、自分の性質を説明することで、他のみんなの社会的不快感についても踏み込んだ話ができる場合がある。そうすると、ひとりで行動することに罪悪感を覚えたり、戻ってきたときに疎外感を感じることなく休憩を取ったりできるようになるし、また、光や音を調整したり、自己紹介であなたの順番を飛ばしてくれたりと、あなたの刺激を軽減してくれる人にも出会えるかもしれない。

敏感性について話す際は、その口調によって、この性質に対する典型的なふたつのイメージのうちのひとつが喚起されることになる。ひとつめのイメージは、弱くて問題を抱えた、ずばり受け身の被害者である。もうひとつは、才能に溢れた、思慮深い、存在感のある人物。適切な言葉を用いてポジティブなイメージを喚起するには練習が必要だ。これについては6章で見ていこうと思う。

週末など、長い時間人と一緒に過ごさなければいけない場合、私はひとりの時間が必要なことを前もって説明しておく。たとえひと足早く部屋に戻ったり、散歩に出たりするのが私だけだったとしても、いまでは同情や憐れみを誘う代わりに、謎めいた印象を与えることができるようになった。「王族の助言者」階級の一員として、これは大事なことである。HSPであることを「宣伝」するには、少々工夫が必要なのだ。

人、興奮、内向性

さて、ここまで、「内気」のレッテルをはがし、自分になじみ深い興奮状態がどういうものかを理解することで「問題」を攻撃してきたが、これと同じくらい重要なのが、社交的になる方法はひとつではないと認識することである。

社交性というのは、基本的な事実から生じる。大半のHSPにとって、外界の刺激はたいてい――自宅でも、職場でも、公共の場でも――人びとによって生みだされる。私たちは誰もが他人に頼り、他人との交流を楽しむ社会的存在である。ところが、多くのHSPは、見知らぬ人たち、大きなパーティ、人ごみなどの刺激を避ける。が、これは賢明な戦略でもある。刺激や要望の多いこの世界では、優先順位を確立しておく必要があるのだ。

当然、自分が避けてきたものを詳しく知ることはできない。それでもたいていの人はどうにかやり過ごし、あるいは学ぼうと試みる。そう、やり過ごすだけでいいのだ。その場をやり過ごし、貴重なエネルギーは、本当に大事なことに取っておけばいい。

他人やパーティを避ける理由が、過去に仲間や集団から拒絶されたから、というＨＳＰもいる。社会の求める理想と異なる性質を持つＨＳＰは、周囲から厳しい評価をくだされ、よく知らない人たちから避けられてしまう。仕方のないことのようにも思えるが、やはり悲しいことだし、それについてあなたが恥じる必要はまったくない。

およそ七〇パーセントのＨＳＰは社会的に「内向的」である。これは何も、人嫌いだということではない。大人数の付き合いよりも少人数の親密な関係を好み、派手なパーティや人ごみが得意ではないというだけだ。だがきわめて内向的な人でさえ、ときに外交的になり、他人との交流や人ごみを楽しむことがある。逆に外交的な人が内向的になる場合もある。

内向的であっても社会的存在には変わりない。実際、彼らの幸福は、外向的な人よりも社会との関わり方に影響される。内向的な人はただ、「量」よりも「質」を求めているのだ。（ただし幸せを感じていない場合は、親密な人間関係が必ずしも問題を解決してくれるとは限らない。8章でも触れるが、多くの人びとは心理療法などの治療を通じて幸せという感覚を得るまで、親しい人間関係を築くことができない)。

外交的なHSP

HSP＝内向的ではない、ということをここでもう一度強調しておく。私が調べたかぎり、HSPの三〇パーセントは外交的である。外交的なHSPは交友関係が広く、集団や見知らぬ人との交流を楽しむ傾向がある。こういうHSPはおそらく社交的で、温かい家族、あるいは安全な地域に見守られながら、周囲の人びとを警戒の対象ではなく、自分を守ってくれる人びとだと認識して育ったのだと思う。

とはいえ、やはり長時間労働や、長い時間街中で過ごすのはきついと感じるだろう。そして神経が高ぶったときは、人のいないところへ避難する(ちなみに外交的な非HSPは、人と一緒にいることでむしろ気持ちが落ち着く)。これを読んでいるHSPは、おそらく内向性に注目している人が多いと思うが、外向性について知ることで役立つこともあるはずだ。

内向的であることを認める

カリフォルニア大学サンタクルーズ校のアヴリル・ソーンは、内向的な人の交流の仕方を観察した。いくつかのテストによって、きわめて内向的な女生徒、およびきわめて外交的な女生徒を特定し、同じ性質どうし、違う性質どうしで会話をしてもらい、そのようすを録画した。内向的な女生徒どうしの会話は真面目で熱心だった。彼女らは用心深く、複数の問題について語った。相手の話を聞き、質問し、助言をする彼女らは、相手に対してとても集中しているように見えた。

対照的に、外向的な女生徒たちは「楽しい」会話をくり広げ、同意を求め、共通点を探し、たくさん褒め言葉を送った。彼女たちは快活かつ話題が豊富で、内向的、外交的どちらのタイプからも好まれた。まるで会話こそが彼女らの一番の楽しみであるかのようだった。

外交的な生徒と内向的な生徒のペアでは、それほど盛り上がることはなかったものの、内向的な生徒は、外向的な生徒との会話に「新鮮さ」を感じていた。このソーンの実験から、いずれのタイプも等しく社会に必要であることがわかる。ところが、現在は内向性の価値が低く見積もられている。いまこそ、内向性の利点をじっくり見ていくときだろう。

カール・ユングの見解

カール・ユングは内向性を人間の基本性質のひとつと考え、哲学および心理学の分野で大論争を巻き起こした。論争の焦点は、状況や対象を理解するうえで、外側の事実と、事実に対する内面の理解のどちらがより重要かということだった。

ユングは、いずれの性質も人生にとって必要なもので、たいていの人は息をするように内向性と外向性を交互に使い分けているが、なかにはその使い分けをせずに、一貫して一方のみを使う人がいる、と考えた。さらにユングにとってこのふたつは、社交性に一切関係のないものだった。内向的というのは、単純に外側の客観性よりも、内側の主観に向かっていることである。内向性は必要に応じて生じたもので、内側の「主体となるもの」に価値を置き、とりわけ外側「客観的な世界」の刺激から「主体」を守ろうとする。

ユングは、内向性の重要性をこれ以上ないほど強調している。

彼らは、エネルギーと興奮に満ち溢れたこの豊かで多様な世界が、外側のものだけでなく内側にもあると示す生き証人である……彼らの人生は、その言葉よりも多くのことを教えてくれる……彼らの生き方は他の可能性を、我々の文明が切実に欲する内面世界を教えてくれる。

ユングは、内向性に対する西洋文化の偏見を理解していた。それが外向的な人の持つ偏見なら我慢できたかもしれない。しかしユングは、みずからを過小評価する内向的な人たちこそが、世界に害をなしていると感じたのだ。

十人十色

ときには、あるがままの世界を楽しむことも必要だ。そんなときは、赤の他人であっても、何らかのつながりを感じさせてくる外向的な人の存在というのはありがたいものである。反対に、内なる錨、つまり心の一番深いところに注意を向けてくれる内向的な人の存在が必要な場合もある。人生とは、私たちの観た映画や、以前入ったことのあるレストランだけで成立しているわけではない。些細な疑問を話し合うことが、魂にとって必要な場合もある。

「特別な子供」に関する専門家リンダ・シルバーマンは、頭脳明晰な子供ほど内向的な傾向があることを発見した。内向的な人は、ロールシャッハ・テストに対する数々の特殊な反応のように、シンプルなものに対してもきわめて創造的である。また、ある意味柔軟性もあるので、外向的な人と同じように知らない人に会ったり、パーティに参加したりもする。一方で外向的な人のなかには内向的になることを避け、長いこと内面に意識を向けようとしない人もいる。内向性の一部であるこうした多様性は、人生の中盤を迎え、これまでの人生で欠けていたものを身につけようとする時期に、とくに重要になってくる。そして人生の後半、誰にとっても内省がますます重要になってくることを思えば、内向的な人は他の人より素敵な年の取り方をするかもしれない。

あなたの性質はいいものである。「ほら、もっと元気よく」などというおせっかいは無視していい。周囲の軽薄さを楽しみながら、自分のすべきことをすればいいのだ。話すことが苦手なら、無口な自分を誇りに思えばいいし、気分が変わって外向的な自分が顔を出したら、不器用でも馬鹿っぽくても好きにさせてみる。誰しも自分の苦手なことをするのはむずかしい。あなたには、あなたの「武器」がある。全部を手にしなければ、などと思うのは傲慢なだけだ。

友達を作る

内向的な人が親密な人間関係を好むのには多くの理由がある。まず、親密であるほど、お互いを理解し、支え合える。親友やパートナーのせいで動揺が大きくなることもあるが、心の成長を強引に促すことは、ＨＳＰにとって最優先事項でもある。また、あなたの直感力を考えれば、哲学、感情、対立など、複雑な事柄を話すのが好きなのではないだろうか。しかしこうしたテーマは、はじめて会った人やパーティの席ではなかなか話しづらい。内向的という性質は、親密な関係性のなかでこそ花開き、社会的な成功を経験するのだ。

一方で、「見知らぬ他人はまだ会っていないだけの友人だ」という外向的な人の言葉も正しい。あなたの親友も、かつては見知らぬ誰かだったのだ。彼らとの関係が変わる、あるいは終了するとしたら、新たな友人に出会いたいと思うだろう。

ここで、過去にどうやって親友たちと出会ったのか思い返してみよう。

親友とどうやって出会ったか

一ページにひとりずつ、仲のいい友人の名前を書きだしてみよう。その後、ふたりの友情のはじまりに関する以下の質問に答えてほしい。

初対面のとき、話さざるを得ない状況だったか。

主導権は相手にあったか。

特別な感情を覚えたか。

その日、あなたはいつも以上に外向的だったか。

着ていたものは？　また自分の外見についてどう思ったか。

出会った場所は？　学校、職場、休暇、パーティ？

状況は？　紹介者がいたか。偶然だったか。どちらかが話しかけたのか。何があったか。

出会った瞬間、数時間後、数日後はどんな感じだったか。

いつ、どうやって、それが友情に発展すると思ったか。

つぎに、質問の答えに対する共通点を探す。たとえばパーティは苦手だが、それは親友と会うためにセッティングされた席だった、など。あるいは学校や職場で出会ったとしたら、現在の生活に同じような状況はあるだろうか。月に一度パーティに参加するなど（あるいは友人作りに役に立たないから今後は参加しないなど）、友人と出会うために、何かしてみようと思うことはあるだろうか。

仮面と良俗

とくに普段から内向的な人は、大半の社会生活では、最低限のマナーを守らなければならないことを忘れないでほしい。ＨＳＰにとって、こうしたエチケットのルールはひとつに要約できる。すなわち、他人の動揺を煽らないこと（もうひとつ加えるなら、親切にすること）。予想外の深い沈黙は、相手の神経を逆なでする可能性がある。かといって、外向的な人がよくやるように、はしゃぎすぎるのも問題だろう。目標は、突飛な行動をせず、感じのいい会話をすることだ。

もしかしたら、こうした会話は敏感じゃなく、刺激が好きな人には退屈かもしれない。だが、他の人がどう思おうと、新しい人に出会って神経が高ぶったあなたには、気持ちを落ち着かせる必要がある。面白くて驚くような話は、そのあと好きなだけすればいい。

そこで必要なのが仮面、つまり社会的役割である。いい仮面とは、常識的で、予測可能なものである。ニーズに応じてもう少し具体的にしてもいい。銀行家なら、堅実で実用的な仮面を求めるし、自分のなかの芸術肌の部分は人に見せないようにするだろう。反対にアーティストであれば、自分の銀行員的資質は世間に隠しておく。学生は少々謙虚に見えたほうがいいし、教師は威厳を示したほうがいい。

仮面という概念は、北米の率直さや飾り気のなさを重んじる文化に反している。そして「暗黙の了解」という概念をはるかによく理解しているヨーロッパ人でさえ、本当の自分と、自分のつけている仮面を混同してしまう人がいる。いつも仮面をかぶっているからといって、その人物が不誠実だとか、偽物であるということではないし、ＨＳＰが仮面と一体になることはほとんどない。

それでも、私があなたに「不誠実になれ」と言っているように聞こえるなら、時と場所に応じて自分の解放レベルを選ぶのだと考えてほしい。たとえば、それほど友達になりたいと思わない人からランチに誘われても「あなたとはあんまり仲良くなりたくないから」といって誘いを断ったりはしないだろう。おそらく「いま忙しいから」などの言い訳をするはずだ。

この返事は、ある程度正直だと言える。かりに人生が無限なら、こういう関係に対しても、一歩踏み込もうと思うかもしれない。だが私の経験上「あなたの優先順位は低いから」などと相手に伝えるのは、道徳的に正しくない。適切な仮面や正しいマナーとは、とりわけよく知らない人に対して思いやりのある正直さを示すことである。

ソーシャル・スキルをさらに学ぶ

書籍、テープ、論文、講義、講座などから学べる、ソーシャル・スキルに関する情報は、大きく分けてふたつある。ひとつは、外向性、社交性、セールス、人事管理、エチケットなどに関する専門家によるもので、機知に富んでいて明るいものが多い。彼らは治療ではなく、学びについて話しているので、あなたの問題を暗に指摘して、自尊心を貶めることもない。彼らの助言を聞くのであれば、「自分の目標は彼らのようになることではなく、そこから二、三のヒントを学ぶことである」と理解しておくといい。「群衆に勝つ方法」や「気まずい場面で言うべき言葉」などというタイトルには注意が必要だ。

もうひとつは、内気な人びとの力になるべく、心理学者が提供する情報だ。彼らはまず、読み手の不安を煽ってやる気にさせ、そこから少しずつ段階を踏んで、十分なリサーチに基づく手法であなたの行動を変えていく。このやり方は非常に効果的なことが多く、またＨＳＰに適しているように思えるが、実は問題もはらんでいる。内気を「治す」ことや、「あなたの症状を克服する」ことについての話は、あなたに欠陥があると思わせるうえに、生来の気質の持ついい側面を見落としてしまうのだ。

どんなアドバイスを受けるにしろ、人口の四分の三を占める外向的な人びとの考える「社交術」の定義――うまく立ち回る、上手な受け答えをする、「気まずい」沈黙を避ける――を受け入れる必要はないということを覚えておいてほしい。あなたには、真剣に話す、相手の話をよく聞く、静かに熟考するといった、あなたのスキルがあるのだから。

ソーシャル・スキルについてすでに知っている情報もたくさんあるだろう。ここでは、あなたが何を知っていて、何を知るべきかの手がかりとなる、ちょっとしたテストを紹介する。

社会的不快感を克服するための最新情報を知っているか?

以下の問いに「正」か「誤」で答えること。終わったら二三二ページを見て答え合わせをしてほしい。

1. ソーシャル・スキルは、「あの人はたぶん私のことが嫌い」「どうせまた失敗する」といった、ネガティブな「思い込み」をコントロールするのに役に立つ。　正　誤

2. 恥ずかしいという感情は、周囲の人に丸わかりである。　正　誤

3. 多少の拒絶は覚悟し、個人的に受け止めないことが必要だ。

正　誤

4. 社会的不快感を克服するには、たとえば週に一度知らない人に会うなど、何らかのプランを練ったほうがいい。

正　誤

5. プランを実行するなら、踏みだす一歩が大きいほど早く目標に到達できる。

正　誤

6. 知らない人と、あるいは知らない場所で話をする際は、あらかじめ話すことを練習してこないほうがいい。言葉が硬くなり、ぎこちなく聞こえてしまう。

正　誤

7. ボディランゲージに注意すること。身ぶり手ぶりはあまり大きくないほうがいい。

正　誤

8. 会話をはじめたり、つづけたりしようとする際には、ひと言、ふた言では答えられないような、少し個人的な質問をする。

正　誤

9. 相手の話を聞いていることを示すには、手や足を組んで深く腰かけ、顔を動かさないこと。相手の視線も避けたほうがいい。　正　誤

10. 相手の身体に決して触れないこと。　正　誤

11. 人と会う前に新聞を読まないこと。気持ちが高ぶるだけである。　正　誤

12. 面白い話をしているなら、会話中に自分の話はしなくてよい。　正　誤

13. 良い聞き手は相手の言ったことをくり返し、相手の気持ちを考えながら、頭ではなく心で感じたことを相手に伝える。　正　誤

14. 自分に関する面白いエピソードを相手に話すべきではない。嫉妬を買うだけだ。　正　誤

15. 会話を深め、楽しいものにするためには、あなたの欠点や問題を話すといい場合もある。　正　誤

16. 相手を否定するようなことは言わないようにする。　正　誤

17. 会話中に他の人と話したくなったら、そう伝えるのが最善だ。　正　誤

※ジョナサン・チーク著『コンカリング・シャイネス Conquering Shyness』（ニューヨーク、デル、一九八九年）、M・マッケイ、M・デュイス、P・ファニング共著『メッセージ：ザ・コミュニケーション・ブック Messages: The Communication Book』（カリフォルニア州オークランド、ニュー・ハービンジャー・プレス、一九八三年）参照

やるべきことをやらなくても気にしない

カンザス大学の心理学者グレッチェン・ヒルは、「内気な人」とそうでない人それぞれに、二五の社会的状況において適切と思われる行動を尋ねた。すると内気な人は、周囲からどんな行動を期待されているかはわかるが、実際にすることができないと述べた。これについてヒル

は、内気な人は（内的欠陥のせいで）自信を持てないのではと示唆している。だから、私たちは自信を持つよう言われるのだが、もちろんそれは無理な話なので、ふたたび失敗をくり返すことになる。ＨＳＰが興奮する状況は山のようにあり、そんななかで適切な行動を取ることはむずかしい。そうなれば当然、社会的に正しいとされている行動を取れなくても仕方がないと思う人も出てくる。個人的には、「もっと自信を持たなければ」と言い聞かせることに、ほとんど意味はないと思う。この章でずっと述べてきたように、気持ちの高ぶりに対処し、内向的な性格に感謝することに注力したほうがいいだろう。

あなたがソーシャル・スキルを実践できないもうひとつの理由は、子供時代に何度もくり返されてきたパターンのせいである。あるいは何らかの感情に引きずられている可能性もある。「なぜこんなことをしているのかわからない。もっといいやり方を知っているのに。なんだか自分じゃないみたい」「どれだけがんばっても、結局うまくいかない」といつも思っているなら、それが古いパターンに陥っている兆候である。

ポーラの場合

ポーラは生まれつき敏感な子供だった。彼女の「内気」ぶりについて、両親はこんなコメントをしている。ポーラは音に対して非常に敏感で、自分が人より混乱しやすいことを自覚していた、と。私が彼女にインタビューしたのは彼女が三〇代のころで、大きなイベントを裏でまとめる仕事を見事な手際でこなしていた。しかし公衆の前で話すことに恐怖を抱いていた彼女に昇進の見込みはなく、ごく小さなチームをまとめることしかできなかった。これまでにもスタッフ会議を取りまとめる機会が何度かあったが、そのたびに彼女は何時間もかけてシミュレーションや練習をくり返し、必ず心の準備をしてきた。

ポーラはそうした恐怖を克服しようとあらゆる本を読み漁り、また、恐怖に立ち向かおうという意志もはっきり備えていた。それでも、やはり何かがおかしいと気づいたポーラは、本格的なセラピーを受けることにした。やがて彼女は恐怖の理由をいくつか特定し、ひとつずつ向き合いはじめた。

ポーラの父親はアルコール中毒で、かんしゃく持ちだった（いまもアルコール中毒は治っていない）。普段の父親は賢く、分析的で、子供の宿題をよく手伝っていた。子供たち全員とかかわりを持っていたが、なかでもポーラには優しかった。だがやがて、その興味が性的なものだと気づくと、ポーラはひどく混乱した。いずれにしても、父親の怒りの影響をもっとも受けたのはポーラだった。

ポーラの母親は、他人の目を非常に気にする人で、鉄の意志を持つ夫に頼り切っていた。彼女はある種の殉教者でもあり、子供に生活のすべてを捧げていた。にもかかわらず、子育ては大の苦手で、出産は途方もない大仕事だった、赤ん坊を全然可愛いと思えなかった、などの露骨な話を子供たちにしたというから、ポーラの最初の愛着はきわめて不安定なものだったと言えるだろう。やがて母親はポーラを友達のように扱い、セックスが嫌いな理由など、とうてい子供に聞かせるべきではないことまで話したという。父親も母親も互いの感情を、性的なことまで含めて、すべてポーラに打ち明けていた。

こうした背景から考えて、ポーラの「人前で話す恐怖」は、いわゆる「他人に対する不信感」と同質だと言える。敏感に生まれついた彼女は、たしかに動揺しやすい。だが、子供時代の不安定な愛着のせいで、自信をもって困難な状況に対峙するというのが、はるかにむずかしくなってしまったのだ。しかも、人びとに対して不合理な恐怖を感じていた母親は、娘にも同じ恐怖を植えつけ、人びとを信頼することを教えなかった。そのうえ、幼いポーラが自分の気持ちを語ろうとすると、父親は烈火のごとく怒りだしたという。

彼女が人前で話すのが怖いのは、父親の自分に対するゆがんだ感情や、両親の私生活を知りすぎてしまったことにも原因があると思われる。

こうした問題を解決するのは簡単ではないが、まずは問題自体をきちんと認識し、優秀なセラピストと一緒に問題解決に取り組むことが大切だ。そうすれば、やがて「話す恐怖」は消えるだろう。その後もソーシャル・スキルを磨く訓練はつづけたほうがいいかもしれないが、そのころにはずっとうまくできるようになっているはずだ。

社会生活を送るための基本的なアドバイス

つぎに、HSPが社会的不快感を引き起こしやすい状況について、いくつか助言をしたい。

どのタイミングでおしゃべりをするか。最初に、自分が話すか聞くかを決める。聞き手を選択した場合、たいていの相手は喜んで話し手になってくれるので、まずは簡単な質問をするといいだろう。

話し手になりたい場合（こちらは状況を制御して、退屈を避けられる）、自分が楽しくつづけられる話題をあらかじめ考えておくこと。たとえば「あいにくの天気ですね。でも外に出られないおかげで執筆作業がはかどります」。こう言えば、相手はあなたが何を書いているのか尋ねてくるだろう。あるいは「雨降りは、トレーニングができません」「うちのヘビは雨が嫌いなんです」などでもいい。

名前を覚える。はじめて誰かに会ったあなたは、気がそぞろだったり、気が高ぶっていたりして、相手の名前を忘れてしまうかもしれない。相手の名前を聞いたら、会話のなかでなるべく相手の名前を呼ぶよう習慣づけてほしい。「アーノルド、お会いできてうれしいです」など、その後も二分以内に相手の名前を呼ぶこと。その日に会った人をあとでもう一度思い出せば、さらに記憶が定着するはずだ。仕事において、名前を覚えるのは絶対に必要なことである。

お願いごとをする場合。

ちょっとした頼みごとをするなら簡単なはずなのに、やることリストに入れたまま、しばらく放置すると、なにやら厄介でむずかしいものに思えてくる。できることなら、気づいたときにすぐ終わらせよう。もしくはあなたが外向的な気分のときにまとめて片づけてもいい。もう少し重要な頼みごとについても、やはり些細なものだと考えること。所要時間や相手の負担を考えてみれば、それが大した要望でないことがわかるだろう。さらに重要な頼みごとに関しては、要望をリストにしてみる。まずは、必ず適切な相手に頼むこと。とくに重要な要望に関しては、誰かにチェックしてもらうといい。それで要望がとおりやすくなるとはかぎらないが、少なくとも心の準備はできる。

販売。

はっきり言って、これはHSP向きの仕事ではない。だが、商品を売らなくとも、アイデアや自分自身、芸術作品などを売り込みたいと思う場面に何度も遭遇するだろう。そうしたものが本当に他人や世界の役に立つと思ったら？　もっとも穏やかな販売の形はおそらく、あなたの知っていることを他人と分かち合うことだ。相手がその価値を理解したら、あとは彼らの判断に任せればいい。

お金と引き換えにする場合、HSPは「もらいすぎ」ではないかと（「私にそんな価値があるだろうか？」などと）後ろめたさを感じることが多い。だが、自分の労力や作品をただであげることはできないし、そんなことはするべきではない。自分の作品を今後も提供していくためには、お金が必要だ。みんなもそれはわかっているし、それはあなたが何かを購入するときにお金を支払うのと同じことなのだ。

不満を言う。

ＨＳＰにとってこれは、たとえ正論であってもむずかしいかもしれない。だがやってみる価値はある。年齢、体系、肌の色、敏感性などのせいで、もともと自分に自信のない人は、自己主張をすることで自信を持てる。

ただし、相手の反応は予想しておかなければならない。怒りは、人の感情をもっとも高ぶらせ、攻撃的にする。それがあなたのものであれ、相手のものであれ、あるいは遠くにいる誰かのものであれ。

グループにいる場合。

集団、クラス、委員会は、ＨＳＰにとって複雑なものだ。私たちは他の人が気づかないことに頻繁に気づいてしまうが、気持ちを高ぶらせたくない一心で、沈黙を貫くことがある。それでも、いずれは意見を求められる。気まずい瞬間だが、その集団にとっては貴重な瞬間だ。いつも物静かなＨＳＰは、黙っている時間が長いほど、自分の影響力が増していることに気づいていない。周囲の人たちは、あなたに話をさせたいだけでなく、無意識に心配しているのだ。

あなたはこのグループに属しているのか。自分たちは批判されているのではないか。楽しくないからもう帰るつもりではないか。そして本当に席を立った場合、彼らは不安のなかに取り残される。物静かなメンバーが最終的にこれほど注目されるのは、こうした理由のためだ。そこには相手を思いやる気持ちもあるかもしれないが、恐怖もまた存在する。つまり、適度な熱意をもって参加しないと、かなりの注目を浴びることになる。そうなると、相手は拒否されたくないので、あなたに拒絶される前に拒絶しようとするかもしれない。もしこの話が信じられなければ、一度新たなグループで沈黙を貫いてみるといい。

このことから、もしあなたが物静かでいたいなら、決して彼らを拒否しているわけでも、グループから抜けようとしているわけでもないことを示して安心させる必要がある。グループの一員としてちゃんとみんなの話を聞いていることや、そのグループに対するポジティブな感情を伝えること。そして心の準備ができたら、自分から話をしたり、質問をしてもらったりするといい。

あるいは自分の敏感性について説明してもいい。ただしそうすると、「ひとりが好き」というレッテルを貼られるかもしれない。

人前で話す、発表する。

これはHSPにうってつけの仕事だ（もちろん人より困難をともなうが、その理由はおわかりだろう）。うってつけの理由は、まず、他の人は見逃しがちな重要ポイントに気づき、それを伝えようとする点だ。みんなから感謝されると、私たちは報われたと感じ、次回はもっと楽にできるようになる。第二に、ＨＳＰは準備を怠らない。たとえばトースターの電源を切ったかどうかが気になって家に戻ると、（家が火事になるなど）不測の事態を絶対に防ごうと思っていない人は、「強迫観念的」だと思うかもしれない。だが神経を高ぶらせないためにこれでもかというほど準備をしなければ、きっと馬鹿を見る。きっちり準備をすれば、それだけ成功率が高くなるのだ。

重要なのは、とにかく、しつこいくらい準備をすることである。声に出して読むことに抵抗がなければ、自信を持てるまでスピーチの練習をくり返し、自分が言いたいことを正確に読み上げられるようにしておく。メモを見るのがむずかしい場合でも、メモが必要な理由をきちんと伝え、堂々と読み上げればいい。

上手に読むには準備と練習が必要である。言葉に強弱をつけ、時間内にゆったりと読み終えられるよう練習しておこう。

そのうちメモに頼らなくても話せるようになる。ただし大きなグループにいるときは、私は頭が真っ白になった場合に備えて、手を上げる前にいつもメモを取っておく（診察室など、緊張しそうな状況でも同じようにしている）。

一番いいのは、人前で可能なかぎり練習し、本番と同じような環境を再現することだ。同じ会場、同じ時間、同じ衣装、同じ音響システムなどで練習し、できるかぎり新たな要素を排除しておくといい。これが気持ちの高ぶりを抑える最大の秘密である。いったん乗り越えれば、あとは楽しむだけである。

私は教えることで、人前で話すという恐怖を克服した。ＨＳＰにとっては理想的な第一歩だろう。人に何かを与え、人から必要とされることで、あなたの良心的な部分は受け入れられる。聴衆は楽しい話を期待しているわけではないので、あなたが少しでもみんなを楽しませれば、それだけでとても感謝されるに違いない。それができるくらい余裕が出てきたら、自分の優れた洞察力にも気づくだろう。

とはいえ、学生はときに冷淡になることがある。礼儀と感謝を重んじる大学でキャリアをはじめられたのは私にとって幸いだった。クラスでも同じ規範を確立できれば、教室内にいるすべての人の助けになるはずだ。生徒のなかにも、人前で話すのが怖い者がいるかもしれない。もしそうなら、みんなで一緒に学んでいけばいい。

みんなに見られていたらどうしよう。そう思うことがあるかもしれない。でも、本当に周囲は見ているだろうか？　それはあなたが恐怖によって作りだした「内なる聴衆」かもしれない。では他の人が実際にあなたを見ている場合、見ないように頼むことはできるだろうか。見ないでほしいと拒めるだろうか。それとも見られていることを楽しめるだろうか。

私がベリーダンスのレッスンを受けていたときのことだ。グループで身体の動きを練習するというのは、見られているとプレッシャーで過剰に動揺してしまう私にとっては、ほとんど不可能なことだった。私はすぐにみんなから後れを取り、ますます動けなくなった。

だがこのとき、私は新たな自分を演じた。空想好きでふわふわとした、ちょっぴり天然な愛されキャラ（ここが重要だ）の女性教授。彼女はベリーダンスを学ぶためにこの愉快な状況に身を置き、彼女が懸命に練習するようすは、みんなをほっこりさせる。こう思い定めると、私はみんなに見られていても平気になった。自分の動きを笑われても、それが好意的な笑いだとわかったし、私が上達するたびに、みんな驚くほど褒めてくれた。私は大成功を収めたのだ。

今度あなたが見られていると感じたら、彼らと視線を合わせ、その場を楽しめるような――「私たち詩人は、余計な言葉を付け足すのが苦手」、「生まれつきのメカニックには、壊れたエンジンの内部に似たもの以外は描けない」――設定を考えてみるといい。

誰にとっても厄介な状況というのはある。だから、顔を真っ赤にして乗り越えてほしい。人間ならそういうこともあるし、毎日そんなことばかり起こるわけじゃない。以前何かの行事で並んでいるときに、三歳の息子が誤って私のスカートを引っぱり下ろしたことがある。あなたはこれ以上の経験をしたことがあるだろうか。恥ずかしい経験をしたら、誰かと分かち合えばいいのだ。

- **学んだことを実践しよう**

恥ずかしかった瞬間をリフレーミングする

過去に社会的不快感を覚えた場面を三つ思い浮かべてほしい。できれば三つとも違った状況で、詳細を思い出せるものがいい。本章で述べたふたつのポイントを踏まえてひとつずつリフレーミングしていく。1、内気はあなたの気質ではなく、誰もが感じる心の状態である。2、社会における内向的な姿勢は、外向的な姿勢と同じだけ価値がある。

一、その出来事に対するあなたの反応と、それについてどう捉えてきたかを考える。たとえば最近行ったパーティで、あなたは自分を「内気」だと感じたとしよう。忙しい仕事を終えた金曜の夜のことだ。仕事仲間に連れられて、本当に仲良くなれる誰かと出会えることを期待していた。しかし仲間たちがどこかに消えると、部屋の隅にポツンと残されたあなたは、誰とも話していない自分が悪目立ちしているように思えた。いたたまれなくなってそそくさと会場を後にし、残りの夜を、自分の性格や人生を責めながら鬱々と過ごした。

二、あなたの神経系の仕組みを踏まえたうえで、そのときの反応を考える。もしくは私があなたに説明している場面を想像してもらってもいい。たとえばこんな感じだ。「ちょっと待ってよ、仕事のあとに騒がしい人ごみに行くなんてどうかしてる。こういうパーティで仲間に置き去りにされてひとりぼっちになったこと、前にもあったよね。これじゃあ、カッコウ時計の合図を待つ雪崩と一緒。あなたはインドア派でしょう。もちろんパーティに行くのはいいけど、知り合いだけの小さなパーティにしたほうがいいと思う。そうじゃなければ、あなたと同じくらい敏感で、あなたが興味を持てる人を選んでさっさと外に出たほうがいい。それがHSP流のパーティの楽しみ方。あなたは内気でも、魅力がないわけでもない。きっと面白い人に出会って、親密な関係を築いていく。ただ、そのためには状況を選ばないと」

三、いましたいことはあるだろうか。
友達に連絡して、あなたの流儀で一緒に過ごしてみよう。

社会的不快感を克服するための最新情報を知っているか？（解答編）

一二個以上正解した人には物足りなかったかもしれない。自分で本を書けるだろう。そうでない人は、ぜひ必要なことを学んでほしい。

1. **正**。「ネガティブな思い込み」はあなたの気持ちを動揺させ、他の人の話が耳に入ってこなくなる。
2. **誤**。あなたはHSPだから内向的な人にも気づくかもしれないが、大半の人は気づかない。
3. **正**。人は（それが拒絶された当人に関係なくても）さまざまな理由で他人を拒絶することがある。動揺するかもしれないが、しばらくしたら忘れるようにしてほしい。

4．**正。**最初の一歩がどれだけ怖くても、定期的に段階を踏むようにしてほしい。

5．**誤。**大きなステップを踏めれば素晴らしいが、あなた自身怯えているし、失敗を恐れているので、最終的に恐怖が克服できると確信していても、そうした恐怖をなだめながらゆっくり前進するべきだ。

6．**誤。**練習を積むほど緊張しなくなるので、よりリラックスして話すことができる。

7．**誤。**ボディランゲージはつねに何かを伝えている。身ぶりを交えず硬くなっていると、ネガティブなメッセージを伝えてしまうことが多い。身体を動かし、相手に対する興味、思いやり、熱意を示し、生き生きとした様子を見せたほうがいいだろう。

8．**正。**少し突っこんだ質問をしてもいい。たいていの人は自分のことを話すのが好きなので、興味を示してくれたあなたに好意を抱くだろう。

9．**誤。**立っている場合でも座っている場合でも、適切と思われる距離まで近づき、少し前のめりになる。腕や足は組まず、アイコンタクトも多めにする。目を合わせるのがむずかしければ、相手の鼻や耳を見てもいい（見られているほうには違いはわからない）。笑顔を作ったりして感情を表すこと（ただし、思っている以上の興味を示さないように気をつけよう）。

10．**誤。**もちろん状況にもよるが、とくに別れ際に、肩や腕や手に軽くふれるのは、親愛の情を伝える手段である。

11. **誤**。新聞は会話のネタを提供してくれるし、あなたと世界をつなげてくれる。ただし暗い話題は避けたほうがいい。

12. **誤**。時間を潰すだけじゃなく、人とつながりを感じたいなら、自己開示は大切である。といっても深刻な秘密を打ち明ける必要はない。出会ってすぐに踏み込みすぎるのは適切ではないし、動揺の原因になる。当然のことながら相手の話にも耳を傾けること。

13. **正**。たとえば誰かから「新しい企画にわくわくしている」と言われたら「張り切っていますね。さぞかし楽しみでしょう」などと返事をするといい。企画自体の詳細を尋ねる前に、こういう感想を述べれば、あなたの最大の利点——人の気持ちに寄り添うことになる。また、あなたの得意分野である内的生活について、相手に話すよう促してもいい。

14. **誤**。当然ひけらかしたくはないだろう。だが人は、楽しい相手とおしゃべりをしたいものなのだ。面白いエピソードをいくつか書きだし、会話のなかにどう織り交ぜるかを考えておくといい。たとえば「山が好きだからこの町に引っ越してきた」より「登山教室を開きたくてこの町に引っ越してきた」とか「山々を背景に珍しい猛禽類の写真を撮るのが好き」などのほうが面白いだろう。

15. **正**。ただし注意が必要。初対面の人に自分の欠点ばかりを話したくはないはずだ。受動的で引っ込み思案だとは思われたり、適切な行動を知らないと思われたりしたくはない。一方で、気持ちよく自分の性質を伝えられればいい点もある（映画『新スタートレック』

で、私の大好きなピカード船長の台詞がある。「私はこれまでの人生で良い間違いをいくつか犯した」。非常に謙虚で、賢く、自信に満ちた言葉である）。つらい思い出や恥ずかしい話を打ち明けてくれた相手に、あなたも同じように打ち明け話をすれば、とても深い会話になるだろう。

16. **誤**。大半の人はちょっとした論争を好む。また、論争の焦点を知ることで、相手の人となりがわかるかもしれない。

17. **正**。当然である。時間をかけて自分の気持ちを確認すると同時に、拒絶される覚悟もしておくこと。

6

職場で輝く
――歓びに従い、光り輝く

Thriving at Work: Follow Your Bliss and Let Your Light Shine Through

セミナーで取り上げる話題のなかでも、適職に就く、生計を立てる、職場でうまくやる、というのは、多くのHSPにとってもっとも切実な問題である。なぜなら、HSPは長時間働いたり、ストレスや刺激が多かったりする職場環境では実力を発揮できないからだ。だが職場で遭遇する困難の大半は、私たち自身が、自分の役割、スタイル、潜在的な貢献を認めていないせいだと私は思っている。したがってこの章では、あなたの社会での居場所や天職について取り上げていく。あまり実用的ではないように思うかもしれないが、これにはきわめて実用的な意味がある。いったん自分の天職を理解すれば、あとはあなたの直感が職業問題を解決してくれるだろう。

天職とは

天職（vocation/calling）とは、もともと神の思し召しによる信仰生活を意味していた。西洋文化をはじめとするほとんどの文化では、それ以外の職業は、親から引き継ぐものであり、中世にはそれぞれ貴族、農奴、職人がいた。ただし1章で述べた、キリスト教インド・ヨーロッパ諸国の「王室付きの助言者」階級は、原則として独身であったため、その階級に生まれつく者はいなかった。つまり、唯一「神の思し召し」による職業だったのである。

やがてルネサンスと、都市における中産階級の台頭によって、人びとは自由に職業を選択できるようになる。とはいえ、人に適職があると考えられるようになったのは、ごく最近になってからだ（人にはふさわしい結婚相手がいる、という別の考えにともなって生まれた）。この考えが広まると同時に、天職を選べる可能性も大幅に広がったが、人と職業を適切にマッチングさせることの重要性と困難さもまた、明るみになっていく。

ＨＳＰの天職

前述したとおり、西洋諸国をはじめとする攻撃性の強い文化は、衝動的で強い戦士／王階級と、思慮深い僧侶／判事／王族の助言者階級に二分された社会的仕組みに根ざしている。また、こうした文化が生き残るためにはこのふたつの階級のバランスが重要で、ＨＳＰは助言者階級に属するのが自然であることも述べた。

だからといって現在、すべてのＨＳＰが（昔ながら典型的な助言者階級の職である）学者、神学者、心理療法士、コンサルタント、判事になるというわけではない。ただしどんな職業であれ、私たちは戦士ではなく、聖職者や王室の顧問のように、あらゆる意味で思慮深くその職を追求する。社会や組織のトップにＨＳＰがいないと、戦士タイプは職権を乱用し、さまざまな事情を考慮することなく、衝動的な決定をくだす傾向がある。これは彼らを侮辱しているのではなく、戦士階級とはそういう性質なのだ（これこそ「アーサー王伝説」に登場する魔術師マーリンの役割が重要な理由である。大半のインド・ヨーロッパの叙事詩には類似の人物が登場する）。

ＨＳＰが助言者階級に属する現実的な意義のひとつは、ＨＳＰは教育や経験に対して貪欲だからだ。適切な範囲内でさまざまな経験を積んでいるほど（ハンググライダーの経験は不要）、私たちは賢明な助言ができる。

ＨＳＰが教育を受けることは、物静かで繊細な立ち居ふるまいを生かすためにも重要である。教育、医療、法律、芸術、科学、カウンセリング、宗教など、昔からＨＳＰが得意としてきた分野も、昨今では非ＨＳＰの領域になりつつある。これは社会のニーズと戦士のスタイルが合致し、つまり、拡大と利益だけが唯一の関心事になっていることを意味する。

私たち「聖職者」の影響力は、自尊心の喪失などとともに減退してきた。と同時に、静かな威厳を失った職業自体も、尊厳を失いつつある。

とはいえ、これらのことは非ＨＳＰが意図したわけではない。世の中が複雑に、刺激的になるにつれ、非ＨＳＰが活躍するのは自然なことなのだ。だが、彼らもＨＳＰがいなければ長くは繁栄できないだろう。

天職、個性、ＨＳＰ

では、あなたの天職とは何だろう？　カール・ユングの思考に従い、私はひとりひとりの人生を「個性化のプロセス」つまり、あなたがこの世で見つけるべく課された問いのひとつだと考えている。ご先祖たちはこの問いに答えていないかもしれないが、あなたはあなたの世代のやり方で答えを追求しなければならない。この問いは簡単ではないし、一生をかけて取り組むことになるだろう。いずれにしても重要なのは、深く考えることによって、魂を満たすということだ。

この個性化のプロセスは、神話学者ジョセフ・キャンベルが「至福に従う」という使命に悩んでいる生徒たちに対して熱心に説いたものである。キャンベルはつねに、現時点で楽なことや、楽しいことを選んではいけないとくり返し、自分が正しいと思う仕事、求められていると感じる仕事に従事すれば（運が良ければ、賃金までもらえる）、それこそが人生における至上の喜びになるのだと説いた。

個性化のプロセスには、自分が適切な問いに適切な方法で取り組んでいるかどうかを知るための、途方もない敏感性と直感力が求められる。ＨＳＰにとっては、レース用のヨットが風を受けるよう設計されているのと同じくらい、当たり前に備わった資質である。つまり、広い意味でのＨＳＰの天職は、個人の直感によって注意深く各自の天職を追い求めること、と言えるだろう。

仕事と天職

ここで、至福を求めるＨＳＰに誰がお金を払うのか、という問題が生じる。この点に関して、私はユングの主張に同意したい。すなわち、私たちのようなタイプを財政的にサポートするのは大きな間違いである、と。現実的なことを考えなくていいなら、ＨＳＰは世間との関係を断ち切るだろう。誰も耳を傾けない空想家になるのだ。では、天職でお金を稼ぐにはどうすればいいのか。

ひとつは、私たちの至福と世間のニーズが交わる場所を探すことだ。その場所であれば、好きなことをしてお金を稼ぐことができるだろう。

人の天職と生活のための仕事の関係性は非常に多様で、生涯にわたって変わりつづける。仕事はただの生活の手段で、一方の天職は空いた時間に追求するもの、という場合もある。特許事務所の事務員として働きながら相対性理論に取り組んだ、アインシュタインがいい例だ。頭脳労働ではない事務員の仕事なら、自分の興味をとことん追求することができたため、彼は喜んでこの仕事に従事したという。自分のやりたいことをやりながら、生活費を稼ぐことは可能だし、意外とそういう仕事は多いかもしれない。そして経験が増え、仕事への理解が深まるにつれて、自分の目的にかなう仕事も変わっていく。

天職と、解放されたＨＳＰ

個性化とは何より、あなたの内なる声、あるいは内外のあらゆるノイズのなかにある声を聞き分けることである。なかには他人の要求をこなすので手一杯になる人もいるが、これは成功するため（お金、名誉、安全などを手に入れるため）には、普通のことであり、本来責任とはこういうことなのかもしれない。また、人を不快にさせたくない私たちには、周囲からのプレッシャーがのしかかってくることもある。

たとえ人生の後半までかかったとしても、ＨＳＰはいずれ私が「解放」と呼ぶ状態に到達する。内なる問いや内なる声に同調するようになるのだ。

人を喜ばせたくて仕方がない私たちは、簡単には解放されない。他人がしてほしいことに気づきすぎてしまうからだ。と同時に、内なる問いがあることも理屈抜きに理解している。これらふたつの強烈な、矛盾する流れに、何年も翻弄されるかもしれない。だが、たとえ解放への道のりが遠くても心配しなくていい。その日は必ずやってくる。

言っておくが、理想のＨＳＰ像を作り上げる必要はない。それでは解放にならないし、解放とは、他人が望むあなたではなく、あなたの本当の姿を見つけることなのだから。

これまでの仕事に関する重要な時期をリフレーミングする

ここで少し立ち止まって、リフレーミングをしてみよう。これまでに従事した主要な職業を書きだしてみてほしい。それからその出来事についてどう思ってきたかを記すこと。たとえば両親はあなたに医師になってほしいと思っていたが、あなたは自分には向いていないと思ったかもしれない。そして両親から「軟弱だ」「やる気がない」と言われ、ややもしながらもその言葉を鵜呑みにしてきたかもしれない。つぎに、自分の気質に関する現在の知識を踏まえたうえで、それらについて記してほしい。医師のケースの場合、残念ながらほとんどのＨＳＰは、大半の医学部で求められる冷酷さをまったく備えていない。

本書で学んだ新たな知識は、あなたに何かするよう求めているだろうか。医師の例で言えば、両親がなおも否定的な見解を主張しているなら話し合う必要があるだろうし、あるいはもっと人道的な医学部を探してもいい。生理学や鍼術といった別のタイプの専門教育を勉強するという手もある。

自分の天職を知る

ＨＳＰのなかには天職を見つけるのに四苦八苦し、思ったように直感が働かないことにいらだっている人もいるかもしれない。残念ながら、あらゆる可能性を提示する内なる声が聞こえるせいで、直感が邪魔になることもある。たしかに、物質的な利益にこだわることなく、人のために働くのが理想だろう。でもそれだと、自分の楽しみを追求する時間が持てないし、芸術的才能を生かすこともできない。それに家族を中心とした静かな生活にも憧れるし、スピリチュアルな生活もいい。いや、地に足をつけた生活をしたいのに、それでは現実離れしすぎだろうか。もしかしたら環境のために働くのが一番いいかもしれない。だけど人間のニーズは計り知れないし……。

こうした声は強烈だ。はたしてどれが正しいのだろう。直感力の優れた人にはよくあることだが、もしあなたのなかにこうした声が溢れているなら、何を決めるにしても大変だと思う。

それでも、自分の選択した天職に応じて、何かを決めていかなければいけない。そこでまず、選択肢を二つか三つに減らすことからはじめてほしい。長所と短所を書いた合理的なリストを作ってみる。もしくはかりにひとつを選び、しばらくその方向でようすを見るのもいいだろう。

直感力の優れた、（および／もしくは）内向的なHSPのもうひとつの問題は、事実について十分な情報が得られない可能性があることだ。HSPは勘に頼って、人に尋ねることを嫌う。だが現実の人びとから具体的な情報を集めることは、とくに内向的あるいは直感的な人にとっては、重要な個性化のプロセスである。

「とにかく無理だ」と感じているなら、あなたは自分の天職を知るうえでの第三の障害――自尊心の低さを示している。心の奥底では、自分が本当にやりたいことをわかっているのだろう。もちろん、先に進みたくないがために、あえて不可能なことを選んだ可能性もあるが、やはりまだ自分のできることと、できないことに混乱しているのではないだろうか。

ＨＳＰであるあなたは、人前でのスピーチ、パフォーマンス、騒音、会議、ネットワーク、社内政治、旅行など、大半の職業において避けては通れないタスクに大きな困難を感じている可能性がある。しかしこうした困難が起こる原因を知っているいまなら、動揺を引き起こさないためにはどうすればいいかわかるだろう。自分なりのやり方でその方法を見つけたら、もうあなたにできないことはほとんどない。

とはいえ、ＨＳＰが自信を持てない気持ちはよくわかる。自分には「欠陥」があると思っているＨＳＰが多いのだ。これまで他人を喜ばせようと一生懸命になるあまり、いつの間にか他人が通過するための橋になってしまい、相手からもそのように扱われ、下に見られてきたのではないだろうか。だが何も試さずに一生を終えるとしたら、どんな気持ちになるだろう？

あなたは失敗するのが怖いと言う。だが、どの心の声がそう言っているのだろう？　あなたを守ろうとする賢明な声？　それともあなたを動けなくする批判的な声？　はじめる前からその声が正しいと信じていたら、きっと失敗するだろう。映画のような「努力して成功した」人たちのことは忘れてほしい。努力して失敗した人だって大勢いる。お金も時間もたくさん使ったかもしれないが、それでも、彼らは挑戦してよかったと思っている。彼らはいま、過去に学んだことを生かして、つぎの目標に向かって進んでいる。それに努力というのは多少なりとも報われるもので、彼らは傍観者でいたときよりも、はるかに自信をもって生きている。

天職を見つけるには、書籍や職業選択に関するサービスを利用するのもいい。ただし、その際は（大半の人は気づかない）あなたの重要な要素である敏感性をいつも意識していてほしい。

あなた以外のＨＳＰはどうしているか

他のＨＳＰが選んだ仕事を知ることも、助けになるかもしれない。私たちはどんな仕事にも独自の才を発揮する。電話調査で知ったところによると、営業職をしているＨＳＰは多くなかったが、なかには高級ワインや不動産を扱っている人がおり、不動産業の女性は、直感を使って家と人をマッチングしているとのことだった。

教師、美容師、住宅ローンの仲介業者、パイロット、客室乗務員、大学教授、俳優、幼稚園の先生、秘書、医師、看護師、保険外交員、プロアスリート、料理人、コンサルタントなど、HSPならほとんどどんな職種でも静かに、思慮深く、良心的にこなすだろう。

他にも、家具職人、トリマー、心理療法士、牧師、重機の運転手（音はうるさいが他人はいない）、農家、作家、芸術家、診療放射線技師、気象学者、庭師、科学者、薬剤師、編集者、人文学者、会計士、電気技師など、HSPにふさわしい仕事はたくさんある。

いくつかの調査によると、いわゆる「内気な人」は収入が少ないと報告されているが、私は、経営者、管理職、銀行員など、給料のよさそうな肩書を持つHSPを大勢知っている。このような調査結果になった原因は、おそらくある種の「偏り」のせいだと思われる。私の調査によると、非HSPの二倍のHSPが自分のことを主婦／主夫、またはフルタイムの母親／父親だと称している。彼らを無収入の枠に数えると、明らかに収入の平均は低くなる。だが当然、彼らは家事や育児には（かりに払われるとしたら）高額な賃金が支払われることになるので、収入は増すはずなのだ。

主婦／主夫業に対する社会的過小評価を気にしなければ、HSPにとって「専業主婦／主夫」は得意分野と言えるだろう。実際、社会は彼らの働きから多大な恩恵を受けている。「子育てに関する研究」などは、捉えどころのない「敏感性」の質が、子育ての成功のカギであると示しつづけている。

天職でお金を稼ぐ

「好きなことでお金を稼ぐ」というテーマで書かれた良書はいくつもあるので、ここではこれまでのように、HSPの特質に焦点を当てて話を進めていきたい。あなたが本当に得意なことを仕事にしようと思ったら、多くの場合、まったく新しいサービスや職業を開拓しなければならず、つまり自分で起業したり、既存の職場で新たな職種を生みだしたりする必要性が生じるかもしれない。それは一見空恐ろしいことに思えるが、私たちには私たちのやり方がある。

まず、誰もがネットワークを介し、適切な人とつながることで仕事をしている、というイメージを捨てること。もちろんある程度の情報網は必要だが、HSPにはもっと効果的で快適な方法がある。手紙やメールで友人の多い同僚と連絡を取り、ランチに誘って、色々な場所に顔を出している外向的な彼らからさまざまな情報を聞きだすのだ。

つぎに、自分の長所を信頼してほしい。あなたの直感力を生かし、傾向やニーズや市場の動向を先取りするのだ。あなたが興味を引かれたものは、いずれみんなが興味を持つ可能性がある。興味の対象がそれほど奇抜でなければ、既存の仕事に組み込めるだろうし、奇抜であれば、あなたはその道の第一人者となって、すぐにでも誰かにどこかで必要とされるだろう。

数年前、ひとりのHSPが大学の図書館で働きはじめた。彼女は映画とビデオに情熱を燃やしており、大学側に最新の映画とビデオのコーナーを作ってほしいと要請した。こうしたメディアが今後の教育、とくに継続教育における最先端をゆくものになると考えたのだ。いまでは誰もがその事実を認めるところとなり、映画とビデオを揃えた彼女の図書館は、国内でも随一の施設となっている。

自営業（または大きな組織内の独自部門で働くこと）は、HSPにとって筋の通った選択である。時間、刺激、対応相手などを自分で決められるし、上司や同僚との面倒なやり取りもない。それに冒険をする前には、事前に入念なリサーチや計画もしておくはずだ。

ただし、ひとつだけ注意してほしいことがある。典型的なHSPは「心配性の完全主義者」になる可能性があるという点だ。誰よりもストイックになり、あるいはあれもこれもやりたくなって収拾がつかなくなる場合があるのだ。多すぎるアイデアは早い段階で絞りこみ、数多くのむずかしい決定をくだすことが必須となる。

また内向的な傾向がある場合は、取引先などと意識的に連絡を絶やさないよう努力する必要がある。それには、外向的なパートナーやアシスタントをつねに同行させればいいが、そういう人材を雇って、外部からの過度な刺激を吸収してもらうというのは実際悪くない考えだ。ただし、人を介してしまうと、世間から直接インスピレーションを受けられなくなるので、あなたが外部と直に接する手段も講じておかなければならない。

天職としての芸術

大半のＨＳＰには芸術的な側面があり、表現を楽しんだり、何らかの形で深く感銘を受けたりしている。なかには、天職や生業として芸術を選ぶ人もいるだろう。著名な芸術家の人格に関する研究のほとんどは、敏感性がカギだと述べている。だが不幸なことに、こうした敏感性は、精神病と関連づけられることもある。

芸術家はひとりで作業をし、その技や繊細な創造性を磨く。しかしどんな理由であれ人から遠ざかっていれば、敏感性をさらに高め、ますます引きこもりがちになっていく。その結果、作品を発表し、販売し、批評を読んで賛否を受け止める際には、非常に神経を尖らせることになる。そして大きな仕事が終わると、喪失感と混乱に苛まれる。無意識に湧きあがってくるアイデアの泉の出口はもはやない。芸術家は、こうした力の源やそこから受けた影響を理解することよりも、その力を励まし表現することに長けている。

芸術家が気持ちを落ち着けたり、内なる世界とつながったりするために、ドラッグ、アルコール、薬に手を出すのは珍しいことではない。しかし長期間使用すれば、身体のバランスはますます失われていく。かといって心理的な助けを得ると、芸術家は普通の人になり、創造性が破壊されると信じられている。

だが、ＨＳＰの芸術家はとくに、芸術家にまつわるそうした「神話」をよく考え直したほうがいい。問題を抱えた情熱的な芸術家は、この社会ではとてもロマンチックな人物とみなされ、いまや聖人、無法者、探検家の人気は落ち目である。昔、作文の授業で、先生が著名な作家を黒板に書きだし、彼らの共通点を生徒に尋ねたことがある。答えは、自殺未遂だった。生徒たちがそれを作家という職業のロマンチックで悲劇的な側面として捉えたかどうかはわからないが、私は心理学者兼芸術家として、深刻な事態だと思った。正気を失い、あるいは自殺未遂をした芸術家の作品の価値が上昇したことが、これまで何度あっただろう。英雄的な芸術家の人生は、とくに若いＨＳＰの心を捉えるが、これはまた、抑制された狂気を爆発させることに憧れを抱きつつも、自分の内に眠る芸術家にはチャンスを与えず、ごく平凡な生活を送る人びとが、自分好みの芸術家を求めて、無意識に張り巡らした罠でもある。繊細な芸術家の苦しみは、刺激の少ない孤独な作業と、先ほど説明した公の場での過度な刺激とのギャップを理解してもらえれば、その大半が防げるだろう。しかし、「情緒不安定な芸術家」の神話や、なぜそれが求められているかということが理解されなければ、ＨＳＰの芸術家に対する理解もなかなか広まらないかもしれない。

天職としてのサービス業

ＨＳＰは他人の苦しみを大いに気にかける傾向がある。その直感力で、相手が求めているものがはっきりとわかるのだ。多くのＨＳＰは、サービス業を天職として選択する。そしてその結果「燃え尽きて」しまう。

だが人の役に立ちたいからといって、燃え尽きてしまうような仕事をする必要はない。多くのＨＳＰは最前線に立つことを望み、結果、誰よりも刺激を受けてしまう。というのも、他の人に厄介ごとをやらせて、自分が後ろにとどまっているのが後ろめたいからだ。しかし、なかには完全に最前線向きの人がいる。であれば、彼らにその仕事をやらせてあげればいい。戦線の後方で、戦場を俯瞰しながら戦略を練る人材も必要だ。

別の例で言えば、料理をするのが好きな人もいれば、皿洗いが好きな人もいる。長いあいだ、私は大好きな料理をしたあと、人に片づけを頼むことができなかった。だがあるとき、片づけは大好きだが、料理は大嫌いという人が存在することを知ったのだった。

ある夏、私はグリーンピースの活動船レインボー・ウォーリア号に乗船し、巨大な捕鯨船の目前まで近づいたり、魚雷やマシンガンのすぐそばで何日も過ごしたりしたという、乗組員の冒険談を耳にした。いくらクジラを愛していても、自分がそんな状況に立ち向かうのは無理だろう。それでも、クジラを助ける方法は他にもある。

要するに、過度のストレスや動揺を抱えるような仕事をする必要はないということだ。あなたの代わりにその仕事をしてくれる人はいるし、その人ならもっとうまくやってくれる。長時間働く必要もない。むしろ短い時間で仕事をこなすことが、あなたの義務だといってもいい。自分の健康と適切な興奮レベルを保つことこそ、人助けの第一条件なのだ。

グレッグの教え

ＨＳＰのグレッグは、生徒からも同僚からも人気のある教師だった。にもかかわらず、彼はある日、私のもとを訪れると、ずっとなりたかった教職を辞したい理由を話しはじめた。ＨＳＰは教師に向いていない、そう私に言ってほしかったようだ。たしかに大変な仕事ではある、と私は同意した。だが私は、個人や社会の幸福や進歩にとって、敏感な教師の存在は絶対に必要だと思っている。だから、彼のような素晴らしい人材が教職を離れるのは見ていられなかった。

そんな話をふたりでするうち、たしかに教師は繊細で思いやりのある人にとっては非常に理にかなった職業だと、彼も同意してくれた。教職は本来、グレッグのような人に合わせて設計されるべきなのに、実際にはプレッシャーのせいで、彼らが教職にとどまるのはむずかしい。グレッグは、自分の仕事は「職務内容を変える」ことだと気づいた。そしてそれこそが、実際に彼が負うべき道徳的責任だった。教師を辞めるより、過剰な労働を拒否するほうが、よほどみんなのためになる。

翌日から、早速グレッグは四時に仕事を切り上げるようになった。うまいこと時短で働くために、あらゆる創造力を駆使した。だがなかなか理想的な方法が見つからず、グレッグの良心は大いに痛んだ。同僚や校長に内緒にしなければと思ったが、すぐにばれてしまった（グレッグはやるべき仕事をこなし、しかも楽しそうに働いていたので、校長はグレッグのやり方を承認した）。なかにはグレッグのやり方を真似する同僚もいた。グレッグを妬んで腹を立てる者もいたが、彼らは自分のやり方を変えられなかった。一〇年後のいまも、グレッグは優秀な教師として教壇に立ち、幸せで、健全な生活を送っている。

たとえ疲れ切っていても、あなたは誰かに必ず何かを提供している。ただ、あなたは、心の奥底に秘めた強さや、自分の自滅的なふるまい、罪悪感の理由を他人に伝えることが苦手なため、いずれ仕事を辞めたくなるか、体調不良で辞めざるを得なくなるのだ。

ＨＳＰと社会的責任

これまで述べてきたいずれの内容にも、社会正義や健全な環境をめぐる戦いからＨＳＰを除外しようという意図はない。それどころか、むしろＨＳＰは、ＨＳＰの流儀でその戦いに参加するべきである。政府や政治のあつれきは、左派や右派が原因ではなく、HSPがうまくみんなを立ち止まらせ、結果を吟味させることができないことに起因しているのではないかと思う。私たちは責任を放棄し、政治の世界でたまたま成功し、あれこれ取り仕切るようになった衝動的で攻撃的な人たちに、物事を任せきってきた。

ローマにキンキナトゥスという偉大な将軍がいた。伝説によると、彼は自分の農場で静かに暮らしたいと願っていたが、軍事的大惨事から人びとを救うために表舞台に戻ってきてほしいと二度にわたって説得された。世界はそういう人びとを表舞台に誘いだし、しかるべき地位に就ける必要がある。かりに誘いだされることがなくても、私たちはときとして、みずから進んで表舞台に立つべきなのだ。

ビジネスの世界におけるHSP

ビジネスの世界では、明らかにHSPは過小評価されている。才能と直感力に恵まれ、そのうえ良心的でミスを犯さないよう心掛けている人材は大切にされるべきだろう。しかし「戦い、開拓、拡大」が功績とみなされるビジネスの世界では、HSPが評価されるのはむずかしい。ビジネスは芸術家を必要とするある種の芸術作品でもある。洞察力が必要な先読みの仕事であり、判事が必要な社会的責任であり、農夫や両親のようなスキルを必要とするタネや子供であり、教師のようなスキルで国民を啓発する挑戦を担っている。

企業にもいろいろある。あなたがある程度の地位に就き、あるいは何らかの影響力を示せるようになったら、所属する企業の文化に注意してほしい。直感を駆使しながら周囲の声に耳を傾けるのだ。誰が尊敬され、報われ、昇進したか。タフさ、競争力、鈍感力を助長するは誰か。創造力や先見の明があるのは？　協調性とモラルがあるのは？　接客がうまいのは？　品質管理が得意なのは？　タフさや競争力以外なら、ＨＳＰはいずれの点でもうまくやれるだろう。

職場におけるＨＳＰの才能

個人的に、すべてのＨＳＰはその気質から特別な才能を持っていると思っている。なかにはずば抜けて特殊な才能を発揮する者もいる。前述の「解放された」ＨＳＰもそれにあたるが、私が「解放された」ＨＳＰと呼ぶのは、彼らが衝動、好奇心、強い独自性、高いエネルギーレベルとともに、内向性、直感力、繊細さも備えており、一見するとその気質に一貫性がないように思えるからだ。

職場では、才能の扱いがむずかしい。第一に、グループ内でアイデアを出す場合、あなたの独創性は問題になるかもしれない。多くの組織は、たとえ突飛な意見が出ても、みんなで調整すれば、グループの問題は解決できると主張する。が、問題は、その「突飛な」意見があなたにとっては明らかに他より優れているのに、周りがそれを理解できない場合に起こる。あなたはグループと歩調を合わせるが、そうすると自分を偽っているような気がして、グループの結論に真剣に向き合うことができなくなる。そして真剣に取り組まなければ、疎外感や誤解が生じてしまう。優秀な管理職や上司は、こうした力学を理解しているので、才能ある社員を守ってくれるが、そうでなければ、あなたはその才能を別の場所で発揮したいと思うだろう。

第二に、HSPは自分の仕事やアイデアにのめりこんでしまうことがある。周りからすると、あなたが興奮のあまり大きなリスクを冒しているように見えるかもしれない。結果が明確に見えているあなたにとっては、リスクはそれほど大きくないのだが、それでもあなたがつねに正しいとは限らないし、なかにはあなたの失敗を喜ぶ人間もいるだろう。そしてあなたの気質を理解できない人たちは、あなたが一日中働いていることに腹を立てる――自分たちの心証が悪くなるからだ。しかしあなたにとって仕事は遊びである。働かないことが仕事なのだ。もしあなたがそういうタイプなら、長時間労働については上司だけに報告し、他の同僚には秘密にしておいたほうがいいかもしれない。

もっといいのは、長時間労働を避けることだ。ポジティブな興奮も神経の高ぶりとみなし、仕事と娯楽のバランスを取るよう心掛けてほしい。大丈夫、あなたの仕事は報われる。

またあなたが仕事に夢中になると、気持ちが急いて、最後の仕上げをする前に他の仕事へと向かってしまい、肝心なところを他人に持っていかれる可能性もある。こればかりは夢中な自分に歯止めをかけ、最後まで仕上げをしなければ、手柄を持っていかれても仕方がない。

ＨＳＰの第三の才能は感受性で、これのせいで、他人の複雑な私生活に巻きこまれる場合がある。これは、職場ではとくに避けたい事態だ。仕事では、きちんと境界線を引いておきたい。というのも、敏感ではない人と過ごす時間が多い職場では、お互いに努力して均衡を保っているからだ。あなたが求める深い感情的な結びつきを与えてくれる親密な関係は、仕事以外の場で築いたほうがいいだろう。

また職場以外での人間関係は、敏感性ゆえに吹き荒れる感情の嵐からあなたを守ってくれるものであるべきだ。そういう人間関係を同僚に、とくに上司に求めてはいけない。彼らはあなたを持て余し、ことによると「どこかおかしいのでは」と思いかねない。

才能に関する第四の特性は直感である。これは他の人から見るとほとんど魔法のように映るだろう。彼らはあなたが見ているものを見ていない。「本当に起こっていること」の表面しか見ていないのだ。先ほどの独創的なアイデア同様、ここでも自分に正直になるか、彼らに同調して密かに疎外感を覚えるか、いずれかを選択しなければならない。

また、あなたはその才能ゆえにカリスマ性を帯びている可能性がある。もしそうなら、周囲の人たちは自分で道を探すより、あなたに導いてほしいと望むだろう。光栄なことではあるが、あなたは彼らの自由を奪ったように感じるだけかもしれない。

あなたの側からすると、あなたの能力に対する相手からの見返りはほとんどないように思えるし、ずっと失望の連続ということもあり得る。それでも他人とのかかわりを諦めれば疎外感が増すだろう。人には自分以外の人間が必要なのだ。

これらの問題に対する解決策は、職場でこうした才能を発揮しないようにすることだ。自分を表現するなら、個人的なプロジェクトや芸術、将来の、あるいは現在進行形の独立計画、あるいは人生そのものを通じて実践するといい。

つまり、仕事で素晴らしいアイデアを出すだけでなく、他のことにもその能力を使えばいいのだ。たとえばゆったり座って周りを見渡しながら、深い自己洞察や、人や組織に関する知恵を手に入れる。そしてときには才能に恵まれたわけではない「普通の」人としてみんなの輪に入り、彼らの気持ちを考えてみる。

職場でも他の場所でも、さまざまな人と良好な関係を保つようを心掛けてほしい。あなたに関するあらゆることを、誰かひとりが受け止めることはできない。むしろ才能にまつわる孤独を受け入れることは、ある意味最も自由で、励みになるだろう。といっても、誰しも何らかの才能を持っているのだから、自分だけが孤立していると思う必要はない。むしろ特別な人など誰もいないと言ってもいい。あなたも含め、誰もが老化や死という普遍性からは逃れられないのだから。

あなたの気質が正しく評価されていることを確認する

ここまで読んで、自営業でも、どこかに所属していても、ＨＳＰはさまざまな点で仕事の財産になり得ることを理解してもらえたと思う。が、私は、ＨＳＰが自分の気質に関する過去のネガティブな考えを改め、価値を見出すにはかなりの時間がかかることを知っている。自分が自分の価値を認めなければ、他の人に認めてもらうことはできない。そこで、つぎのことを必ずやっていただきたい。

まず、ＨＳＰの特徴と思われるものをすべてリストアップしてほしい。ブレーンストーミングの要領で、とりあえずすべてを受け入れる。非ＨＳＰと同じ特徴が混ざっていても気にしないこと。基本的な性質から論理的に推察し、典型的なＨＳＰに対するあなたのイメージや、あなたの尊敬するＨＳＰ、そして自分について考え、あるいは本書を参考にしながら特徴を書きだしていくとよい。リストは長いものになるだろう。これをＨＳＰのグループでやるとかなり長いリストができあがる。あなたもがんばって書きだしてみてほしい。

つぎに、以下のことをおこなってほしい。面接で使えるようなスピーチと、それよりもう少しフォーマルな文章を書いてみる。いずれの文章にも、あなたの特徴である敏感性の長所を、雇用主の歓心を買うような形で織り込むこと。

たとえばこんな感じに。

私は小さな子供と接してきた一〇年の経験に加えて、グラフィック・アートの知識も豊富で、芸術とレイアウトに関する実務経験もあります。私の性格や気質なら、御社のために独自の貢献ができると考えます。というのも、性格上、私は非常に良心的で、几帳面で、いい仕事にこだわるからです。

また、私には驚異的な想像力が備わっています。これまでもかなり創造的だと言われてきました（加えて学校の成績も優秀で、ＩＱも高いです）。仕事に関する直感力は、私の最大の強みであり、潜在的なトラブルやミスを見つけることができます。

それから、私は大声で騒ぐタイプではありません。静かで落ち着いた環境が好きです。実際、自分も周囲も落ち着いているときが一番実力を発揮できると思います。大半の人は私と一緒に働くことに居心地の良さを感じてくれますが、私自身は、なるべく少人数で働くか、ひとりで働くほうが仕事をしやすいです。ある意味、このひとりでも働ける能力は、もうひとつの私の強みと言えるかもしれません。

研修

研修期間はかなり過酷な状況かもしれない。というのも、あなたは人に見られていたり、一度に多くの情報を与えられたり、大勢の人たちに話しかけられたり、多くの人の視線にさらされたり、教えられたことを覚えきらないと悲惨な結末になると思ったりすると、神経が高ぶって実力が発揮できないからだ。

可能なら、ひとりで練習をするといいだろう。マニュアルを自宅に持ち帰り、あるいは就業後にひとり居残りする。または（できれば気の置けない誰かに）一対一で指導してもらうといい。やり方を教えてもらって、あとはひとりで練習する。それから、上司ではない、あまり緊張しない人に、訓練の成果を見てもらうのだ。

快適な職場をつくるために

ただでさえ敏感なあなたには、これ以上の不快感やストレスは必要ない。大丈夫だと思える状況でも、あなたにとってはストレスになる。また、他の人は何とも思わない蛍光灯の光、低くうなる機械音、薬品のにおいなども、あなたにとっては問題になる。これはＨＳＰのなかでも程度の差がある。

苦情を申し立てる場合は、何に対して不満があるのか、現実的に考えたほうがいい。それでもやはり対応を求めるなら、状況を改善するために自分がおこなった努力を伝えること。そして自分の生産性や功績を強調しつつ、この問題が解決されたら、さらに向上する旨を伝える。

昇進

「内気」の研究によると、HSPは給料が少なく、十分に能力が発揮できていないという。しかし実際にはそうでないHSPもたくさんいるし、自分の選択次第だろう。ただ、あなたが昇進したいのにできない、またはリストラの候補に入っていて、そこから逃れたい場合は、戦略を練る必要がある。

HSPは「政治的駆け引き」を好まない。だがそのせいで、疑いの対象になるともいえる。職場で人と交わらなかったり、自分の考えを周りと共有しなかったりすると、すぐに誤解を受け、とっつきにくく、傲慢な変わり者と思われてしまうのだ。言いがかりも甚だしいが、それでもこうした傾向に目を向け、誤解を受けないよう戦略を立てる必要がある。

適切なタイミングで、気軽に（もしくは改まって）、同僚や会社について自分がどう思っているか、前向きな気持ちを伝えよう。自分では当たり前のことを言っているように思うかもしれないが、これまで（控えめな）あなたの気持ちを知らなった人たちにとってはそうではない。その際に、組織内での自分の貢献度、最終的に求めるポスト、そのポストに就くまでの理想的な期間など、どこまで率直に話すべきかを考慮すること。

また、つぎの辞令に向けて、週に一度は自分の組織に対する貢献や、仕事あるいは私生活で達成したことを書き留めるなど、努力も怠らないようにする。内容は詳細に記し、少なくとも自分でその業績を認識し、可能であれば、評価面談で上司に要約したものを見せるといい。

これに抵抗がある場合、あるいは一カ月後にもまだ実行できていない場合、その理由をじっくり考えてみてほしい。自慢みたいで恥ずかしい？　では、あなたの価値を知らせないことで組織や上司が被る損害を考えてほしい。遅かれ早かれあなたは不満を覚え、もっと上に行きたいと思うだろうし、あるいは別の会社に移りたくなったり、あなたより能力が低い社員の代わりに首になったりするかもしれない。自分で言わなくても、他の人があなたの能力に気づいてくれたら、と思っているだろうか。それは私たちが幼いころから抱いてきた共通の願いだが、この社会で叶えられることはめったにない。

あるいは、これまで達成したことがあまりなくて、それを気にしているのだろうか。もしそうなら、あなたにとって大事なこと――サイクリング、読書、友達と話すこと――を記録してみてほしい。エネルギーを注ぐものが仕事以外にあるなら、それがあなたの本当に好きなものである。その好きなことでお金を稼ぐ方法はないだろうか？　また、子供や高齢の両親の世話に時間をかけているなら、それを誇りに思ってほしい。雇用主と共有することはできないかもしれないが、これも功績としてリストに入れるべきである。

もしそれでも自分が進歩していない、あるいは「誰かが自分を追い落とそうとしている」と感じるなら、あなたはまだ、自分の特性を十分に理解していないのかもしれない。

ベティ、マキャベリに会う

ベティは、心理療法で出会ったＨＳＰである。彼女からよく聞かされたのは、職場の不満だった。セラピストは、話の一面を聞くだけなので、実際の状況を正確に知ることはできないが、ベティの話によると、ベティは仕事ができるのに、昇進できないらしかった。

ある評価面談で、普通の上司なら評価するであろう数々の行動によって、ベティは批判されたという。ここに至ってようやくベティは、上司が自分を「追い落とそう」としているのではないかと思いはじめた。前の上司から、（いまの）上司は私生活がひどいから、気をつけたほうがいいと忠告されていたのだ。

ほとんどの社員はこの新たな上司とうまくやっていたが、実は彼女が怖いから波風を立てないようにしているだけだと、ベティの直感は告げていた。はるかに年上だったベティは、彼女を未熟だと思いこそすれ、脅威には感じなかった。だがベティは献身的で、良心的だった。だから訪問者はいつもベティを褒め、この部署で一番有能だとほのめかした。ベティはとくに問題はないと思っていたが、上司の妬みを見逃していた。それでもベティは、誰かに対してネガティブな考えを持ちたくなかった。

そこでベティは、人事担当者に自分のファイルを見せてほしいと頼むと（この組織においては正しい行動）、その上司が自分のファイルに悪意あるコメントを記したメモを挟んでいたことがわかった。

この時点でようやくベティは上司と権力闘争をしていたことに気づいたが、どうすればいいかはわからなかった。それでも絶対に「相手と同じレベルに身を落としたくなかった」という。私がやるべきことは、なぜベティが標的になったのか、その理由を彼女と一緒に探ることだった。ベティによると、こうした経験はこれがはじめてではないという。このケースの場合、もちろん誤解ではあるが、ベティが高慢で相手を見下しているように見えたせいで、若い上司が不安と脅威を感じたのではないかと考えられる。この根幹にある問題は、ベティがこうした対立を見逃した、あるいは見ようとしなかったことにある。

ベティは過去の職場でも、「群れから離れる」ことで格好の標的となっていた。内向的なHSPの大半と同じように、ベティも職場に行き、仕事をこなし、なるべく刺激を避け、人との交流をしないまま帰宅することを好んだ。「みんなのように噂話をするのが好きじゃない」と彼女はよく言っていた。現場の状況をきちんと把握できなかったのは、彼女のこうした姿勢にも要因がある。職場では職場の仮面をつけ、「情報網」を確保して状況を把握し、あるいは単に自分を守るためにも、ちょっとした雑談には参加したほうがいい。また、ベティの姿勢は、ある意味で他人を拒絶していた。いずれにしても、仲間がベティを擁護する気配はなかったので、上司はベティを攻撃しても大丈夫だと判断したのだ。

もうひとつの問題は、HSPにはよくあることだが、ベティもまた、上司の「影」もしくは望ましくない側面にまったく気づいていなかった点である。実際ベティは上司を理想化する傾向があり、上司というものは自分たちに親切で、守ってくれるものと考えていた。だから今回のように期待が外れると、彼女は上司の上司に助けを求めた。意地悪な上司のしていることを、その上司に伝えることだけが「正しい方法」だと思ったのだ。だが意地悪上司は当然ベティの先を行き、ますますベティに対する風当たりを強めた。理想化された権威は、ここでもやはり人間臭さを発揮したのである。

私がベティにもっとうまく、「政治的な」ふるまいをするよう伝えると、彼女は最初嫌悪感を示した。だが私には、こうした純粋さが大きな影響を及ぼしていることがわかっていた。やがて彼女は夢のなかで、フェンスに閉じこめられた怒ったヤギに出会い、タフで小柄な「ストリートファイター」に出会い、最終的に洗練されたビジネスウーマンに出会うことになる。夢のなかに登場する人物を知るたびに、ベティは自分に備わった、けれども心の奥底に閉じこめて見ないようにしてきた側面に気がついた。彼らはベティにどうふるまうべきかを教え、多少なりとも人を疑い、とくに理想化しすぎないよう促したのだった。

内省を深めるにつれ、ベティは人の動機について、大いに疑いを抱いていたことを認めた。だが彼女は、こうした疑念を自分の不快な側面として、いつも抑制しようとしてきたのだ。こうした事実に気づいたことで、彼女は前よりも人を信頼できるようになり、何より自分の直感を信頼できるようになったのだった。

後悔――避けられるものと避けられないもの

人生において、できないことにまで立ち向かうのはむずかしい。それでも、人生が求める問いにわずかでも答えられれば幸せだし、組織のなかで協力し合い、感謝しながら働けたら、それはもう奇跡に近い。それができているなら、その事実に感謝し、まだそこに至っていなければ、ぜひそこを目指してほしい。

一方で、他人や社会から認められず、天職に就けないこともあるかもしれない。だがその事実を受け入れ、穏やかでいられれば、あなたは誰よりも賢い人だと言えるだろう。

・学んだことを実践しよう
あなたのマキャベリに出会う

マキャベリは、ルネサンス期のイタリア皇子たちの助言者で、人より先んじる方法を残酷なほど率直に記した人物である。彼の名前は（おそらく必要以上に）「操る」「嘘」「裏切り」のほか、宮廷でのあらゆる悪巧みを彷彿とさせる。さすがにマキャベリのようになれとは言わないが、その資質を忌み嫌う人は、自分や他人のなかにもマキャベリがいることを自覚するべきだ、と私は思う。この資質から目を背けるほど、自分や他人の後ろ暗い秘密に悩まされることになる。

要するに、あなたのなかにもマキャベリはいるのだ。たしかに彼は冷酷に人を操る。しかし、どの皇子も、とくに心優しい皇子ならなおさら、ライバルに負けず劣らず冷酷な視点を持つ助言者なくして、長く権力の座にとどまることは不可能だろう。うまくやる秘訣は、その話に耳を傾けつつ、マキャベリを相談役のままにしておくことだ。おそらくあなたは自分にこういう一面があることをすでに知っているだろう。だからその一面に実体を与えるのだ。その外見や、口調、名前を想像してみてほしい。そしてあなたの働いている組織について意見を述べてもらうといい。誰のどういう行為が評価され、誰があなたの足を引っ張ろうとしているか。評価されるために自分にできることは何か。そういう声にしばらく耳を傾けてみるといい。

その後、あなたの価値や長所を損なわないよう十分注意して、あなたのマキャベリから学んだことを考えてみてほしい。たとえば心の声が、誰かが汚い手を使ってあなたや会社を傷つけていると言ったとする。それははたして心の声の妄想だろうか。それともあなたが見て見ぬふりをしてきた事実だろうか。そしてこうした攻撃に対し、少なくとも自分の身を守るためにできることを考えてほしい。

7

親密な人間関係
――繊細な恋愛という挑戦

Close Relationships: The Challenge of Sensitive Love

この章はラブストーリーである。ＨＳＰはどのように恋に落ち、あるいは親密な友情を築いていくのだろう。そして、その愛を保つにはどうしたらいいのだろうか。

ＨＳＰの親密さ――それぞれの形

六四歳の主婦コーラは、児童書の作家である。結婚相手は「唯一の性的パートナー」で、彼女はそのことに「非常に満足している」という。夫のディックは、「ＨＳＰとは無縁」だが、年月を重ねた現在、結婚生活に付随するさまざまなことを楽しんでいる。たとえば彼女はずっと、夫の趣味である冒険映画、スキー、スーパーボウルに付き合うのが苦痛だったが、長年かけて拒否することを学び、以来、夫は友達と出かけている。

五〇代のマークは大学教授兼詩人で、専門はT・S・エリオット。未婚の彼は、スウェーデンでイギリス文学を教えている。マークが大切にしているのは友情で、自分と似たような仲間を見つけては、深い友情を培っている。おそらく彼らは自分たちのことをとても幸運だと思っているだろう。

恋愛に関しては、子供のころからひどく惚れっぽかったという。大人になったいま、恋愛関係になることこそあまりないが、それでも恋をすると周りが見えなくなる。「つらいですよ。先が閉ざされているのに、やめられないのだから」。そして彼は苦笑しながらこう言い添えた。「でも僕には豊かな空想の人生がありますから」

アンもまた、子供のころから恋愛体質だった。「いつでも誰かがいました。いわば探求やリサーチのようなものでした」。彼女は二〇歳で結婚し、七年で三人の子供を産んだが、生活はつねにひっ迫していた。家庭内の緊張が高まるにつれ、夫の虐待は激しくなった。夫に何度か激しく殴られたあと、彼女は家を出て、自力で生活しなくてはと悟った。

それからもアンの人生には男性の影があったものの、二度と結婚はしなかった。五〇歳を迎え、ようやく「奇跡の誰か」を求めることをやめたという。実際、「敏感性に対処するための特別な方法の有無」を尋ねた私に対する彼女の第一声は、「やっと男性に依存するのをやめられたから、もうそういうものに悩まされることはない」というものだった。いまは女友達との友情や、子供や姉妹との結びつきが、アンの大きな喜びとなっている。

1章で紹介したクリステンも、昔から激しい恋に落ちやすい女性だった。「毎年好きな人を選ぶんです。でも大人になって関係が真剣になるほど一人になりたくなった。日本について行くほど大切な人もいたけど、やっぱりだめだった。二〇歳になったいまは、もうそれほど男の子に興味はありません。それよりもまず、自分自身について知りたいんです」。クリステンは自分がおかしいのではないかと気にしていたが、彼女の話ぶりは、どう聞いても正常である。

三〇歳のリリーは、厳格な中国人の母親に反発して、かなり奔放な青春時代を送った。だが二年前、乱れた生活のせいで体調を崩すと、自分が惨めでたまらなくなった。私と面談しているときからすでに彼女は、自分がこうした刺激的過ぎる人生を選んだのは、アメリカ人と比べて退屈で物足りない家族から距離を置くためだったのではないか、と考えるようになっていた。健康を取り戻した彼女は、自分よりもさらに敏感そうな男性と付き合いはじめた。初めはただの友達だったし、リリーは彼のことを、彼女の家族みたいに退屈そうだと思っていた。だがやがて、ふたりのあいだにやさしく、温かい何かが芽生えた。ふたりは同棲をはじめたが、リリーは結婚を急ぐつもりはないという。

二〇代のリンは、最近クレイグと結婚した。彼女とクレイグは同じ信仰を持ち、深い、新たな愛を分かち合っている。ふたりの問題は、セックスの頻度だった。クレイグは信仰に忠実でいようと、リンと会えば抱きしめるものの、性行為は控えていた。私との面接時、クレイグは考えを改めており、信仰を守って性行為を慎もうとしていたのはリンのほうだった。両者を納得させるために私は、ごくたまに（月に一回か二回）、特別なものとしてセックスをしてはどうかと提案をした。

これらの例は、ＨＳＰが誰かと親密になりたいという人間らしい欲望を叶えるには、さまざまな方法があることを示している。大規模な統計データを集めたわけではないが、私がインタビューから受けた印象は、ＨＳＰは親密な関係性に関して多様なアプローチ法を持っているということだ。独身を選ぶ人も多いし、ひとりの人だけを愛す場合もある。また、恋愛よりも友人や家族との親しい関係を選ぶこともある。たしかに、恋愛に関するこうした違いは、ＨＳＰの特殊な育ちやニーズのせいかもしれない。しかし必要は、発明の母なのだ。

こうした多様性を持ちながらも、私たちＨＳＰには、親しい関係に関して考慮すべき共通点がある。それは、些細なことを知覚する能力や、動揺しやすい性質が、こうした多様性を生んでいる、という点である。

ＨＳＰと恋

私の研究によると、ＨＳＰは他の人よりも激しい恋をする傾向にある。これはいい場合もある。というのも、恋をすると、感覚が研ぎ澄まされ、自己概念の幅が広がりやすくなるからだ。恋をすると人は普段より気持ちが上向きになる。とはいえ、恋をしたくないときもあるだろうから、私たちはなぜこれほど激しく恋をしてしまうのか、その理由を知っておくといいだろう。その理由を説明する前に、まずあなたが恋に落ちたときの状況をいくつか書きだしてみてほしい。そうすれば私の話が、自分のケースに当てはまるかどうか確認できるだろう。

ＨＳＰのなかには、まったく恋愛と無縁に見える人もいる（彼らはたいてい回避型の愛着行動を取っている）。だが、「絶対に誰も愛さない」と言うのは、「絶対に砂漠には雨が降らない」と言うようなものだ。砂漠を知る人なら誰しもこう言うだろう。「雨が降ったときには気をつけろ」と。だから自分は恋に落ちないと思っている人も、万が一の雨に備えて、このまま読み進めてみてほしい。

激しくなりすぎたら

素晴らしい関係を構築できる恋愛や友情に目を向ける前に、制御不能な愛の形を見ていきたい。これは誰にでも起こり得るが、ＨＳＰにはとくに多いように思う。どちらにとっても不幸な経験であるため、そのような状況に陥ったら本書の情報を役立ててほしい。

この種の愛は、たいてい報われない。そして報われないことが過剰な感情を引き起こす。本物の関係を構築し、相手の欠点まで知るようになれば、盲目的な恋も冷静に見られるだろう。だが、激しすぎる思いはふたりの関係を壊してしまうことがある。過度の愛情は、窮屈で非現実なため、相手から拒絶されることが多い。相手のほうは、一方的な愛に息苦しくなり、自分の感情が顧みられていないことに、逆に愛を感じられなくなる。実際、愛する側も相手のことなど理解せず、ただ完璧な愛というあり得ない幻想を抱いているだけということもあり得る。その一方で、相手がもたらしてくれるであろう完璧な幸せを夢見て、すべてを放棄してしまう人もいる。

なぜこのようなことが起こるのか？　これだ、という答えはないが、いくつかの推測ならできる。カール・ユングは、内向的な人（大半のＨＳＰ）は、外の世界の刺激から大切な内面世界を守るために、エネルギーを内面に向ける傾向があり、内向的であるほど、内に向かうエネルギーが無意識下に蓄積されていくと考えた。そして、はけ口となる対象（人、場所、もの）を見つけると、まるで小さな家に閉じこめられて退屈した（でも才能のある）子供たちがようやく裏口を見つけたように、内面のエネルギーはその一点へ向かって注がれる。エネルギーの発散の仕方がわからないために、内向的な人にとってはそれがすべてになってしまうのだ。あなたが激しい恋に落ちるのは、相手が誰かというよりも、これまでなかなか人とかかわれなかったことが大きな要因になっている。

こうした愛の形はさまざまな映画や小説で描かれている。たとえば、教師が踊り子に恋をする、映画『嘆きの天使』。内向的な中年男性が、挑発的な若い踊り子や情熱的で官能的な人びとと出会う、ヘルマン・ヘッセの名作『荒野のおおかみ』（新潮文庫、一九七二）。いずれの作品でも、主人公は愛、セックス、ドラッグ、嫉妬、暴力の世界へと引きずり込まれていくが、それはかつて内向的な自分が拒絶してきた、未知の刺激や感覚だった。女性も同じである。ジェーン・オースティンやシャーロット・ブロンテの小説では、本好きで、大人しい女性が愛に翻弄される。

どれだけ内向的であっても、あなたは社会の一員である。自分を守りたいという衝動がいかに強くても、他者とつながることの必要性や、つながりたいと思う欲求からは逃れられない。幸いなことに、外の世界に出て何度か恋をすれば、完璧な人間などいないことがわかるだろう。よく言われるように、「他にいい人はいくらでもいる」のである。激しすぎる恋に落ちないためには、内にこもるのではなく、もっと外に出ることだ。このバランスが取れるようになれば、あなたを落ち着かせ、安心させてくれる人がいることにだって気づけるかもしれない。いずれびしょ濡れになるなら、いますぐ雨のなかに飛び込んでみるのもいいだろう。

愛情や友情に関するあなたの物語を思いだしてみてほしい。恋に落ちる前、あるいは友情を見つける前に、長く孤独を感じていたのではないだろうか?

人を愛することと、神聖な愛を求めること

精神的な憧憬を相手に反映すると、激しい恋に落ちることもある。くり返しになるが、最愛

の人を神聖な何かと混同していたとしても、しばらく一緒に暮らしてみればたいていその混乱は修正される。だがときに、その思い込みが延々とつづいてしまうことがある。

こうした愛の源は、かなり大きなものであるはずだ。ユング派が言うように、私たちはそれぞれ、内なる王国に自分を導いてくれる内なる仲間を抱えている。だが私たちはその内なる仲間のことをよく知らず、しかしそうした助けを切実に求めるがゆえに、他者のなかに誤ってその姿を投影してしまうことがある。内なる仲間を現実のものとして認識したいのだ。もちろん物事は内面に実存している。が、これを理解するのはなかなかむずかしい。

ユング派の伝統では、男性にとっての内なる仲間は通常女性の魂（アニマ）で、女性の場合は男性の魂（アニムス）であると考えられている。私たちは恋に落ちると、私たちが行きたい場所――楽園に連れて行ってくれる、こうした内なるアニマやアニムスに恋をしていることが多い。私たちは血肉を持った人間にアニマやアニムスを投影し、官能的な地上の楽園を共有したいと願うのだ（常夏のクルーズや週末のスキーなど、旅行会社はこうした楽園のイメージを喜んで具体化してくれる）。誤解しないでほしいのだが、肉体も血も官能も、どれも素晴らしいものだ。ただ、それらが内なる仲間や目標の代わりになることはない。誰かを愛すると、この神聖な愛がいかに混乱をもたらすかがわかるだろう。

だが、ときに混乱してみるのも悪くない。小説家チャールズ・ウィリアムが言うように「やがて偽りと判明するものに尽くしてみなければ、やがて真実とわかるものに立ち入ることはできない」のである。

過剰な愛と、不安定な愛着

すでに説明したように、ＨＳＰと人や物との関係性は、幼少時に最初の保護者と築いた愛着の性質に大きく影響される。安全な愛着を得られるのは人口のわずか五〇パーセントから六〇パーセントであることから（驚きの統計結果だ）、親密な人間関係に警戒したり（回避型）、逆に激しく執着したり（不安／矛盾型）するＨＳＰは、ある意味正常だと言える。とはいえ、こうした不安定な愛着を持つ人は、人間関係において強い反応を示す。

多くの場合、不安定な愛着を持つ人は、傷つかないよう極力愛情を避けようとする。あるいは愛など時間の無駄に思え、なぜ自分がそう思うのかも考えないようにしている。だが、いくら愛情を避けようとしても、いずれはそれを求めている自分に気づくだろう。心を許しても大丈夫だと思える誰か、昔つかの間の安心を与えてくれた人を想起させる誰かに出会う。またはあなたの内面が、別のチャンスをつかもうと必死になる。そして突然誰かとつながりを持つ――つぎに紹介するエレンのように。

エレンは夫が自分を思ってくれるほど夫に愛着を感じてはいなかったが、それでも幸せな結婚生活を送っていると思っていた。だが一年がかりで製作していた大きな彫刻作品が完成し搬出されると、ふいに奇妙な虚無感に襲われた。エレンはこうした感情をめったに人に話すことはなかったが、ある日、白髪をお団子にまとめた年配の、たくましい体つきの女性にこの話を打ち明けた。

このときまでエレンは、周りから変わり者と思われていたその女性のことをまったく知らなかった。しかし彼女は偶然にもカウンセラーの経験があり、話のきき方を心得ていた。翌日もエレンは彼女のことばかり考えていた。もう一度彼女に会いたかった。女性のほうも、エレンのような素敵な芸術家と友人になることを喜んだ。こうしてふたりの友情ははじまった。

だがエレンにとって、それは友情以上のものだった。奇妙なほどその関係に固執した。そしてエレン自身も驚いたことに、ふたりの関係はほどなく性的なものとなり、エレンの結婚生活は混乱をきわめた。夫と子供のためにその関係を断ち切ろうとしても、できなかった。どうしても無理だった。

嵐のような三角関係が一年ほどつづいたあと、エレンは相手の女性の耐えがたい欠点——暴力的な気性——が目につきはじめた。やがてふたりの関係は終わりを迎え、エレンの結婚生活は破綻を免れた。しかしエレンは、のちに心理療法を受けるまで、このとき自分に何が起こっていたのかまったく理解していなかった。

心理療法の過程で幼少期を探るうち、エレンは姉から、忙しかった母親はほとんど赤ん坊の面倒を見ていなかったと聞かされた。エレンはベビーシッターたちの手で育てられたのだ。エレンの記憶によると、そのうちのひとりで、のちにエレンの日曜学校の最初の先生となったミセス・ノースという女性がいた。彼女はとても優しく、温かい人だった。幼いエレンは、ミセス・ノースを神様だと思っていたほどだ。そしてミセス・ノースは、白髪をお団子にまとめた、たくましい体つきの、素朴な女性だった。

エレンは成長の過程で無意識のうちにプログラムされていた。まず、世話をしてくれる人がくるくると変わったので、愛着を持たないようプログラムされた。それでも心の奥底ではミセス・ノースのような人物を求めており、彼女のような人物に出会ったら、幼少期に毎日彼女と過ごした数時間のような安心感をもう一度得るために、すべてをリスクにさらすようプログラムされていたのだ。

私たちは誰しも、何らかの形でプログラムされている――愛情と保護を与えてくれた最初の保護者を喜ばせ、固執するように。完璧な親を見つけ、彼らを崇拝するように。人とつながることを極度に警戒するように。自分を否定した人物に（今度こそその考えを覆せるかどうか確認するために）執着するように。あるいは子供のころのような安全な港を見つけるためだけに。

あなたの愛の歴史をふり返ってみてほしい。幼少期の愛着と、過去の愛の関係性は納得のいくものだろうか？　幼少期から引きずってきた強烈な願望をそこにぶつけてはいないだろうか？　子供のニーズ（つねに誰か見えるところにいてほしいなど）を持つ大人を求める人も、何らかの未解決の問題を抱えている。心理療法は、失ったものに気づき、残されたものを嘆き、高ぶる気持ちを抑えることを学べる唯一の場所である。
では、人生に素晴らしい彩りを与えてくれる、通常の恋愛はどうだろう?

相思相愛に必要なふたつの要素

あらゆる世代の人が記した愛情（と友情）に関する数々の文章を紐解くうち、社会心理学者の夫と私は、ふたつの主題を発見した。まず、当然ではあるが、恋に落ちる人は、相手の何かを非常に好ましいと感じていること。そして相手も自分を好きだとわかったときにだけ、キューピッドの矢が彼らのまとう鎧を突き抜けるということだ。

このふたつの要素（相手を気に入ることと、相手が自分を好きだとわかること）は、人びとがお互いを褒め合いながら、誰かが自分に愛を伝えてくれるのをひたすら待っている、という世界を想起させる。これはぜひ覚えておいてほしいのだが、人生においてもっとも気持ちが高ぶる瞬間のひとつは、愛を告白する、もしくは告白される瞬間である。そして誰かのそばにいたいのなら、絶対に避けては通れない道である。親密な関係を築くには、自分の気持ちを伝えることを含め、あらゆるリスクに耐えなければならない。作家のシラノ・ド・ベルジュラックも、探検家のジョン・スミスも例外ではない。

興奮が恋に作用する仕組み

ひとりの男性が、峡谷にかかった、風に揺れる脆そうなつり橋のうえで魅力的な女性に出会う。あるいは、川にかかった頑丈な木の橋のうえで同じ女性に出会う。どちらのほうが男性はより女性に惹きつけられるだろう？　夫と同僚がおこない、いまではおなじみになった実験の結果によると、つり橋のほうがはるかに恋に落ちやすくなるという。別の調査では、人は心拍数が上がっているときのほうが――その場で足踏みしたり、コメディを見たり聞いたりしただけでも――恋に落ちやすくなることがわかっている。

興奮すると恋に落ちやすくなる理由については、いくつかの仮説がある。ひとつは、私たちは気持ちが高ぶる原因をいつも探しており、できることなら、その理由を恋のせいにしたいから、というものだ。または、高いながらも許容範囲の高揚感は、自己拡大や興奮に関連しており、その自己拡大や興奮は、他人に惹きつけられることにかかわっているから、というものだ。この発見は、ＨＳＰにとって興味深いものである。というのも、人より動揺しやすいＨＳＰは、概して恋に（しかも激しく）落ちやすいということになるからだ。

もう一度あなたの恋愛遍歴をふり返ってみてほしい。好きな人に出会う前、あるいは会っている最中に、緊張するような経験はなかっただろうか？　何らかの試練を一緒に乗り越えた人に、強い愛着を感じたことはあるだろうか？　危機や痛みに手を差し伸べてくれた医師、セラピスト、友人にそうした愛着を感じたことは？　学生時代に育まれた友情をふり返れば、当時は何もかもが新しく、刺激的だったのではないだろうか。さあ、これで理由がわかっただろう。

ＨＳＰが恋に落ちやすい、さらにふたつの理由

恋に落ちやすいもうひとつの要因は、自分の価値に自信がないからかもしれない。ある研究では、（実験の一環として）自尊心が低下した女生徒は、そうでない女生徒よりも男性に惹きつけられる傾向が高かった。失恋後に恋に落ちやすいのも、これと同じ原理である。

何度も言及しているように、ＨＳＰはこの社会の理想とは異なるため、自尊心が低い傾向にある。そのため、誰かに望まれたら、幸運だと思ってしまう。だがこうした恋愛は、しばしば裏目に出る。あとになって自分が恋した相手が、自分にはふさわしくない、もしくは単純にタイプでないことに気づくのだ。

昔の恋愛をふり返ってみて、思い当たるふしはないだろうか？

解決策はもちろん、自尊心を高めることである。そのためには敏感性の観点から人生を再構築し、自信を低下させた事柄について考え、自分なりのやり方で世界に出て、自分は大丈夫だと証明することだ。あなたの敏感性がどれほどみんなに愛されるかを知れば、きっと驚くに違いない。

ひとりになるのが怖かったり、神経が高ぶったり、新たな、あるいは恐ろしい状況に直面したりした場合に、緊密な人間関係を築こうと思うのは、ごく人間的なことである。家を離れた最初の年に、学生の三分の一が恋に落ちるという調査結果があるが、そのおもな理由がこれだろう。社会動物である私たちは、他の仲間といることで安心するのだ。だがあなたは、ひとりが怖いという理由だけで、我慢したくはない。相手もいずれそのことに気づき、傷ついたり、あなたを傷つけたりする。どちらにとってもいいことではないだろう。

過去に、ひとりになるのが怖くて恋をした経験はないだろうか？　一定期間、親密な友情や恋愛関係がなくても、私たちは生きていける。そうでなければ、本当に好きな人の登場を待てないではないか。

いまはまだひとりで生きていくことができなくても、恥じることはない。たぶん、何かがあなたの信頼を損ない、あるいは誰かによって信頼する気持ちを妨害されたのだ。だが、できそうであれば、ひとりで暮らしてみてほしい。むずかしそうなら、あなたを支え、導いてくれる専門家と――あなたを虐待したり見放したりしない誰か、あなたの自信が回復することだけを考えてくれる誰かと、一緒に取り組むといいだろう。

また、完全にひとりになる必要はない。一緒に家でくつろいだり、映画を観に行ったりする友人、家族、ルームメイト、かわいい犬や猫など、何かしら癒やしになる存在があるはずだ。

友情を深める

とりわけHSPは、友情の大切さを過小評価してはいけない。友情は恋愛のように激しく、複雑で、排他的でなくていい。多少のいざこざは放っておいてもどうにかなるし、厄介な部分には目をつぶって、そのまま一生やり過ごすこともできるだろう。それに友情は、相手に拒絶されたり、逆に拒絶したりした場合でも、なるべく関係をこじらせずに対処する方法を探ることができる。ときには、友情から恋愛がはじまることもある。

友情（または家族の関係）を深めるために、先ほどの（健全な恋愛についての）知識を活用したい。まず相手に好意を伝える。その際、相手と深くかかわることをためらわないこと。一緒に困難に立ち向かったり、チームとしてプロジェクトに取り組んだりするといい。たまにランチを一緒に食べるくらいでは、関係はなかなか深まらない。また経験を共有する過程で、自分のことも知ってもらう。互いのフィーリングが合えば、すぐに親密になれるだろう。

適切な相手を見つける

私たちを見つけるのは非HSPであることが多い。以前（親切で共感力の高い）外向的な友人ばかりいた時期があるが、彼らは社会から孤立した作家である私を見つけたことを、少しばかり誇らしげに思っているようだった。もちろん彼らとの出会いは私にとってもかけがいのない友情であり、自分ひとりでは決して出会うことのなかった視点や機会を与えてくれた。それでも、ＨＳＰがＨＳＰと親しくなることは、色々な意味で利点が多い。

他のＨＳＰを見つけるには、外向的な友人に頼んであなたに似た人を紹介してもらうといい。もしくは自分で同じ考え方の人を探すこと。ハッピーアワーやジムやカクテルパーティではまず出会えないだろう。ステレオタイプのＨＳＰを助長するリスクを覚悟して言えば、彼らは継続教育、自然保護団体の散策、教会、カソリックやユダヤ教徒の勉強会、アートの講座、ユング派心理学の講座、詩の朗読会、メンサの集会、シンポジウム、オペラやバレエの講演ほか、もろもろに関する事前の勉強会に出現する可能性が高い。だからそのあたりから探しはじめるといいだろう。

ＨＳＰを見つけたら、物音や刺激についての話をきっかけに苦もなく会話がはじまるはずだ。そうしたら一緒にその場から離れ、静かな場所を探し、あとは成り行きに任せればいい。

ＨＳＰの陥りやすいパターン

何度も言うが、ＨＳＰには親密な人間関係が必要だし、それに関して非常に熟達している場合もある。とはいえやはり内に向き、自分を守りたいと思っている側面には気をつけたい。というのも、以下のようなパターンをよく見かけるからだ。

私たちは誰かに近づきたいと思ったら、親密になりたいという合図を送る。そしてそれに応じた相手は、もっとこちらを知りたいと望み、場合によっては触れたいと願う。すると、私たちＨＳＰは距離を置いてしまう。相手はしばらく我慢するが、やはりそのうち離れていく。孤独を感じた私たちは、ふたたび親密になりたいという合図を掲げる。同じ相手か、別の相手がもう一度自分のもとへやってきて、私たちはとてもうれしくなる。だがしばらくすると、やはり相手との関係に参ってしまう。

前進と後退をくり返し、やがてどちらも疲弊する。

適切な距離を保つのは、一見不可能に思える。相手を喜ばせようと思うと、あなたのニーズを失うし、自分だけが満足しようとすれば、十分な愛情を示せず、関係性に必要な妥協点を満たせない。

自分と似たようなタイプを相手に選ぶというのもひとつの手だが、そうするといつまでたっても距離は縮まらない可能性がある。反対に、より深く刺激的な関係を求める相手との交際は、試練になるかもしれない。どんな選択が最善なのか、ここで明確な答えは出せないが、あきらめていけないことだけはたしかである。うまくいけば、互いのニーズや感情のバランスが取れるようになるかもしれない。親密な関係を、よく観察してみてほしい。

HSPどうしの親密な関係

他のHSPと親密な関係になると利点が多い。最終的に深く理解し合えるし、会う頻度やひとりで過ごす時間に関してもめることも少ない。プライベートな時間の過ごし方も似ているだろう。

欠点は、ふたりとも同じような作業が苦手なため、誰かに何かを尋ねたり、買い物をしたりすることがむずかしく、そうしたことを避けてしまいがちになることだ。また、どちらも他人と距離を置くのであれば、強いて親密になったり、不安に直面させられたりする機会はないかもしれない。距離感のある関係はそれなりに心地よいかもしれないが、より親密さを求める人との関係にはない、乾いたものになるだろう。どちらがいいかは、ふたり次第である。ふたりが幸せなら、必ずしも緊密で激しい関係性を共有しなければいけないという法はない。

これは私の印象だが、一般的に似た者どうしのカップルなら、互いをよりよく理解し合えるし、いさかいも最小限で済む。ひょっとしたら退屈かもしれないが、それぞれが内なる世界へ旅立つ際には、この関係は安全で静かな港になる。そして元の世界に戻ってきたら、わくわくするような経験を共有するのだ。

相手がＨＳＰではない場合

長い時間一緒に過ごす相手との差異は、大きくなっていく傾向がある。地図を読んだりお金を管理したりするのが得意なら、あなたはいつもその作業を担当し、ますます得意になっていくだろう。問題は、地図も口座管理もできないほうがそれをやらなければいけなくなった場合に、何にもできなくて情けない思いをすることだ（ただし相手のやり方を見ていたおかげで、思っていたよりできることもある）。

相手に任せていい領域と、自分でやらなければならない領域を、きちんと決めておいたほうがいい。その際自尊心の問題が生じたり、異性のカップルなら、性別に関するステレオタイプに陥ったりする場合もあるだろう。人によっては、自分の性別が本来するべきでないことをさせられるのは不快に思うかもしれないし、私や夫のように、ステレオタイプを押しつけられるのが苦手な人もいる（私はタイヤ交換の仕方を覚えたいし、夫はおむつの換え方を覚えたい）。

ここで気をつけてほしいのは、こうした役割が、心理的にも「分担」されてしまうことである。一方だけが感情的になり、相手は涼しい顔をしている。あるいは一方は悲しみや恐怖に耐性があっていつもいい気分で過ごせるが、もう一方は不安や心配事に悩まされてばかりいる。

あなたの気質に関して言えば、より敏感でないほうが、興奮をともなう作業を担当するようになる。これはお互いにとっていいことだ。自然な流れで、一方は相手の役に立ったと感じるし、他方は相手に助けてもらったと素直に感じられる。実際、敏感でないほうは、自分が頼られていることに満足を覚える。

より敏感なほうはといえば、ふたりのために、どんな些細なことにも注意を払っている。新たなアイデアを生みだしたり、生きている意味を理解したり、コミュニケーションを深めたり、美しさに感謝したりすることは、一見大したことには思えないかもしれない。しかしふたりのあいだに強いきずながあるのなら、敏感でない人は、あなたのそうした資質を認め、切実に必要だと感じている。こうした豊かさがなければ、効率だけよくても何の意味もないし、味気ない。場合によっては敏感な人のほうがこうしたことを隅々まで感じ取り、自分の能力に優越感を覚えている場合もある。

関係が長くつづいているカップルは、おそらく互いの役割分担に満足しているのだろう。とはいえ、とくに人生の中盤以降になると、どちらか、あるいは両方が、不満を覚えることがある。自分が担当してこなかった人生の半分を試したい、自分ひとりで完全体になりたいという思いが、効率を気にし、あるいはミスを避けたいという思いよりも切実に迫ってくるのである。さらにこの役割分担が長い結婚生活などで極端に二分されている場合は、お互いに依存しすぎて、関係性を選ぶという感覚さえ失っている可能性がある。敏感な人は外の世界で生きていけないと思い、敏感でない人は内なる世界を見つけられないと感じる。こうなると、ふたりを結びつけているのはもはや愛ではなく、他の選択肢が見つけられないだけ、ということになる。

解決策はわかりきっているものの、実行するのは容易ではない。まずは、以前のように物事がうまく回らなくなっても、状況を変えることが必要だ、という考えを互いに受け入れることだ。敏感な人は主体性を持って新しいことに挑戦し、ときにはひとりでやってみる。敏感でない人は相手の「精神性」を当てにせず、みずから自覚して些細な事柄に触れてみる。

相手に介入することなく、役割を引き受けることができれば、互いが互いのコーチになれるだろう。それが無理なら、スタンドで応援する役割に徹するのが最善だ。もしくは相手のことは完全に忘れ、恥も外聞もかなぐり捨ててゼロから目標を達成する初心者、という役割を演じるのもいい。初心者は、必要ならどこで助けを求めればいいかを知っている。そこで差し伸べられる助けは素晴らしいだろうし、こういう状況においては何よりもありがたい贈り物である。

適切な興奮レベルの違い

ここまで見てきたのは、敏感なあなたが居心地よくいられるよう、パートナーや友人が努力してくれた場合の話である。だが、取り乱したあなたが快く思われないケースもたびたび起こる。まったく同じ状況にあるふたりの一方は平然としているのに、もう一方が取り乱していたら何事かと思うだろう。

その場の空気を台無しにすることなく、「ちょっと試してみて」という善意のリクエストにどう対処すればいいのだろう？　私はこのジレンマを、子供のころには家族と、そしていまは夫とのあいだに抱えている。私が何かに参加することを断ったせいで、相手も参加しなかったら後ろめたさを感じるし、相手が私抜きで出かけたら、それはそれで疎外感を覚える。いったいどうしたらいいのだ！　自分の気質を理解していないころは、たいてい計画されたことに従っていた。それでうまくいくこともあれば、苦痛に思うこともあり、体調を崩したこともあった。ＨＳＰの多くが「本当の自分」になれないのも無理はない。

息子がまだ赤ん坊だったころ、一年ほどヨーロッパで暮らしていたことがある。その夏は、友人たちと一緒に数週間旅行をした。最初はパリから地中海沿岸まで車を走らせ、リビエラ【フランスのコートダジュールからイタリアの都市ラ・スペツィアまでの地中海岸。世界的な観光、保養地】を東に向かってイタリアに入ったのだが、あれほどヨーロッパからの観光客が多いとは思いもしなかった。車は大渋滞し、あちこちでクラクションが鳴り響き、原付が車列をすり抜けていく。私たちは、予約もたいしたお金もなしに、リビエラを堪能できる町やホテルを見つけようとしていた。赤ん坊の息子は、はじめこそ私の上でぴょんぴょん楽しそうに飛び跳ねていたが、そのうち疲れてむずかり、最後には金切り声を上げはじめた。日が暮れるころには、かなりうんざりしていた。

ホテルに着いたらすぐに休憩し、息子を寝かしつけようと思っていた。その当時、私は自分の気質を特別だとは思っていなかった。とにかく休みたい、切実にそう感じていただけだ。

ところが、夫と友人はモンテカルロのカジノへ行く気満々だった。多くのＨＳＰ同様、私はあまりギャンブルが好きではない。それでも、カジノという響きにはやはり興味を引かれた。もちろん、行けるはずもなかったが、せめて息子の面倒を見てくれる人さえいたら……。ひとりだけホテルに残るのは嫌だった。

結局、私はホテルに残った。息子はすやすやと眠っている。私はベッドに横たわり、知らない町でひとり、寂しさや、切なさや、うらやましさを噛みしめていた。やがて、うきうきしたようすで戻ってきたみんなから、楽しい土産話を聞かされ、例のごとく「あなたも来ればよかったのに」と言われた。結局私はカジノに行くことも、みんながカジノへ行っているあいだに休むこともできず、しかも動揺したおかげで、その夜は一睡もできなかった。

いま自分が知っていることを、当時も知っていればどれほどよかったことか。神経の高ぶりは、容易に不安や後悔など手近な感情に置き換えられるし、動揺がひどければ、ベッドに行くことは必ずしも眠ることにはならない。それでも、こういう場合は大人しく待っているのが最善である。モンテカルロを見る機会はまたあるだろう。ホテルこそが自分のいるべき場所なのだと思い定めれば、ホテルにいることがありがたく思えたはずだ。

こういう状況になると、友人やパートナーは本当に困ったことになる。あなたと一緒に出かけたい彼らは、過去にうまくいった経験があればなおさら、ちょっと強引にでも誘いたくなる。もしあなたが行かないと言えば、相手はあなたを置いていくことに後ろめたさを覚えるかもしれない。

ＨＳＰはこうした状況に対して自分で責任を取り、決してあとから誰かを責めてはいけない。結局、自分の感情や、自分が楽しめるものを一番よく知っているのは本人なのだから。過剰な刺激を恐れて――疲労のせいではなく――何かをするのをためらうなら、その恐怖と、やって得られるかもしれない楽しみを比べてみるといい（もしその恐怖が幼少期から感じているものなら、やってみるほうに少し比重をかけること）。自分の行動は自分で決めなければならない。たとえその行動が間違っていたとしても、それを決めたのは自分である。失敗だとしても、挑戦はしたのだ。だがもし、動揺がひどくて家にいたいと思ったなら、スマートにそう伝えよう。自分がいなくてもみんなが楽しめるように、快く送りだしてあげること。

ひとりの時間

敏感でないパートナーや友人との関係で、もうひとつのよくある問題は、一日の出来事を消化するために、あなたにはひとりの時間が必要だというものだ。そう言うと拒絶されたと感じる人もいるかもしれないし、それでも一緒にいたいと思う人もいるだろう。いずれにしても、なぜひとりの時間が必要なのかを明確にし、必要な時間を伝えたら、必ず約束は守ること。言葉は発しないがそばにいる、という選択肢もある。

それでも相手が抵抗を示した場合は、じっくり話し合ってほしい。あなたには、あなたに必要なものを手にする権利がある。しかしそれは大多数の人が必要としているものとは異なるものだと理解し、相手の気持ちも考慮すること。相手からしたら、まさかあなたとのあいだにそれほど大きなギャップがあるとは認めたくないかもしれないし、あなたに何か悪いところ——欠陥や病気——があるのではと怯える可能性もある。この気質のせいでふたりの関係はうまくいかないのではと考え、途方に暮れ、あるいは怒り、あるいはあなたの作り話だと思うかもしれない。

もしそうなったら、あなたの気質が相手にとってもいい影響を与えていることを、それとなく思い出させるといいだろう。だが、敏感性を言い訳にして逃げてばかりいてはいけない。一緒にいて安心できる人がそばにいれば、少々の刺激には耐えられるはずなのだ。パートナーや友人のために真摯に努力する姿は、きっと相手の心を打つ。うまくいかないときもある。そういうときは「だから言ったでしょ」などと言わずに、控えめに自分の限界を示せばいい。互いの最適な興奮レベルがわかれば、より幸せに、健全に、穏やかにいられることがはっきりするだろう。そうなれば、「外に出て楽しんできて」とか、「家でゆっくり休んで」など、お互いにとって必要なことを勧められるようになる。

自分のニーズを主張すれば、当然、問題が浮上する可能性がある。すでに不安定な関係性で相手にあなたの気質を押しつければ、大きな地震が起こるだろう。しかしその前からすでに亀裂が入っていたなら、いくらあなたの気質をめぐって言い争ったとしても、それは問題ではないので自分の気質を責めてはいけない。

率直なコミュニケーションという恐怖

一般的に、敏感性は親密なコミュニケーションを大いに促進する。あなたは、微妙な手がかり、ニュアンス、パラドックス、アンビバレンス、無意識のプロセスなどをことごとく拾い上げていく。良心的なあなたは、こうしたコミュニケーションに忍耐が必要なことをわかっているし、時間をかけて構築する関係性の価値に感謝している。

大きな問題は、例のごとく神経の高ぶりである。興奮状態だと、私たちはあらゆることに鈍感になるし、それは愛する人に対しても例外ではない。そして私たちはこの気質を呪う――「だって、疲れていたから」「動揺しすぎたから」。それでも、相手といいコミュニケーションを図るためにはあらゆる努力をするべきだし、がんばりがきかなくなりそうになったら、事前に相手に伝えるべきだろう。

ＨＳＰが人とのかかわり方でやりがちな最大のミスは、不快感によって引き起こされる興奮状態を避けようとして起こる。一般的にもそうだが、とくにＨＳＰは怒り、対立、涙、不安、「醜態」をはじめ、変化（たいてい何かを失う）に直面すること、変化を求められること、ミスを批判されること、ミスを恥じること、誰かを批判すること、誰かを貶めることを恐れている。あなたはおそらく、本、経験、カウンセリングなどから、関係性を新鮮なまま保つには、こうした感情や行動が不可欠なのは理解しているだろう。だが、感情的になると知識が役に立たないことがある。

また、直感力がすぐれたあなたは、きわめてリアルで、興奮に満ちた、半意識的な空想世界で、すでに交わされるべき会話を経験しており、その大半は苦痛なものだとわかっている。

あなたの恐怖に対処する方法はふたつだ。まず、自分の妄想を自覚し――対立が解決したあとの状態や、問題に取り組まなければどうなるかなど――その他の可能性を想像してみること。つぎに、心を閉ざす原因となっている空想を、友人やパートナーに話してみること。その際、少しずるいかもしれないが、「これから○○について話すけど、もし○○な反応をされるとつらいのでやめてほしい」と先に念を押しておけば、深い話し合いができるかもしれない。

喧嘩をしたら時間を置く

片方、あるいは両方がHSPのカップルは、諍いの原因となるコミュニケーションに関して、特別なルールを決めておくといいだろう。悪口を言う、過去と現在の問題を混同する、いい関係のときに築いた信頼を裏切らない、といった行為はすでに禁じているかもしれないが、神経の高ぶりに対処するためのルールを設けることもお勧めしたい。ひとつは、時間を置くことだ。

一般的には、口論の最中にどちらかがその場を離れるべきではないし、終わった問題を蒸し返してもいけない。が、一方がその場を離れたいと切実に思ったら、その人物はすでに追い詰められており、その言葉にはもはや何の効力もない。自分自身に関する不快な側面を見てしまったことで、後ろめたさを感じている場合もあるだろう。そうなったら、こちらも一歩引き、同情を示すべきである。間違っても相手を追いこんで恥をかかせてはいけない。追い詰められたほうは、自分が正しいと思っていても、やはり敗北感が拭えないだろうし、つぎつぎとくり出される鋭い言葉は、一度発せられると取り返しがつかなくなる。怒りがこみあげてきたら、その場を去るのが唯一安全な方法なのである。

いずれにせよ、ＨＳＰはちょっとした口げんかがあっという間に人生最悪の瞬間となり、驚くほど感情が高ぶることがある。だが、あなたの人間関係は突然よそよそしくなることがあるため、そのときはつらくても、（感情をぶつけ合った）口げんかには、それなりの価値があったと思ってほしい。それが文明で生きるということなのだ。だから、時間をおいて、五分でも一時間でもひと晩でもいい、避難場所で休むこと。その場から立ち去るのではなく、すこし時間を置くのである。

議論の終結を待つのは、双方にとってむずかしいことなので、一度休戦を受け入れるべきだろう。ただし曖昧にやり過ごすためではなく、きちんと役立つルールとして、事前に話し合っておくこと。そして実際に役に立ちそうだと感じたら、すぐに実践してみてほしい。　時間を置くと、何事も違って見えてくるものである。

メタコミュニケーションとリフレクティブ・リスニングの力

メタコミュニケーションとは、言外の言葉や感情を語ることである。たとえば「一応話し合いはするけど、私は自分のやりたいようにやるから」「あなたって何か言われるとすぐにむきになるよね」というのは、ネガティブなメタコミュニケーションの例である。こうした言動は対立を深めるだけなので、慎んだほうがいい。

ポジティブなメタコミュニケーションはこれとは逆で、ダメージを最小限に抑える。「かなりきついことも言ったけど、私はこの仕事を成功させたいだけだから。あなたは大切な仲間だし、一緒に取り組んでくれることに感謝している」。

緊迫した状況では、ポジティブなメタコミュニケーションが重要になってくる。当事者たちに相手を思いやる気持ちを想起させ、きっとうまくいくと思わせることで、緊張や不安を軽減するのだ。片方、あるいは両者ともＨＳＰのカップルは、親密な関係を持続させる方法として、ぜひこれを覚えておいてほしい。

また、「リフレクティブ・リスニング」もお勧めだ。一九六〇年代に提唱されたこの手法は、知っている人も多いだろう。何を隠そう私は二度、このリフレクティブ・リスニングのおかげで、結婚生活の危機を脱したことがある。だからこそ言うのだが、これは恋愛や友情のＣＰＲ（心肺蘇生法）である。

リフレクティブ・リスニングとは、要するに相手の言っていること、とくにその気持ちに耳を傾けることである。ちゃんと聞いていることを示すために、相手の言ったことをくり返す、それだけのことだ。だがこれが思った以上にむずかしい。最初は自分の口調が堅苦しく、セラピストみたいに感じるかもしれない。はじめはたしかに不自然だが、安心してほしい。受け手はそれほど気にしない。うまいバスケットボール選手でも、ときにシュートやドリブルを集中的に練習する必要があるように、「聞く」という行為も折に触れて練習が必要だ。練習しておけば、必要なときに自然と対処できるようになる。ぜひともこの聞くことに特化した「リフレクティブ・リスニング」を、できれば親しい人と、一度は試してみてほしい。

感情は、世間ではなかなか顧みられることがない。だから、せめて親密な関係性においては、感情を大切にしてほしい。感情はアイデアや事実よりも複雑で、両者を彩り、制御し、混乱させる。そして感情が明確になれば、アイデアや事実もより明確になっていく。

だが険悪な状況でリフレクティブ・リスニングをおこなうと、理不尽に互いを責めながら、負の感情をまき散らすことになる。これについては後述する。

個性化へつながる親密な関係

6章で、ユング派の心理学者が「個性化のプロセス」と呼ぶもの、すなわち、内なる声に耳を傾けながら人生を歩んでいくプロセスについて説明した。このプロセスには、私たちが避けたり、軽視したり、無視したり、拒否したりしてきたことに耳を傾けることも含まれている。こうした「影」の部分は強く、一人前の人間なるためには不可欠な要素である。

たとえば、自分はどんなときも強い人間で、弱点などないと思っている人がいるとする。歴史や小説は、こうした危険な思い込みにまつわる教訓に満ちており、いずれその人物は、自分の弱点によって身を滅ぼすことになる。逆の場合もある。自分たちは弱く、罪のない被害者で、何の力もないと思っていた人びとが、何かをきっかけに自分たちは善人で、悪い奴は他にいると考えるようになる。愛すべき側面を否定する人もいれば、憎むべき側面を否定する人もいる。

影の側面にうまく対処するには、その側面を知り、同盟を結ぶことだ。これまで私は、HSPは良心的で、忠実で、直感力があって、洞察力に富むという話をしてきたが、HSPのためにも、否定的な部分についてきちんと伝えておこうと思う。HSPのなかには、タフで無神経になる能力や力が備わっていても、それを否定する人がいる。無責任さや、愛情が希薄な自分を否定する人もいれば、誰かと一緒にいたい、ひとりになりたい、腹が立つ――こうした願望や感情をすべて否定する人もいる。

とはいえ、否定するにはそれなりの理由があるわけで、それが「影」に当たるかどうかは微妙なところだ。また、あなたの影の側面を知っている友人がいたとしても、なかなか面と向かって話してはくれないだろう。だが近しい間柄で、とくに同居していたり、生活するうえで不可欠な存在だったりすれば、互いに影の部分を避けるのは不可能だし、それについて口論することもあるだろう。実際、こうした側面を認め合い、どう折り合いをつけていくかを決めないかぎり、本当に親密な関係ははじまらないといっていい。

自分の最低な側面を見せるのはつらいし、恥ずかしい。でもだからこそ、「ひどい」秘密のせいで大切な人との関係を終わらせたくないと思うからこそ、さらけ出せるのだ。親密な人間関係は、影を内包し、ネガティブな出来事で失われたエネルギーを再び回復し、知恵や足りないパーツを身につけながら個性を開花させる最善の方法である。

リフレクティブ・リスニング

エクササイズとしておこなう場合、制限時間（最低10分、最大45分）を設けること。ひとりが終わったら役割を変え、同じ制限時間を与える。ただしすぐには交代しないで、しばらく時間を置くこと。対立や怒りに関するテーマについては、相手の番が終わるまで口を挟まないこと。言いたいことがある場合は、メモを取っておくといい。だが、あなたが聞き手のときに感情を表現できれば、それが一番望ましい。

するべきこと

1. きちんと聞く姿勢を取る。身体をまっすぐ起こし、手足は組まないで、少し前のめりになる。視線は相手に向け、時計は見ない。
2. 相手の言葉やトーンで、実際の感情を推し量る。その際、内容は二の次でよく、話しているうちにいずれ焦点が明らかになる。相手が言葉とは違う感情を抱いているなと思っても、それが実際の言葉や明らかな口調として示されるまで待つ。

たとえば、このエクササイズを開始するにあたって、相手が「私はあなたの着ているコートがあまり好きじゃない」と切りだしたとする。感情に重点を置いたこのエクササイズでは、「あなたはこのコートが好きじゃないのね」とさらりと言うのが正解である。かりに「あなたはこのコートが好きじゃないのね」とコートを強調してしまうと、コートの何が悪いのか、ということが問題になり、「私がこのコートを着ているのが好きじゃないのね」と言えば、あなた自身に焦点が当たってしまうからだ。

あなたの受け答えに対して相手は「そう、そのコートを見ると去年の冬を思い出すから」と返したとする。この時点では、まだ、それほど多くの感情は現れていない。

ついで相手が「前に住んでいたあの家、本当に好きじゃなかった」と言ったとする。あなたはここでも相手の感情を強調して「たしかによくなかったよね」と返す。間違っても「どうして?」とか「できるだけ早く引っ越そうとがんばったのに」などとは言わないように。そうこうするうち、あなたの知らなかった「去年の冬」の話が出てくるかもしれない。「うん、あんなに孤独を感じたことはなかった。あなたと同じ部屋にいたのに」。これこそ話し合うべき内容――単なる事実やあなたの気持ちではなく、相手の感情が反映された言葉である。

してはいけないこと

1. 質問
2. アドバイス
3. 自分の類似の経験を語ること
4. 分析や解釈
5. 相手の気持ちを無視したり、損なったりする行為
6. 延々と相手に語らせること。リフレクティブ・リスニングはただ「聞く」だけの行為ではない。適切な沈黙は相手に考える余地を与えるが、その際も適時相槌を返すこと。相槌を打つタイミングはあなたの直感に従うといい。

7．また、相手が何を言おうと、自分を擁護したり自分の見解を述べたりしてはいけない。どうしても言いたい場合は、あとでその旨を伝えればいい。相手の話を聞くことと、同意することは同じではない。感情の背後にある推測は間違っているかもしれないが（そしてその感情のせいで間違ったことをする可能性はあるが）感情自体に正誤はない。敬意を持って耳を傾ければ、まず問題が大きくなることはない。

親密な関係のなかで成長する

人間というものは、領土や所有物や権力を欲するだけでなく、知識や意識やアイデンティティを拡大するためにも、成長し大きくなりたいと強く願うらしい。自己を拡大するためのひとつの手段は、他者を自分のなかに取り込む――「私」ではなく「私たち」になる――ことだ。はじめて恋に落ちると、他者の生活に巻き込まれて自己の拡大が急速に進む。しかし結婚に関する調査によると、ふたりの関係性に関する満足度は数年後にかなり低下するという。だが適切なコミュニケーションはその低下速度を遅らせ、前述した「個性化のプロセス」が機能すると、さらに低下速度は遅くなるか、場合によっては上昇することもあるという。夫とふたりで、夫婦および付き合っているカップルについての複数の研究を調査したところ、ただ「楽しい」だけでなく「エキサイティング」な何かをふたりで一緒におこなうと、ふたりの満足度が上がることがわかった。これはたしかに理にかなっている。相手から取り込める情報がこれ以上なくて自己拡大ができなくなっても、新たなことに一緒に取り組めば、ふたりの関係性と自己拡大を結びつけることができるのだ。

HSPにとってはとくに、人生には刺激が多すぎるため、家に帰ったら静かにしていたいと思うかもしれない。だが、新しいことを何もしないと、関係性が落ち着きすぎてしまうので注意が必要だ。適度な刺激を浴びるために、ひとりの時間はなるべくストレスのないものにしてほしい。静かなコンサートで美しい音楽を聴くとか、昨夜の夢について語るとか、暖炉のそばで新しい詩集について語るとか、刺激を浴びずに、自分を拡大させてくれるものを探してもいい。必ずしもふたりでジェットコースターに乗る必要はない。

ふたりの関係が安らぎの源なら、それもまた、十分に自己拡大の源でありつづけるだろう。

HSPと性

これは十分なリサーチを経て、一冊の本にするべきテーマである。何が理想で何が異常か、私たちの文化にはこうした情報が数多く溢れている。しかしその情報の出所は、HSP以外の八〇パーセントの人びとである。では、HSPにとっての理想や普通とは何だろう？　たしかなことは言えないが、刺激に敏感な私たちは、性的な刺激に対しても敏感なのではないだろうか。もしそうなら、私たちの性生活は満たされやすいということになるかもしれない。だが刺激によって神経が高ぶりすぎていたら、当然、性的機能や喜びは阻害されるだろう。すでにこの気質についてよく理解しているあなたなら、性的な影響についても考えをめぐらせるかもしれない。この問題で悩んでいるなら、性経験やそれにまつわる感情をもう一度リフレーミングしてみるといいだろう。

ＨＳＰと子供

保護者が敏感だと、子供はのびのび育つ傾向にある。私はこれまで、自分の子供や、他人の子供を健やかに育て上げてきたＨＳＰを大勢知っているし、その気質ゆえに、子供を持たない、あるいはひとりだけに限定したというＨＳＰも知っている。子供に喜びを感じるか、負担に思うかは、当然ながら過去の経験に関係している。

子供を持つかどうか迷ったときは、あなたはあなたにふさわしい子供や家族を持てるのだと覚えておくといい。彼らはあなたの遺伝子を受け継ぎ、あなたの影響を受ける。あなたからすると騒々しくて、ぶつかり合ってばかりいる家族たちでも、彼らはその状態を心地よく感じ、少なくともそれでいいと思っている。あなたの家族生活は、そういう人たちとは違うのだ。

一方で、子供が生活に多大な刺激をもたらすことは否めない。良心的なＨＳＰにとっては、彼らは大きな責任であると同時に喜びでもある。あなたは子供たちと一緒に幼稚園、小学校、中学校、高校生活を経験し、他の家族や、医師、歯科医、矯正歯科医、ピアノの先生に会わなければならない。また子供たちは、セックス、ドラッグ、車の運転、教育、仕事、結婚など、さまざまな問題をあなたにもたらすだろう。やるべきことはたくさんあるし、そこにいつもパートナーがいてくれるとは限らない。子供のために、あなたは自分のやりたいことを諦めることになる――確実に。

別に子供を持たなくたっていい。この世ですべてを手に入れることなどできないのだから。自分の限界を知るべきときもある。子供を持たなくても素晴らしいし、子供を持っても素晴らしい。どちらに転んでも、それぞれの素晴らしさがあるのだ。

敏感性が人間関係を豊かにする

外向的なＨＳＰであれ、内向的なＨＳＰであれ、最大の社会的充足は親しい人間関係によってもたらされる。親密な人間関係は、大きな満足を得られる人生最大の学びの場であり、誰もが輝く場所である。こうした関係性にあなたの敏感性を加味することで、あなたは他者の、そして自分自身の助けになれるだろう。

・学んだことを実践しよう
あなたと、私と、私（私たち）の敏感性

これから紹介するエクササイズは、親しい関係にある誰かと一緒におこなってほしい。そういう相手がいない場合は、過去に関係のあった人、あるいは将来親しくなりたい人を想像しておこなう。それでも気づけることはたくさんあるはずだ。

実際に相手がいて、その相手が本書を読んでいない場合は、1章と本章を読んでもらうこと。ふたりの関係性にかかわっていそうな部分を紙に書きだし、とくに当てはまる部分を声に出して一緒に読むとさらによい。その後、以下の質問について話し合う（ふたりともＨＳＰなら、ひとりずつ交互に答えること）。

1．敏感性がもたらすあなたのいいところは？

2．あなたの敏感さのなかで、相手が変えてほしいと思いそうなところは？　ただしこれは、その側面が「悪い」ということではなく、特定の状況や、相手の気質や習慣がそれに合わないというだけのことである。

3. HSPという気質が原因で喧嘩になったことは？　その内容は？

4. 敏感な気質を考慮して、自分を大切にするよう相手から言われたことがあれば、それについて話し合う。

5. 敏感性を言い訳にして何かをしなかったり、敏感性を口論の切り札に使ったりしたことがあれば、それについて話し合う。議論が白熱しそうになったら「リフレクティブ・リスニング」で学んだことを思いだして気持ちを制御すること。

6. 家族のなかにHSPはいたか？　もしいたなら、その人との関係は、いまのふたりの関係にどのような影響を与えていると思うか？　たとえばHSPの女性が、HSPの母を持つ男性と結婚したら、その男性は敏感性というものに対する彼なりの態度を確立しているだろう。そうしたことに注意しておけば、夫、妻、夫の母といった三者の関係性は改善するかもしれない。

7. 一方が敏感で、一方がそうでない場合、それぞれの得意なことを話し合う。効率よく役割分担できる以外に、自分の才能が求められてうれしいと思うことは？　自分の存在は相手にとってなくてはならないものだと思うか？　相手ができないことを自分がやってあげられるのはいい気分だろうか？

8. この気質のせいでそれぞれが失ったものを話し合う。相手がしてくれることで、自分でできたらいいなと思う作業は？　自分が得意な作業に、相手が頼りすぎるとうんざりする？　そのせいで相手への敬意が薄れたことは？　また、それによって相手の自尊心を低下させたことは？

8

深い傷を癒す
――それぞれのプロセス

Healing the Deeper Wounds: A Different Process for HSPs

過去の敏感な友人を思い出す

高校時代、ドレイクという少年がいた。彼はいわゆるオタクだったが、いま思えばＨＳＰだったのだと思う。

ドレイクには、ＨＳＰ以外にも問題がたくさんあった。先天性心疾患、てんかん、複数のアレルギーの他、肌の色素が薄いために日光を浴びることも制限された。スポーツをすることも、戸外に出ることさえできず、「普通の少年時代」とは完全にかけ離れた生活を送っていた。自然、本ばかり読むようになり、思春期を迎えるころには、もっぱら空想にふけるようになった。また、その年齢の男の子らしく女の子にも強い関心を抱くようになった。だが当然、女の子たちは彼にかかわらなかった。むしろ、あえて避けていたふしがある。受け入れられたいという彼の思いが強烈で、かかわれば自分たちまで仲間外れにされると思ったからだ。彼はそれでもシャイなりにつぎからつぎへと恋をし、みんなの冗談のネタになっていた。ドレイクの拒絶された愛の詩を、クラスメートが学校中に聞こえるように大声で読み上げ、大騒ぎしたこともある。

幸いなことに、ドレイクは才能ある生徒として特進クラスに進学し、それからは同級生にも受け入れられるようになっていく。みんな彼のエッセイや、授業中の発言に感心した。そしてドレイクが一流大学から奨学金を受けることが決まったときには、誰もが彼を誇りに思った。

ドレイクは大学進学を、私たちよりも恐れていたに違いない。大学での生活は、過去に自分の人生をめちゃくちゃにした同年代の人たちと、昼も夜も一緒に過ごすことを意味したからだ。もちろん、ドレイクはその名誉を無下に断ることなどできなかった。だが、それでよかったのだろうか？　安全な実家や、医師の助けを失うことを、彼はどう受け止めたのだろう？

その答えは、最初のクリスマス休暇後に判明した。大学の寮に戻ったその夜に、ドレイクは首を吊ったのだ。

ＨＳＰと心理的傷の治癒

この話をしたのは、あなたを怖がらせるためではない。前述したように、ドレイクは多くの困難を抱えていた。彼のような人生の幕切れをするHSPはめったにいない。が、この章を読む際は、慰めとしてだけでなく、警告としても受け止めてほしい。私の研究によると、幼少期と思春期にひどい困難に直面したHSPは、自分の過去と気質を理解し、傷を癒さないかぎり、不安やうつを抱え、自殺を図る危険性が非常に高い。また、いま現在深刻な問題を抱えているHSPも大いに注意が必要だ。非HSPは、同じ状況下でも小さな不満はほとんど気にしない。あなたの気質自体は悪いものではないが、精巧な楽器や機械、あるいは手塩にかけて育てられた動物のように、特別な配慮が必要になる。多くのHSPは子供のころにごく平凡な、ともすれば酷な扱いを受けてきた。

本章では、広い意味での心理療法を通じて、過去と現在の困難に向き合う方法を紹介していく。また、深刻な問題を抱えていないHSPが心理療法を受ける際の長所と欠点、セラピーの種類、セラピストの選び方なども説明していこうと思う。だがまずは、子供時代に負った傷の問題からはじめる。

子供時代にどれくらい重きをおくべきか

HSPの精神活動は、必ずしも成長過程の出来事だけに起因するわけではないと私は思っている。そこには現在の状況、私たちに影響を与える人びと、物理的な健康状態、周囲の環境もかかわっているし、私たちを急き立てる内なる声の存在もある。天職について述べた6章で触れたように、私たちにはそれぞれ、自分の世代に課せられた問いに多少なりとも答えを出し、少しでも時代を進歩させるという職務がある。つらい過去は、はじめこそ生きる目的を曇らせるかもしれないが、ときとして目的にかなうこともあれば、そうした問題を体験し、理解すること自体が、目的になる場合もある。

ここで、HSPをあまり理解していない心理療法士がよく犯す間違いについても述べておきたい。こうしたセラピストは、HSPが人と違う原因を子供時代に探し、私たちHSPにとっては正常の範囲内のことを「症状」とみなす。そしてHSPは「内気すぎ」で、「何の理由もなく」孤立を感じ、「過剰」で「神経質な」不安を抱き、職場、親密な人間関係、もしくは性的に「異常な」問題を抱えているという。たとえどんなことでも、何らかの説明をつけたほうが、セラピスト側も患者側も安心するのだろう。

この気質のせいで（誤解されたり、不当に扱われたりして）困難を抱えている人たちは、敏感性に関する基本的事実を理解したとたん、気持ちがぐっと楽になることを私は発見した。セラピーでは、経験をリフレーミングしたり、気質を認めたうえでどう生きていくかを学んだりと、やるべきことはたくさんあるが、クライアントの自分の気質に関する見方はおのずと変わっていく。

「いやいや、子供時代なんて誰にとってもむずかしいものだし、完璧な家族なんていない。誰しも家庭内に秘密はあるし、そんなことでセラピーに何年も通うなんて幼稚すぎる。きょうだいだって同じ問題を抱えているのに、別に騒いだりせず、ちゃんと生活しているじゃないか」と言う人たちがいるが、私に言わせれば、彼らこそわかっていない。

子供時代は平等ではない。本当にひどい経験をする人もいるし、同じ家族でもそれぞれ立場が違う。ひとつの家族内でも、子供が受ける影響は同じではないのだ。きょうだいとあなたの子供時代はまったく別物だ。家族内での立場も、幼少期の体験もあなたと彼らでは異なるし、環境や年齢の違いで大人がどう変化するかを考えれば、ある意味、きょうだいとは違う両親に育てられたと言ってもいい。しかも、あなたは敏感な子供だったのだ。

敏感に生まれつくと、あらゆることに影響を受けやすい。そのうえ、家族内で一番敏感なメンバーは、注目を浴びやすい。うまくいっていない家族のなかではとくに、仲介者、神童、標的、殉教者、患者、親などの役割を負わされ、もしくは守ってあげなくてはならない弱い存在として、彼らの庇護欲を満たすことになる。その一方で「この世界で安心することを学ぶ」という、敏感な子供の特殊なニーズは見逃されてしまう。

つまり、あなたの「どこにでもある」子供時代や「問題のない」子供時代が、きょうだいや、似たような境遇の人よりもつらかったと感じるなら、それはそのとおりなのである。そして子供時代の傷を癒す治療が必要だと思うなら、ぜひともセラピーを受けてほしい。子供時代は千差万別で、それぞれに耳を傾けるべき物語がある。

ダンはどのように乗り越えたのか

はじめ、私の問いに対するダンの答えは、典型的なＨＳＰのそれだった。ダンは極度の引っ込み思案だと自認しており、ひとりの時間をたっぷり必要とした。いかなる形の暴力も嫌い、大きな非営利団体の会計事務所を管理している彼は、周囲から「外向的」だと思われていたが、世間に関するたいていのことに参っていた。そんな話をするうちに、やがて話題は、ダンの暴力嫌いの件に戻った。

ダンによると、ダンと兄はしょっちゅう口げんかをしたのだが、そのたびに兄はダンを押さえつけ、暴力をふるったという（きょうだいげんかは家庭内暴力の形としてほとんど研究が進んでいない分野のひとつである）。私は話を聞きながら、なぜこうした暴力が家庭内で許されていたのか考えていた。はたして母親は、ダンを敏感な子供として扱っていたのだろうか。

「さあ、どうでしょう。母はあまり気のつく人ではありませんでしたから」。

危険信号だ。するとダンは私の心を読んだように「父も母も愛情をはっきりと示すタイプではありませんでした」と言った。

私はうなずいた。

「実のところ、ふたりともちょっと変わっていました。両親とのいい思い出は記憶にありません。抱きしめてもらったりとか、そういうことは」。それから堰を切ったように、ダンは母親の癒えることのなかった精神疾患について話しはじめた。「慢性的なうつ病。統合失調症でした。テレビのなかの人たちが母親に向かって話しかけるんです」。それからアルコール依存症になり、月曜から金曜はしらふだが、金曜の夜から日曜の朝にかけては酔い潰れていたという。「父親のほうもアルコール中毒で、母親を殴り、ひどく痛めつけていました。酔うといつも自制心を失うんです」

母親は酒が入ると、いつもダンに同じ話を聞かせた。母の母親は冷たい人でまったく面倒を見てくれなかったこと、世話をしてくれるのはいつもお手伝いさんやシッターさんだったこと、ゆっくりと、だが着実に死へと向かう病気の父親とふたりきりにさせられたこと……（世代間のこうした愛情の欠如は、よくある話だ）。

「そういう話をしながら、母はいつも泣くんです。悪い人ではありませんでした。繊細な人だったんです。ぼくよりもずっと」。そう言ってすぐにこうつづけた。「それでも、やはりたちが悪かった。いつもぼくの弱みを探しだすんです。それはもう、あきれるくらい見事に」（HSPは必ずしも聖人ではない）。

ダンは、子供にとっての唯一の保護者が危険人物であるときに生じる「相反する感情」に苦しんでいた。

子供のころは、クローゼットのなか、風呂場の洗面台の下、車のなか、特定の窓際の席などに、身を隠していたという。しかし、こうした物語でよくあるように、心のよりどころとなる人物がひとりだけ存在した。「潔癖症」で厳格な、父方の祖母である。この祖母は夫の死後、幼いダンの仲間になった。

「幼いころの最初の記憶は、六〇代の女性三人と一緒にトランプをやっていたことです。六歳のぼくは、まともにカードを握ることもできなかったけど、ゲームには四人必要だった。だからトランプをやっているときは、自分が大人の一員として重要な存在だと思えたし、彼女たちに対しては、普段誰にも言えないようなことも言えました」

この祖母は、敏感な子供が生きていくために必要不可欠な安定性を与えてくれた。ダンは優れた回復力を手に入れた。「母親はよく、ぼくにこんなことを言いました。『どうしてそんなに一生懸命になるの？　どうせうまくいきっこないのに。無駄な努力よ』。そう言われるたびに、反骨心を抱きました」

ＨＳＰであっても、自分の流儀で粘り強いサバイバーになることは可能である。そして粘り強く生きることこそ、ダンのその後の人生に必要なことだった。

一四歳でダンは仕事をはじめた。同僚のひとりに、読書家で、ダンを大人として扱ってくれる人がおり、ダンはその人物を尊敬していた。「その人のことは信頼していました。でもある日、性的ないたずらをされました」

（くり返しになるが、これは単なる虐待の一例ではなく、生涯にわたって虐待を受けやすくなる可能性を示している。ダンの幼少期を思えば、親密になりたいという欲求のせいで、些細な危険サインを見逃してしまったに違いないのだ。しかもダンには、自分に目をかけてくれるような、手本となる人物がいなかったため、自分をどうやって守ったらいいのかわからなかったのだろう）。

ダンは肩をすくめた。「その出来事から学んだんです。これを乗り越えられれば、あとは何がきたって平気だって。これさえ乗り越えられればって」

ダンは幼馴染と結婚した。彼女もまた、ダンに負けず劣らず混乱した家族のもとで育った。ふたりはいい家庭を作ろうと、二〇年間努力してきた。成功の一端は、ダンと彼女の双方が、それぞれの家族と厳格に境界線を引いてきたことにある。「いまでは自分をどう扱えばいいのかわかっています」

ダンは一年前、ひどいうつ状態に陥った際に三カ月間の心理療法を受け、そこでいくつかのケア方法を学んだ。また、共依存の心理学や、アルコール依存症のアダルトチルドレンに関する書籍も読み漁った。だが、自助グループには参加しなかった。多くのＨＳＰと同じく、自分の人生を、部屋いっぱいの見知らぬ人たちに打ち明けたくなかったのだ。

「自分のすべきことをする許可を与えること――これが何よりも大事でした。自分の敏感性を認め、尊重すること。仕事では前向きに取り組み、落ち着いて問題解決をすること。そして、外の世界にも目を向けること」

というのも内面には「ブラックホールがあって、生きていく意味がひとつも思いつかないことがある。生きようが死のうが、どうでもよくなることがあるんです」。

それから同じ声の調子で、彼には助けてくれる精神科医の友人ひとりと、カウンセラーの友人がふたりいると私に告げた。ダンは、自分の敏感性とこれまでの人生経験によってもたらされる豊かさがあることを知っていた。

「ぼくは物事に深く感動します。この喜びに気づけないなんて嫌です」。そう言って不敵に笑った。「もちろん、孤独を感じることもたくさんあります。悲しい出来事を受け入れられるようになるには時間がかかりました。でも人生にはうれしいことも、悲しいこともあるのです」

こうしてダンは生き抜いている。

あなたの過去は？

本章の最後に、あなた自身の子供時代を評価し、考える機会を設けたいと思う。4章でも述べたように、困難な子供時代を過ごしたＨＳＰは、大人になってからうつや不安に悩まされることが多い。子供時代の問題が、母親をはじめとする最初の保護者のふるまいに端を発しているのなら、その影響は深く、長きにわたるだろう。きっとこの先も、辛抱強く生きていくことになる。それでもあなたなりの方法で、困難がなければ得られなかった資質の力――研ぎ澄まされた意識、人としての複雑さ、他人への理解など――で、必ず傷は癒えていく。

たとえ機能不全の家族のもとで育ったとしても、敏感な子供であることの利点を覚えておいてほしい。あなたは他人と絡むよりも、自分のなかであれこれ考える傾向にある。また、祖母と一緒にいたダンのように、助けを求めるべき場所を直感的に理解している可能性もあるし、内面世界を拡大し、スピリチュアルな源泉を発展させた可能性もある。

私の最年長の面談相手は、困難な子供時代は、精神生活を運命づけられた魂によって選ばれたものだとすら考えるようになっていた。他者がごく普通の存在に落ち着いているあいだに、彼らの魂は成長をつづけているのだ。あるいは私の友人が言ったように「最初の二〇年で課題が与えられ、つぎの二〇年でそれを学んでいく」のかもしれない。なかには、その課題がオックスフォード大学の卒業研究並みむずかしいと感じる者もいるだろう。

大人になったHSPは、内面世界や癒やしに関する仕事に向いている。あなたの鋭い直感力は、これまで影を潜めていた、もっとも重要な要素を明らかにするだろうし、自分の無意識とつながり、他人の気持ちにも自分の気持ちにも敏感なあなたは、いつ押して、いつ引くかを見極めるのも得意だろう。それに内なる人生に好奇心を抱き、何よりも誠実である。どれほど困難な瞬間に、傷に、事実に直面しようと、あなたは個性化のプロセスに挑みつづけていく。

あなたが困難な子供時代を経験した多くのHSPのひとりであり、いまも困難と向き合っているなら、いろいろな選択肢を模索してみてほしい。

４つのアプローチ

「癒やし」の方法には、さまざまな取り組み方がある。短期的なもの、長期的なもの、独力でおこなうもの、専門家の力を借りておこなうもの、個人で取り組むもの、グループセラピーで取り組むもの、あなたひとりを治療するもの、家族全体を治療するもの。だが、四つの側面――認知行動、対人関係、肉体面、精神面――から取り組めば、かなりの問題は解決できる。

この四つすべてを取り入れているセラピストもいる。もちろんそれが理想的かもしれないが、四つの項目のうち、一番得意なものを、ぜひともセラピストに尋ねてほしい。せっかく時間を使うなら、自分の好みに合ったセラピストを選んだほうがいい。

認知行動

特定の症状の緩和を目的とした、短期の「認知行動」療法は、保険や医療費を考慮するともっとも選択しやすい治療だろう。「認知行動」とは、あなたの考え（認知）に働きかけ、行動を促すアプローチ法である。これは感情や無意識の動機を無視し、あらゆることを実際的、合理的、そして明確にする。

セラピストから克服したいものを訊かれ、それが不安感だとしたら、最新の技術を駆使したリラックス法や生体自己制御法を学ぶ。特定の事柄が怖いのなら、その恐怖が消えるまで、少しずつその事柄に慣れていく。うつ気味なら、何もかもうまくいかない、誰も助けてくれない、絶対にミスはできないなど、理不尽な思い込みを調べるよう指示される。うつによる思い込みが強すぎる場合は、思考を停止するよう言われるだろう。

おしゃれをする、毎日出かける、友人を作るといったような、精神衛生上よさそうな行動をしていない場合は、何か特定の目標を掲げるよう指導され、やがて、目標を達成するために必要なスキルを会得したら、自分を褒めてあげられるようになる。

仕事、離婚、家庭問題などのストレスに悩んでいるなら、現実に即した事実や洞察を交えたリフレーミングをするといい。

これらの方法はそれほど魅力的に映らないかもしれないが、効果は高く、やってみる価値はある。身に着いたスキルは今後必ず役に立つし、ひとつでも困難を克服したという事実は、あなたに自信を与え、人生をより良い方向に導くだろう。

こうしたテクニックは心理療法だけでなく、書籍からも学ぶことができる。しかし、専門家に順を追って指導してもらったほうが効果は高い。経験豊富な専門家なら、どの時点でアプローチ法を変えるべきかといったことも熟知しているはずだ。

対人関係

一般的に「セラピー」と呼ばれるのは、この対人関係に重きを置いたものだろう。フロイト派、ユング派、対象関係、ゲシュタルト、非指示的療法、交流分析、実存療法、折衷主義など、さまざまなアプローチ法が存在する。こうしたセラピーはすべて、あなたと誰か——多くはセラピストだが、同じ悩みを抱える仲間の場合もある——の対話や関係性から成り立っている。

この分野にはおそらく何百もの理論やテクニックが存在するが、ここでは一般的なものに即して語ろうと思う。クライアントに合わせていくつかのアプローチ法を併用するセラピストは多いが、そのなかでもやはりそれぞれの傾向というのがある。たとえば人間関係を、あらゆる探索に向かうための「安全な場所」とみなすセラピストもいれば、幼児期の愛着に関する新たな経験の場や、将来の親密な関係を再構築する場として活用するセラピストもいる。また、過去を嘆いて手放し、そのなかに意味を見出させようとする人、客観的に観察して新たな行動を試す場所、無意識を探索して調和を見出す場所と考える人もいる。

この手法では、セラピストと一緒に、人間関係、個人的な経歴、夢、セラピスト本人についてなど、思いついたことに対してどう思うかを話し合う。そしてセラピーで話し合われたことの他にも、内的作業への取り組み方も学んでいく。

このアプローチ法の欠点は、セラピストが未熟だったり、あなたの問題が本当は別のところにあったりする場合、どれほど話し合いを重ねてもゴールにたどり着けない点である。そういうセラピストは、まず自分の問題をきちんと理解する必要がある。セラピストと良好な関係を築くには何年もかかる場合もあれば、前述したダンのように、たった数カ月で大きな進歩を示す場合もある。

フィジカル

身体的アプローチには、運動、栄養改善、食物アレルギーへの注意、指圧、ハーブ系サプリメント、マッサージ、太極拳、ヨガ、ロルフィング、バイオエナジェティックス、ダンス療法、投薬治療、とくに抗不安剤の投与が含まれる。昨今の身体的アプローチ法は、おもに精神科医による薬物療法が中心となっているが、これは9章で説明する。

身体に変化が起きると、心も変わる。私たちは、薬さえあれば症状が改善すると思いがちだが、しかし脳や思考は、睡眠、運動、栄養、環境、性ホルモンの状態など、自分でコントロールできる要素によっても変化をきたすことを忘れている。また、心に変化が起きると、身体も変わる。瞑想したり、友人に相談したり、あるいは紙に書きだすだけでもいい。「トークセラピー」をおこなうたび、脳に変化が起きている。これまで紹介してきた三つのセラピー――認知行動、対人関係、フィジカル――は、どれもうつ症状に等しく効果があるので、自分の好きな方法を選ぶといい。

スピリチュアル

精神的アプローチには、人が非物質世界を探索するためにおこなうすべてのことが含まれる。

精神的アプローチは私たちを慰め、目に見える世界以上のものが実在することを教えてくれる。この世界で受けた傷を癒やし、やわらげてくれると同時に、私たちはこの状況にとらわれているわけではなく、そこにはもっと大きな秩序や計画が、そして目的があるのだと教えてくれる。

また、このアプローチを受け入れると、この世にはもっと知るべきことがあるという確信を得るようになる。そしてこの方法で癒されることを望み、それ以外のものは人生の重要な側面を排除しているように思えてくる。

なかにはスピリチュアルに特化したセラピストもいる。セラピーを受ける前に、必ず相手のスピリチュアルな考え方が自分のそれと合致するかを確認してほしい。または、聖職者や宗教的指導者、あるいはそうした活動にかかわる人たちを探すという手もある。この場合、彼らがあなたにふさわしい心理学的訓練を受けているかどうか、事前にきちんと調べておくこと。

ＨＳＰと認知行動療法

これから、前述した四つのアプローチ法がＨＳＰに、そしてあなたにどう適しているかを見ていきたい。認知行動療法に関しては、すべてのＨＳＰがどこかの時点で受けるべきものだと思う。というのも、２章で述べたように、ＨＳＰは意識を向ける場所と、活動と一時停止を司る脳のシステムを発達させることで恩恵を受ける。筋肉同様、おそらくこうした脳のシステムは、もともとある程度の強度を備えているが、さらに鍛えるには認知行動療法が最善なのだ。ただし非常に合理的なアプローチ法であるこの手法は、非ＨＳＰによって開発されたものであることが多い。彼らは敏感な人びとを内心愚かで非合理的だと考えているふしがあり、こうした態度は、とくにあなたが目標を達成できなかった場合、あなたの自尊心を傷つけ、動揺を誘うことがある。この目標というのは「普通」になることを示唆しているが、それはつまり、彼らのように気質の違いを無視するマジョリティになることを意味している可能性がある。もちろん優秀な認知行動療法士は、個々の違いだけでなく、心理療法における自尊心や自信の重要性にも対処する。

さらにＨＳＰは、表面的な事象に着目するより、もっと「深遠で」直感的なアプローチを好むことが多い。そしてＨＳＰが持つ、この現実的で、地に足のついたものに対するある種の偏見こそが、認知行動療法を試すべき理由でもある。

ＨＳＰと対人関係アプローチ

これはＨＳＰにとって非常に魅力的で、多くのことを学べる療法である。自分の直感力や奥深さに気づき、親密な人間関係を上手に築けるようになるし、人づきあいがうまくなることで、私たちの無意識を「症状の源」ではなく、味方につけられるようになる。

このアプローチの欠点は、居心地がよすぎて、クライアントであるＨＳＰがセラピーを長引かせてしまうことだ。だが優秀なセラピストは、クライアントの準備が整ったと思えばひとり立ちを促すし、セラピーを受けさせるだけでなく、実際に外の世界へ出るよう仕向けてくれる。人は、こうしたアプローチをおこなうセラピストに強く惹かれる。これは「陽性転移」や「理想化転移」と呼ばれるもので、ＨＳＰはとくにこの傾向が強い。そのためセラピーが長期化して費用がかさんだり、場合によってはセラピーをやめられなくなったりすることがある。

転移

セラピストに対する「陽性転移」や愛着は、前述したどのアプローチでも起こり得る。なので、転移についてもう少しだけ話しておきたい。

転移は、いつもポジティブに作用するとは限らない。これらは、あなたが大切な誰かに対して押し殺してきた気持ちだと考えられており、そこには怒りや恐怖が含まれている可能性もある。とはいえ、セラピストへの感謝、助けてほしいという期待、その他さまざまな感情を相手に注ぐことで高められた、ポジティブな感情のほうが圧倒的に多い。

強い「陽性転移」には多くの利点がある。セラピストのようになりたい、あるいはセラピストに好かれたいと思うことで、クライアントは変わっていく。

と同時に、いずれセラピストは母親でも恋人でも生涯の友でもないという事実に直面し、苦い現実に対処するすべを学ぶことになる。こうした感情の性質を理解すれば、強い感情をどこに向ければいいのかを考えられるようになる。そうしていずれ、自分の好きな人と楽しく過ごせる日が来るだろう。

転移は、ともすれば叶うことのない激しい片思いのようなものである（もしセラピストがあなたの気持ちに応えるようなら、それはプロとしてあるまじき行為であり、あなたは不適切なセラピストのもとに通っていることになる。おそらく独力で状況を打破するのはむずかしいので、きちんとした専門家を探し、その状況から抜けだす手助けをしてもらうこと）。そのため、セラピーは予想外につらい経験になることもある。強い転移は、あなたの自尊心に影響を及ぼす可能性がある。相手に依存し、そんな自分を恥じるからだ。また、この新たな愛着のせいで、あなたの親しい人にも影響を及ぼすかもしれない。転移のせいでセラピーが長引けば、あなたのお財布にも影響する。セラピーを受ける前には、こうしたことをよく考えてみてほしい。

ＨＳＰの転移が強くなる理由はたくさんある。まず、無意識が大きな変化を望んでいるにもかかわらず、自我がそれを妨げていると、転移は強くなる。ＨＳＰはもっと外の世界に出たり、あるいはもっと内にこもったり、社会から「解放」されたり、文化的偏見を受け入れたり、単に自分のこうした側面と折り合いをつけるために、頻繁に大きな変化を必要とする。また、心理療法には、７章で述べたＨＳＰが恋に（激しく）落ちる要素がすべてそろっている。あなたが選んだセラピストはおそらく、賢くて、有能で、あなたに適した人物だろう。そして相手からの好意を感じる。あなたはこれまで誰も耳を貸さず、受け入れてくれないのではと恐れていたことを、これまで考えることさえ怖かったあらゆることを、セラピストと共有する。これは非常に興奮する状況だ。

私は何も、強い転移を起こす可能性があるから治療は避けたほうがいい、と言っているのではない。むしろその兆候がある人は、セラピーを受けるべきだろう。優秀なセラピストの手にかかれば、転移はあなたを変える最大の力となる。ただし、はじめて会ったセラピストに早々に愛着を感じたり、いつまでも同じ相手に長々と愛着を感じたりしないようあらかじめ注意してほしい。

ＨＳＰと身体的アプローチ

肉体的、精神的に制御不能となりそうな心理的状況を止めたいＨＳＰにとって、身体的アプローチはとくに有効である。たとえば睡眠が足りず、疲労や憂鬱、ひどい不安感などを抱えている場合、こうした落ち込みを引き起こす原因は多岐にわたる。私は身体的な解決策――おもに薬物療法が、ウィルス、職場での失敗、近しい友人の死、心理療法で生じた問題に効果を示すようすを何度も目にしてきた。身体が落ち着きを取り戻さないかぎり、思考を改めるのは不可能なので、いずれにしてもまず、身体的な悪循環を止めるというのは理にかなっている。

もっとも一般的な手法は瞑想である。それ以外にも、どこか暖かい場所へ休暇に出かけ、問題をしばらく忘れることで、負のスパイラルを止めたＨＳＰもいる。その人は休暇から戻ると、古い問題を新たな視点で捉え直せるようになっていた。逆に、不安を抑えるために、休暇を切り上げて帰宅しなければならなかった人もいる。その人が必要としたのは、刺激を最小限にすることだった。心の状態を変えるために、物理的に何をする必要があるか、直感が最適な答えを教えてくれることもある。

また、厳密な栄養指導が効果的な場合もある。必要な栄養素も、不必要な栄養素も、人によって異なる。神経の覚醒状態が慢性化した場合はとくに、必要な栄養素をきちんと摂取するよう注意しなければならない。ただでさえ栄養状態に注意を払っていないうえに、食欲不振や消化不良を起こして、さらなる栄養不足を招く恐れがあるからだ。栄養に関するアドバイスは、ＨＳＰにとって非常に大切なものである。

これは少しわかりにくいかもしれないが、ＨＳＰは空腹にも弱い。だから、どれほど忙しくても、その気になれなくても、定期的に何かを口にしたほうがいい。もし摂食障害がある場合、解決までにはさまざまな困難がともなうだろうが、それを克服する手立てはたくさんある。

生殖ホルモンの増減に関する影響についても言及しておきたい。これに関してもＨＳＰのほうが影響を受けやすく、甲状腺ホルモンの産生についても同様だ。こうしたシステムは互いにリンクし合い、コルチゾールや脳内の神経伝達物質に多大な影響を与えている。ホルモンが関係していると思われる理由に、さっきまで大丈夫だったのに、つぎの瞬間には何もかもが絶望的に思えてくる、という気分のむらが挙げられる。急にやる気が出たり、頭がクリアになったりする点も同様である。

薬であれマッサージであれ、どんな身体的アプローチを選ぶにしても、自分が敏感であることを忘れないでほしい。投薬治療では、最低用量から開始するよう頼むこと。ボディワーカー選びも慎重におこない、事前に敏感性について話しておくこと。そうしておけば、プロである彼らは以前の経験に照らし合わせて、あなたに適したプログラムを用意してくれるだろう（そうでない場合は、先生を変えたほうがいい）。

注意してほしいのは、心理療法士同様、ボディワーカーにも強い転移が起こり得るという点だ。彼らがあなたの心理的な問題にもかかわっている場合、その傾向はとくに顕著となる。実際、ひとりの人間に心理、肉体の両面を任せるのは依存が激しくなる可能性があり、少なくともＨＳＰにとっては賢い選択とは言えないだろう。抱きしめられたい、慰められたい、理解されたいという切実な願いは、言葉や触れ合いを通じてある程度満たされるかもしれないが、言葉も触れ合いも同じ人間が請け負うとなると、それは疑似恋愛に近くなり、混乱や動揺をきたす恐れがある。

セラピストがあなたの心と身体の両面にかかわる場合、彼らの資格や経歴をきちんと調べたほうがいい。それをおこなうには、ボディワークの資格以外にも、長年にわたる対人関係療法の訓練を受けている必要がある。

ＨＳＰと精神的アプローチ

精神的アプローチを好むＨＳＰは多い。私が面談したほとんどのＨＳＰは、内面を癒すのに精神的なリソースを用いた。ＨＳＰが精神的なものに惹かれる理由のひとつは、気持ちが内面世界に大きく傾いているからだろう。また、物事を別の角度——超越、愛、信頼——から見ることができれば、不快な状況を克服できると感じているからでもある。大半の精神修行は、こうした視点を持つことを目標に掲げている。そしてＨＳＰのなかには、心安らぐ霊的経験をしている者が多い。

とはいえこのアプローチにも（とくにこのアプローチのみを採用する場合）考慮すべきいくつかの点がある。まず、人付き合いや、自分の身体、思考、感情への理解をおざなりにする可能性があること。つぎに、スピリチュアルな指導者やその活動に陽性転移を起こした場合、彼らは理想を唱えるだけで、具体的にあなたの成長を手助けする能力を持ち合わせていないこと。それどころか、良かれと思って、あなたの気持ちを助長することさえある。これは「カルト」にかぎった話ではない。伝統ある教会の真面目な牧師でさえ、ときに行き過ぎた理想を追い求めることがある。

また、大半のスピリチュアル活動は、自己や自我、己の欲望を犠牲にする必要性を説いている。ときとしてその身を神に、あるいはその指導者に捧げるのだ（容易ではあるが、これについては大いに疑問が残る）。たしかに、いつか自我の視点を犠牲にするべきときが来る、というのはそのとおりだと思う。自我の欲望は苦しみの源である、という東洋思想には一片の真実が含まれており、自我の欲望は、過去や個人的な問題に執着し、現在の状況や、本当の責任を回避し、広い視野で先を見通すことを妨げる。

私はこれまで、多くのＨＳＰが自我をあまりに簡単に手放すところを見てきた。自分の自我にそれほど価値を見出せないのなら、簡単な犠牲かもしれない。それに、苦労して自我を手放した人が神々しく見えたとしたら、その人のようになりたいと思うのも当然のことだと思う。だが、はたしてその輝きは本物だろうか。それは単にストレスのない、規則正しい生活――現代においては珍しいが――を反映しているだけではないだろうか。聖人のような光り輝く魂も、実は心理的、社会的、倫理的に混乱しているかもしれないし、表面的には輝いているだけで、その足元は暗く、散らかっている可能性がある。

償いや悟りとは、つらい問題から逃げずに向き合う努力をしてはじめて得られるものだ。ＨＳＰにとって一番の難題は、世界を手放すことではなく、外に出かけ、世界にどっぷりとつかることかもしれない。

心理療法はどんなＨＳＰにも有効か？

あなたに深刻なトラウマや幼少期の傷がないなら、本書の内容を理解しておけば、とりあえず他の助けはいらないと思うかもしれない。

だが心理療法は、必ずしも問題を解決したり症状を緩和したりするだけではない。洞察や知識を得、あなたの無意識といい関係を築くのにも役に立つ。もちろん本やセミナーや会話からでも、内面世界について多くを学べるだろう。本を執筆したり、セミナーを開催したりしている優秀なセラピストも多い。だが、なかでも鋭い感性や直感を持っているＨＳＰは、心理療法から多くを得る傾向にある。自分の資質をよく見極め、さらに磨きをかけるのだ。感性が磨かれると、心理療法は神聖な空間になる。こうした場所はなかなかない。

ユング派分析とユング派心理療法

ＨＳＰにもっともお勧めしたい心理療法は、カール・ユングの手法や目的に則った、ユング派心理療法、もしくはユング派分析である（ただし幼少期のトラウマがある人は、ユング派というだけでなく、その分野の訓練を受けているセラピストにかかること）。

ユングのアプローチは無意識に重点を置いているが、これはフロイトの精神分析や対象関係アプローチなど、あらゆる「深層心理学」に共通しており、これらはすべて「対人関係」のカテゴリーに分類される。だがユングのアプローチの特質は、私たちの狭小な自意識にさらなる気づきを与えるために、無意識が私たちをどこかへ誘おうとしている、と主張している点で、精神的な次元を付与している。無意識からのメッセージは、自我が問題だとみなす、夢、症状、行動を通じて絶えず私たちに送られている。私たちはただ、注意を向けさえすればいい。

ユング派心理療法では最初に、恐ろしかったり、拒絶されたりした出来事を安心して客観視できる「器」を提供する。セラピスト（器）は、荒野を案内する経験豊富なガイドのようなもので、荒野にいてもくつろげる方法をクライアントに教える。ユング派が求めるのは治癒ではなく、内なる王国との対話を通じて、生涯、個性化のプロセスに従事しつづけることである。

空想や霊的なものに強烈に惹かれる傾向や、鮮明な夢が示すように、ＨＳＰは無意識と密接に結びついているため、こうした側面をきちんと理解しないかぎり、本領発揮はできないだろう。ある意味、ユング派のセラピーは、今日の助言者階級を訓練する場だと言える。

ユング研究所で訓練を受けたアナリストのもとへ通えば、ユング派の分析を受けることになる。通常アナリストは、優秀なセラピストであり、有益と考えられるアプローチを使用するが、当然ユング派の手法を好む。アナリストは、週に二回ほどの頻度で、数年間通うよう勧めるだろう。またアナリストは専門的な訓練を受けているので、費用もかさむことが多い。アナリストの肩書のない、ユング派心理療法士のもとへ通うという選択もあるが、その際は「ユング派」

のどの分野の訓練を受けたか確認してほしい。大量の書籍から学んだ人もいれば、講座を受けた人、実習を受けた人もいるだろうし、個人分析を長期間おこなってきた人もいるかもしれない。とくに個人分析の実績は重要だ。

ユング研究所のなかには、研修中の「アナリスト候補生」や「心理療法実習生」を安く提供しているところもある。彼らは技術も熱意もあるので、いい取引になるかもしれない。ただしそのなかで、ユング派のセラピーに不可欠な、自分に最適なセラピストを見つける、というのはなかなかむずかしいかもしれない。

また、時代遅れの性差別主義者や同性愛を嫌悪するユング派の人物には注意してほしい。大半のユング派は、ユングの生きた時代とは異なり、現代の価値観と調和した考えを持っているし、独自の考えを持つよう奨励されている。だが、当のユングでさえ「自分はユング派ではなく、ユングでよかった」と言うほど、ユング派のなかには性や性的嗜好について偏った考え方を持っている者がいる。

HSPと心理療法に関する最後の考察

第一に、相手を喜ばせる必要はなく、自分本位で治療を進めるセラピストに我慢する必要もない。セラピストは大きな器であなたを包むべきであり、その器の自我に、あなたがしょっちゅうぶつかることがあってはならない。第二に、最初の数セッションで、自分に向けられる注意に舞い上がりすぎないこと。時間をかけて自分の課題に向き合ってほしい。

セラピーは一大事であり、いつも楽しいわけではないことを理解して治療に臨むべきである。強烈な転移は、自分を少しだけ解き放つよう潜在意識に働きかけることで解放された、不可思議な力の一例に過ぎない。

ときとして心理療法は、安全な器どころか、煮え立った大釜のような激しさを帯びることがある。そうなったときは、セラピストと相談してペースを制御し、少し休憩したり、もう少し穏やかで表面的な話をしたりするといい。休憩を挟むことで一見ペースが落ちたように見えるかもしれないが、実はプロセスを早めることもある。

広義の心理療法とは、知恵と全体性へ向かう道の集まりである。あなたが幼少期の問題を抱えたHSPなら、この道は避けては通れない。また深層心理での作業は、HSPにとって遊び場にもなり得る。他の人なら迷子に感じるような領域でも、私たちはわが家にいるように感じるのだ。この広大で美しい荒野は、私たちをあらゆる地形へといざなってくれる。そして書籍や講座、人間関係など便利な道具を手に、しばし野外生活を満喫する。そして旅の途中で見つけた専門家やアマチュアたちの仲間になる。素敵な場所ではないか。

あなたの道のりが社会からもてはやされても嘲笑されても、気にする必要はない。HSPには特別な何か備わっていて、それはときとして他の人には理解できないものなのだ。

・学んだことを実践しよう

子供時代の傷を評価する

子供時代が比較的幸せで平穏だったなら、このエクササイズはやらなくてもいいし、自分の幸運に感謝し、周囲への思いやりを高めるために利用してもいい。すでに子供時代の問題を克服し、現状に満足している場合も飛ばしてもらって構わない。

それ以外の人でも、こうしたことをふり返るには時期尚早で、刺激が強すぎると感じたら飛ばしてほしい。直感がやるべきだと言った場合も、思わぬ打撃に対する心構えをしておくように。また、自分の手に負えないほどの不安を感じたら、セラピーを検討すること。

このままエクササイズをおこなう場合は、リストを読んで当てはまるものにチェックマークをつけていく。五歳までに起こった出来事には星印をつけ、二歳より前に起こった出来事には星をふたつつけること。状況が長期に及ぶ場合（長期の定義はあなたの感覚で決めていい）、チェックや星印を丸で囲む。その出来事が現在までずっとつづいている場合も同様だ。

チェックや星や丸印が、大きな問題の所在を教えてくれるだろう。

- あなたの敏感さを両親は喜ばなかった。しかも／または、あなたの敏感さに上手く対処できなかった。
- あなたは望まれた子供ではなかった。
- あなたは両親でも近しい関係でもない、複数の人間の手で育てられた。
- 異常なほど過保護に育てられた。
- 恐れていることを無理やりやらされ、自分にとって何が大丈夫なのかわからなくなった。
- あなたの両親は、あなたに身体的もしくは精神的な問題があると思っていた。
- 両親、きょうだい、隣人、同級生などに支配されていた。
- 性的虐待を受けていた。
- 身体的虐待を受けていた。
- 言葉での虐待――挑発、からかい、怒鳴る、批判ばかりされる――を受けていた。もしくは、身近な人の目に映る自分の評価が、どの点でも極端に否定的なものばかりだった。
- 身体的に十分なケアを受けていなかった（十分な食事が与えられなかったなど）。
- ほとんど注意を向けられることがなかった。または、注意を向けられたのは、優れた結果を出したおかげだった。
- アルコール中毒者、ドラッグ中毒者、精神疾患患者の家族がいた。

- 身体疾患をわずらった、もしくは通常の生活が困難な親がいた。
- 片親、もしくは両方の親を身体的、精神的に世話する必要があった。
- 専門家からナルシスティック、サディスティック、あるいは同居が困難だと診断された親がいた。
- 学校や近所で被害者（虐待やいじめ等の対象）だった。
- あなたには虐待の他にも幼少期のトラウマがあった（例：重度の、もしくは慢性的な病気や怪我、障害、貧困、自然災害、失業した両親が極度のストレス状態にあったなど）。
- 周囲の環境によってあなたの機会は制限され、しかも／または、貧しかったり、少数派だったりという理由で劣った人間のように扱われた。
- これまでの人生であなたには制御できない大きな変化があった（転居、死、離婚、育児放棄など）。
- あなたには強い罪悪感を抱いていることがあったが、それを誰にも話せないでいた。
- あなたは死にたいと思っていた。
- 死別や離婚などの理由で父親と疎遠だった。しかも／または、父親はあなたの養育にかかわっていなかった。
- 死別や離婚などの理由で母親と疎遠だった。しかも／または、彼女はあなたの養育にかかわっていなかった。

• 父親や母親があなたの世話にかかわっていなかったとしたら、それは明らかに「故意の育児放棄」や「あなたに対する拒絶」であり、あるいは、自分が何か悪いことをしたせいで親を失ったと思っていた。
• きょうだいや近親者が亡くなった、もしくはあなたのもとを去った。
• 両親はいつも喧嘩していた。しかも／または、離婚してあなたをめぐって争っていた。
• とくに一〇代の頃、あなたは問題を起こしたり、自殺未遂をしたり、ドラッグやアルコールを乱用したりしていた。
• 一〇代のあなたはつねに学校や警察ともめていた。

チェック項目は以上である。印を確認してみよう。印が少ない人は、幸運に感謝し喜んでほしい。一方で、新たな痛みを感じたり、自分は欠陥品ではないか、あるいは傷ものかもしれないという恐怖を感じたりした人も多いだろう。そういう人は、これまでの人生をふり返ってほしい。そして自分の長所、才能、功績、ネガティブな要素を打ち消す出来事や頼もしい人びとに目を向ける。それから（散歩などで）少し間をおいてから、懸命に耐え、がんばってきた幼少期のあなたを褒めてあげること。そのあとで、その子供がつぎに何をすべきかを考えるのだ。

9

医師と薬とＨＳＰ
――医学における未知の領域を開拓する

Medics, Medications, and HSPs: Being a Pioneer on the Frontiers of Medicine(REVISED 2020)

この章では関連するふたつの事柄について述べていく。まず、あなたの気質が医療全般にどう反応するか。つぎに、痛み、過度の刺激について。それからこの気質は心の病と関連づけられることがあるが、それに対処するために服用、または提供される治療についても詳しく述べていこうと思う。

あなたの気質は治療にどんな影響を及ぼすか

- 身体のサインや症状に対して、人より敏感である。
- 自分の気質に合った生活を送っていないと、ストレス関連の疾患や「心因性」の病気を発症する確率が高くなる。

・薬に対して人より敏感である。
・痛みに対して人より敏感である。
・医療環境、手順、検査、治療などによって神経が高ぶり、動揺しやすい。
・治療を受けるような環境に置かれるととくに、あなたの奥底にある直感は、苦しみや死の影、人間の在りようを無視できなくなる。
・右に挙げた傾向と、主流医学を担う医師の大半が非ＨＳＰであることを考えると、あなたと彼らの関係性には、他の人よりも問題が多い。

いい知らせは、問題が大きくなる前に気づけば、何が助けになるか、明確に認識できることだ。４章で述べたように、ストレスを感じていない敏感な子供は、驚くほど健康である。子供のころに良心的だった人（大半のＨＳＰが当てはまる）に関する長期研究によると、彼らは大人になってからもすこぶる健康だということがわかっている。ただし、内気な大人には当てはまらなかった。つまり、ＨＳＰは健康的な身体を持っているが、それを保つには、社会生活に適応し、社会的不快感を和らげ、ストレスがなく、必要な支えがある人生を送らなければならないことが示唆されている。

だがここでは、もっと懸念すべき、前述のリストから見える問題点について説明しようと思う。ごくささやかな身体のサインに気づくということは、誤報も多くなるということだ。しかし、これは大した問題ではない。病院に行って医師に訊いてみればいいのだ。ひとりの医師で不安なら、セカンドオピニオンを求めてもいい。

だが、それほど単純でない場合もある。昨今の医師は忙しく、無神経になることがある。医師のもとを訪ねるとき、あなたはたいてい緊張しているだろう。また、それが些細なことである場合、医師にかかるのを躊躇する。なぜなら、それはきっと自分の思い過ごしで、医師に大げさな患者だと思われるのがわかっているからだ。自分が小さなことに気づいてしまうことも、社会的不快感に動揺してしまうことも重々承知している。ひょっとしたら泣いてしまうかもしれない。私はたいていそういう状態になる。

また、あなたの担当医が文化的偏見を抱いていて、あなたの気質を内気や内向性、あるいは神経症だと誤解するかもしれない。しかも、とくに男性医師のなかには、医学部で生き残るために、自分の恐ろしい弱点である敏感性を封印しなければならなかった人もいて、そういう人たちは、自身の「過度に敏感」な部分（およびそれに関連した弱点）を、患者に投影することがある。

つまり医師には、あなたの言う微かな兆候が「想像の賜物」だと思い込む理由がたくさんあるのだが、それはときに症状を示すヒントだったりする（当然心と身体は密接につながっているので、心理的なストレス要因からはじめてもいいのだが、ほとんどの医師たちは心理学を使いこなせていない）。文句を言って神経質なやつだと思われたくないから、あなたは引き下がる。

だが、彼らが本当に話を聞いてくれたのか、ちゃんと検査をしてくれたのか、本当に大丈夫なのか、あなたは疑問に思うだろう。あなたは恥じていて、問題を起こしたくないと思っている。それでも気に病みつづければ、それこそ本当に神経が参ってしまうかもしれない。そこであなたは、症状が医師の目にも明らかになるまで、この問題を無視しようと決め込んでしまうのだ。

医師を教育する

これに対する解決策は、あなたの気質を十分に把握している医師を見つけるか、もしくは彼らを教育することだ。つまり、健康面のちょっとした異変に敏感に気づくあなたの能力や治療への反応に、真剣に向き合ってくれる医師が必要なのである。真の専門医なら、あなたの優れた警報システムに目を輝かせるだろう。それに、敏感性についての知識があれば、本当に問題がないと思われるときには、あなたをうまく落ち着かせてくれる。しかも彼らの言葉は信頼に足るもので、あなたが精神的な問題を抱えているという憶測に基づくものではない。

代替医療、ボディワーク、栄養士などの仕事に従事している人の多くは、ＨＳＰとかかわる機会が多いため、ＨＳＰにぴったりと寄り添ってくれる。そのため、ＨＳＰをよく知らない人に説明する際にはいい窓口となる。話をよく聞いて助けてくれる彼らのことを、ＨＳＰは好ましく思っている。それでも、従来の医学部で訓練を受けた医師や看護師の助けが必要な場合もある。彼らは必要なことはすべて学校や臨床実習で学んだと思っている。彼らに学術誌を読む時間はなく、この気質について何らかの形で知っていたとしても、これを何と呼ぶかはわからない。私たちはそんな彼らを、さまざまな気質を認識し、優しく、注意深く、そして敬意を持ってＨＳＰに対処してくれる、洗練された医師へと変えなければならない。長い目で見れば、ＨＳＰにとっていいことは、たいてい誰にとってもいいことなのだ（最近知人を見舞った病院では、夜中の〇時から朝の五時まで休息時間（quiet hours）となっていたが、これはきっとＨＳＰが苦情を訴えたからだと思われる。が、結果としてすべての患者がこの規則の恩恵を受けている）。

では、こうした魔法をどうやって現実にするのか？　医師に本書をプレゼントしてもいいだろう。あるいは彼らにウェブサイトwww.hsperson.comを教え、そのサイトを見ればこうした研究（いまでは一〇〇を超える）がすべて掲載されている旨を伝えてみるのもいい。まだ新しい分野だとはいえ、この気質が科学的に実在することを知らせるのだ。あるいは本書の代わりに映画『センシティブ：ジ・アントールド・ストーリー（Sensitive: The Untold Story）』を持っていってもいいかもしれない。その際、映画の面白さと同時に、彼らの患者の二〇パーセントがＨＳＰだということを伝えてほしい。

ただし、彼らが「ＨＳＰのことを何も知らない」というような態度で接してはいけない。その映画を手にしてくれただけでも十分なのだ。むしろ、その時点で彼らが素晴らしい実践者であることを伝えるべきだろう。「あなたは私のような人たちのことをよくわかっていると思いますが、私たちは、痛みや治療に敏感で、診察室に入ったり、症状を説明したりするだけで動揺してしまいます。そのかわり、言われた指示にはきちんと従います！」。そして彼らが映画を観てくれたなら、DOESの知識をもとにこう言うこともできるだろう。「自分が、質問が多いことはわかっています。これはD、処理の深さのせいですね。それにO、痛みや薬などの刺激にも敏感です。Eのせいで泣いてしまうこともあるけれど、あなたに深く共感もします。それにS、些細な刺激にも気がつきます。だから人より自分の症状に敏感ですが、回復しているときも同じように気がつきます」

またこの性質が、神経質などの性格の問題ではなく、生来のものであることを理解してもらおう。「この性質は生まれつきのものです。どんな子供も外向的だったり活発だったり、なんらかの気質を持っているでしょう。それと同じで、私のように、人より繊細な子供もいて、大人になってもその性質は変わらないのです」。後述の「医療専門家と新たな方法を実践する」で述べるように、必要なら準備をし、シミュレーションをしておくといい。またはメモを用意しておくこと。質問したいことをメモして持ってくる患者は多いので、これはとくにおかしなことではない。

相手が明らかに興味を示さない、あるいはしばらく経っても映画や本の感想を言ってこない場合は、その医師にかかるのはやめたほうがいい。あなたは客なのだ。他にも、担当医があなたの気分を害することがあれば、医師を変えることを考えたほうがいいだろう。初期のニュースレターに記した、あるＨＳＰのことを思いだす。ひどい自動車事故に遭い、回復するまでに何年もかかった彼女は、その間に、自分に対してネガティブな人間とはかかわらないことを学んだという。そういう人間は回復の妨げになるだけだったからだ。今後医師にかかる予定があったり、すでに専門家にかかっていたりする場合は、決してあきらめてはいけない。医師が新しい情報に耳を傾けてくれていないように思えたら、ちゃんと確認するように。

薬に敏感

この気質が薬物に対して敏感なのは、事実である。これについてはふたつの調査をおこなった。基本的に、これはあなたの気質の一部で、カフェインや空腹に対して敏感なのと同じことだと考えられる。当然、副作用を心配するあなたは、過覚醒になったり、警戒心を高めたりする可能性があるし（大半の薬には副作用があるため、そうなってもあなたが神経症なわけではない）、最初に薬を服用したタイミングで、何か他のことに動揺している場合もある。なので、薬を服用したら、落ち着くまでしばらく様子を見てほしい。

もし薬に対する自分の反応がおかしいと思ったら、その直感を信じること。薬に対する反応は人さまざまだ。服用する薬については、敏感性について理解のある専門家の助言を仰ぐといいだろう。ただし医師から敬意を感じられなければ、他の医師を当たってほしい。何度も言うが、あなたは客なのだ。

痛みに敏感

痛みに対する反応も、人によって大きく異なる。たとえば出産でほとんど痛みを感じない女性がいるが、そういうタイプの女性は、人生全般を通じてめったに痛みを感じたことがないという研究結果がある。逆もまたしかりで、痛みの多い人生を送る人もいる。

ＨＳＰのなかにはとりたてて痛みに敏感ではないと言う人もいるが、そういう人たちは、痛みに対してさまざまな対処法を持っていることが多い。薬物に頼らない痛みの対処法には、気を逸らしたり、催眠術をかけたりするという方法がある。しかし誰もが催眠術にかかるわけではないし、近くに催眠術師がいるとはかぎらない。選択肢のひとつとして、自己催眠という方法もある。これは歯痛などの際によく使われる。自己催眠に関する教材はたくさんあり、音声で指示するものが主流だが、文字で書かれた指導書を参考にしてもよい。

気を逸らすのは、痛みをコントロールするしごく簡単なやり方だ。すでにその効果を実感済みの人もいるだろう。たとえば、つらい治療を受ける前はいつも、それまで口数の少なかった看護師や医師が、急に私に話しかけてくるようになる。私はどんな話題にも喜んで応じるが、とくにこちらが答えたいと思うような質問をされると、おおいに気が紛れて助かる。他の状況でも試してみてほしい。採血中なら、（血を見ないようにして）採血している看護師に話しかけてみるのだ。

身体の他の感覚も、気を逸らすのに役に立つ。足が痛ければ手に、手が痛ければ足に注意を向ける。あるいは窓の外を見て、木々の葉や空に浮かぶ雲に「深く」思いを馳せる（魅力的なものほどうまくいく）。何時間も、何日も痛みに悩まされたら、うんと集中して他のことに注意を向ける必要があるが、うまくいかないこともある。それでも、とにかく誰かと話してみる。長らく連絡を取っていなかった人と話してみるのもいいだろう。なるべく痛みのことには触れないで。また、可能なら精神的な気晴らしをしてみてほしい。コメディやミステリー、アクション映画を観て、動揺しない程度に物語に入り込むのだ。バーチャルリアリティ（ＶＲ）やビデオゲームも効果的だ。クロスワードパズルでもいい。

私たちの心の在りようは、痛みにある程度影響されるため、痛みを感じたら、優しく、愛情深く、理解をもって、穏やかに接することが大切だ。また、あなたを支えてくれる人に、痛みに敏感だと伝えておくことも不可欠である。相手に十分な知識があれば、あなたの反応を正常な生理反応のひとつとして受け止め、適切に対処してくれるだろう（ただし、あなたの身体が鎮痛薬にも敏感に反応する可能性を忘れないように）。

医療状況における一般的な過覚醒

ここでは、医療状況（専門家に会うなど）における過覚醒と、治療中の過覚醒の両方について考えてみよう。私たちは最適な興奮レベルを超えると、気分が悪くなり、パフォーマンスの質も下がる。たとえば、自分の考えを伝えたり、言われたことを覚えていたりする能力が低下し、そのせいでさらに混乱をきたしたあなたは、神経質だと思われたり、あまり賢くないと思われたりすることを恐れるようになる。

まず、過度の刺激を恐怖と混同しないでほしい。混同してしまうと、医療状況における苦痛が増す可能性がある。あなたは、自分の症状の意味、新たな医師、過去の嫌な医療経験、相手に批判されることなどを、必要以上に怖いと思っているかもしれない。それはおそらく本当の恐怖だが、そうしたことを非難するのではなく、受け入れるようにしてほしい。奇妙に聞こえるかもしれないが、恐怖を心配してもますます恐怖が募るだけだし、ひょっとしたら神経が高ぶったせいでそう感じているだけかもしれないのだ。たとえば新しい会社ではじめての人たちと会うのなら、それは（恐怖ではなく）過度の刺激と言えるだろう。

ではどうすればいいのか。質問のリストを事前に用意し、メモを取ること。他の人を同伴して、あなたが思いつかない質問をしてもらうのもいい。それから先ほど私がしたように、自分の過覚醒の傾向を説明する。担当医が例の映画を観ていたり、DOESについて知っていたりすれば、深い理解を示すだろう（後日待合室に行き、環境に慣れるのもいい。慣れることで、その後の診察中に感じる過度の刺激は減っていく）。

医師には、おしゃべりなど、あなたの好む方法で落ち着かせてもらおう。また、神経が高ぶったときに備えて、指示をくり返してもらったり、あとで思いついた質問に電話で対応してもらったりするなど、協力を仰いでおくとよい。

医師からあなたの症状や「今後の展望」について聞く際は、正常の基準を教えてもらうこと。というのも、あなたは人が見逃すような小さなことにも気づく可能性があるからだ。こうしておけば、何かあっても、（夜や週末に連絡を取りたくなっても）心配はいらない。ときとして、患者が痛みを感じるかもしれないとわかっていても、医師や看護師はそれを事前に伝えないことがある。いくら指示に従順なあなたでも、不意打ちを食らうよりは、正確な情報を知らせてもらったほうがいいだろう。

治療による過覚醒については、しばしば体内に侵略して危険をもたらす、新たな、強い刺激に直面しているのだと認識してほしい。解決策は、くり返しになるが、まずは治療者に自分がＨＳＰであると伝えることだ。恥じることなく、堂々と。うまくいけば、あなたの告白はきちんと理解され、治療者はあなたにとっても彼らにとっても楽になるよう、特別な措置を施してくれるだろう。

また、興奮を減らすために、自分にとって最善な方法を知っておくこと。ＨＳＰのなかには、逐一説明してほしい人もいれば、黙って処置してほしい人もいる。友人に付き添ってもらいたい人もいれば、ひとりで臨みたい人もいる。痛みや不安を和らげる薬に効果を示す人もいれば、薬によって自制心が働くなり、余計に苦痛を感じる人もいる。また、自分でできることもたくさんある。あらかじめさまざまな事態を想定しておけば、いざというときに自分を落ち着かせることができるし、治療で示した激しい反応を前向きに理解し、受け入れることができれば、慰めになるだろう。

あなたや、あなたの身体に「合わない」という理由で治療を中断する場合、そう口に出すか、少なくとも話し合う時間を取るべきだ。何か要望があれば（いったんストップしたい、音楽の音量を小さくしてほしい、話すのをやめてほしい）それを伝えること。そう言われてもなかなかできない、という気持ちはよくわかる。とくにあなたが、自分の望みを隠して、つねにいい人であろうとしたり、周囲に失礼のないようにしようとしたりするタイプなら。それでも、やってほしい。

境界を設定したり、自分の要望を表明したりするのに、理由はいらない。それが助けになるなら、説明は必要ない。あるＨＳＰが教えてくれたように、「私には合わない」と言えばそれでいいのだ。そうすれば、あなたの「ノー」に対してとやかく言う人はほとんどいない。かりに「ちょっと敏感すぎなんじゃない？」と言う人がいたら、「不都合なことがあれば、具体的に言ってくれる？」と答えてほしい（そしていずれ「私は自分の繊細さが好きだ」と言えるようになろう）。具体的な事柄は非常に明確で、解決しやすい。

ポイントは、平均的な患者よりもあなたは神経が高ぶりやすいということだ。たとえ担当医が、あなたの気質を神経症や厄介な兆候として扱わなくても、人より治療はむずかしい。

7章でも説明したが、神経が高ぶる経験、とくに痛みをともなったり、精神的にきつい経験を共有したりした相手には、愛着を感じることがよくある。医療現場では、患者が担当の外科医に特別な感情を抱くという話はよく聞くし、出産した女性が担当医に特別な思いを抱くというのもごく普通のことである。その問題を解決するには、それが起きる理由を理解し、適切に対処することだ。

神経の高ぶりに対処するのは困難で、回避する方法はない。そして目の前に痛みや、老いや、死がある医療現場では、なおさら困難をきわめる。それでも、死を意識しながら、人生の一瞬一瞬に感謝しながら生きるのは、とても意味のあることだと思う。さまざまなことが気になりすぎるときは、拒絶という名の便利な手段でその身を守ればいい。そして、友人や家族に助けてもらおう。彼らは、いずれあなたの問題に向き合うことになるし、あるいはすでに向き合っているかもしれないが、そうなってもあなたを重荷に感じたりはしない。何が起きてもみんなそばにいてくれる。

友人や家族といえば、私は何度か彼らと病院で過ごしたことがある。手術直後、すでに回復しかけている友人のそばで。予後がよくない人のベッドわきで。脳卒中や痴呆の人を見舞ったときには養護ホームで。それから、死の間際にいる人のそばで。こうした状況下では、HSPの能力が最大限発揮されるように思う。ある未発表の研究で「死を目前にした他人のベッドわきに座り、慰めてあげることができますか」という質問をしたところ、多くのHSPが「はい」と答えている。

DOESの作用は、刺激に敏感であることも含まれる。自分がいかに些細な、あるいは無意識のレベルでその状況を体感していたかということに、状況を離れるまで気づかない場合もある。3章では一般的な健康とライフスタイルについて論じたが、その大半は刺激に敏感な性質が引き起こす問題についてである。

治療としての瞑想

3章で超越瞑想(TM)を推奨した。ここでもう一度TMに言及したい。というのも、瞑想がコルチゾール(過覚醒によって生成された「ストレス」ホルモン)を低下させるという前述の研究の他に、新たな医学研究がおこなわれたからだ。私はこの五〇年間、ほとんど欠かすことなくTMを日に二回おこなっている。この五〇年間の実践は、TMがどれほど私をリラックスさせているかを示す、ある種の研究といえるだろう。私は毎回この超越瞑想を楽しみにしており、この休息のおかげで、間違いなく以前よりいい人間になった。

他の瞑想についても徹底的に研究を重ねてきた。新しい研究を簡単に要約すると、瞑想には三つのタイプがあり、それぞれ脳に異なる影響を及ぼす、ということだ。そう、ひとくちに瞑想といっても、種類によって大きく異なるのだ。それぞれに目的があり、メリットがある。禅などの集中瞑想は、その名のとおり、精神を統一するのに役立つ。マインドフルネスは、自分の呼吸、身体、思考、あるいは意識するよう指示されたものに同調し、瞑想を解いた際にもう一度見つめ直すことで、より「マインドフル」に、自分の身体や思考に気づけるようになる。

自己超越瞑想、TM、キリスト教のセンタリングの祈り（基本的にやり方はTMと同じ）は、可能なかぎり静かな活動レベルに心が到達することを目的としている。もちろん思考は存在するが、それは瞑想の一部とみなされ相対するものではない。睡眠も許されており、要は、脱力しながら己を超える、やろうと思わずにそうなる、というのが基本的な考え方である。できることなら、脳はしばし活動を抑え、再編成したいと思っている（とくに「深い処理」をする脳内には、すぐに多くの思考が蓄積されてしまう）。脳を含む身体が深い休息状態にあれば、何よりも効果的なダウンタイムとなる。

関連する脳波のパターンは、アルファ波である（リラックス時にアルファ波が出ることはよく知られている）。アルファ波が脳全体に広がり、非常に穏やかで安らかな感情を生みだす。重要な医学研究によると、これは健康にとてもいいことがわかっており、なかでも慢性的な過覚醒でとくに損傷しやすいと考えられている、心機能を健全な状態で保ってくれるという。T

Mは、HSPにとっておそらく理想的な形の瞑想だが、他の瞑想を実践しているなら、それでまったくかまわない。残念ながら、TMは費用がかさむことがある。皮肉なことにこの瞑想は、がんばらないでおこなうために、専門家から数日間指導を受ける必要があるのだ。利点をいえば、統一された形式で広くおこなうことができ、実質的な財政支援が受けられることだろう。

病歴を書き直す

そろそろあなたの医療体験を考え直してみるころかもしれない。

病気や怪我で病院に行った経験を（とくに入院したり、子供のころに病院にかかったりした経験を）三つほど思い出してほしい。それから、いつものようにリフレーミングの手順を踏んでいく。まず、専門医のあなたに対する態度――「繊細すぎる」、厄介な患者、妄想の痛みを訴える、神経質など――を考慮して、これまでそうした経験を自分がどう理解していたかを考える。つぎに、いま現在理解している自分の気質に照らし合わせて、それらの経験を捉え直す。そして最後に、新しい医師を探す、その医師に本書を渡すなど、いまやるべきことを考える。

医療関係でずっと苦労してきたなら、つぎのエクササイズを参考にしてほしい。

医療専門家と新たな方法を実践する

1. あなたにとって、気持ちが高ぶって居心地の悪い、あるいは問題だと思う医療状況を考えてほしい。たとえば、患者服を着用させられたとき、特定の検査を受けたとき、採血されたとき、歯の治療で穴を開けられたとき、診断や報告が遅れたり不明瞭だったりしたときのあなたの反応はどうだっただろうか。

2. 現在の状況を、この気質のポジティブな側面も含めて考えてみる。たとえば、あなたは問題があれば直ちに気づき、医師の指示に注意深く耳を傾けるだろう。だが何より、自分が必要なもの（と、持っていて当然のもの）について考え、状況をなるべく穏やかに収めること。重要なのは、あなたの身体がコルチゾールで溢れないようにすることで、あなたが落ち着いていれば、治療も順調に進むだろう。

3. 自分に必要なものをどうやって手に入れるかを想像する。必要なものを手に入れるには、あなたの敏感性について医師と話しあう必要がある。なので、脚本を用意してほしい。その脚本は、あなたの自尊心を伝え、他人からの敬意を勝ち取れるものにすること。できあがったら、信頼できる相手に見せて意見を求めよう。医療関連の仕事に携わっている人なら理想的だ。そして彼らと脚本の読み合わせをしてみて、あとからあなたの口調など、印象を教えてもらうといい。

4．練習したことを次回の治療でどう活かすかを考える。その際またこれらのポイントに立ち返って、想像を現実に変えるためにもっと練習しなければ、と思うかもしれない。

あなたの気質に対する医学的レッテルに注意する

承知のとおり、医師は私たちの精神状態がいかに免疫系や病気に影響を及ぼすか、ただちに見て取る。また、人一倍病気になりやすい思考や感情の持ち主の存在にも気づいている。だが、医師は病気に気を取られるあまり、一見病気を発症しそうな性格に、ポジティブな側面があることをしばしば見落とす。ここで「一見」と言ったのは、たとえば、線維筋痛症、慢性疲労症候群、自己免疫疾患、1型糖尿病を患っている人のなかにHSPが大勢いたとしても、実際にその割合を知るのは非常にむずかしいからだ。また「まえがき」で触れた差次感受性が示すように、いい幼少期を送ったり、ストレスの少ない環境で育ったりしたHSPがいることを考えれば、HSPは他の人に比べてこうした疾患を発症する確率は低い可能性がある。問題は、すべてのHSPから無作為にサンプルを採取し、幼少期の状況から病気の割合を知るのはほぼ不可能にもかかわらず、病院で治療を受けているHSPの割合を知るのはたやすいという点だ。

HSPに特定の障害があるとみなし、（有料で）治療を提供する人物にはとくに注意してほしい。そういう人物にはまず、治療を裏づける研究について尋ねてみることだ。また、ＨＳＰは特定の病気を発症する傾向があり、正しいサプリメントなどを服用すればそれを防げる、という話にも注意すること。なぜ、彼らにそんなことがわかるのか。その話をすることで彼らは何を得ようとしているのか。

いや、ＨＳＰに対する文化的偏見があるかぎり、それこそが本当のダメージになっているのかもしれない。実際、医療の専門家や健康に関するアドバイザーが、特定の性格や気質は不健全で、ネガティブで、病気になる可能性が高いということを、専門家の権威をもって公言することで、無意識に偏見を広めている可能性がある。あなたを含め、こうした疾患にかからないＨＳＰがいることを、くれぐれも覚えておいてほしい。

断っておくが、私は医師を糾弾したいわけではない。だがいま述べたことは、私たちの気質にかかわることなので、ぜひ伝えておきたい。たとえば、一九八九年にジョンズ・ホプキンス大学病院の著名な内科医ニール・ソロモンと、心理学者のマーク・リプトンが発表した『シック・アンド・タイヤード・オブ・ビーイング・シック・アンド・タイヤード（Sick and Tired of Being Sick and Tired）』という書籍がある。これは「深い感受性症候群（Profound Sensitivity Syndrome）」について書かれたもので、ふたりは多くの人がこの性質を備えていると感じていた。

実際、何百万人もの人が（ストレス反応によって放出される生化学物質を）大量に流出しており、（そうした生成物に対して）非常に敏感である。それらは体内でうまく遮断されず、流出させないよう脳に警告することもできない。おかげで体内には異常な量が溢れ、原因不明のさまざまな身体症状に反応している（二五ページ）……回復へのカギは……問題を正しく知覚し、流れを制御する心の能力である（二七ページ）。

わりと古い書籍にもかかわらず、ここで使われている言葉は、大半の医師が医学部時代に聞かされる言葉である。私は、敏感な気質を持つ人たちを助けるためにソロモンとリプトンがおこなった、先駆的な取り組みについては心から感謝している。しかし、この本にはいたるところに偏見が存在する。彼らにとっての正常の基準は、この遺伝的性質をもった私たちには当てはまらない。ふたりは、この「症候群」の人びとは、他者より創造的で繊細であることを認めており、この気質のポジティブな側面をいくらか示しているものの、彼らは根本的な、中立な身体的差異を理解していなかった。提案自体はよかったものの、そこには根本的な見落としがある。私たちには、もっと理性的な自己制御が必要だと思われているのだ。だがＨＳＰは、どちらかといえば、自分を抑え込みすぎている。それに、すでに神経が高ぶっている人に「気持ちを抑えなさい」と言ってもほとんど役に立たない。

くり返すが、私はソロモンとリプトンを非難するつもりはない。彼らの書籍は単に、私たちの性質を理解しようとする本として、気をつけるべきものの実例にすぎない。それでもやはり、古い誤解を引きずりかねないこうした内容には注意したい。

あなたの気質が心の問題だと思われたら

これまで何度か、あなたの気質について専門家に話すよう伝えてきた。だがそうすると、恒久的な解決策として「向精神薬」（おそらく抗うつ薬や抗不安薬）を処方される可能性がある。実際、すでにそうした薬を服用したことがある人は多いだろう。本当に切羽詰まっていたり、不眠や食欲不振など、興奮状態やそれにともなう影響を一時的に抑えたりする際には、非常に効果的な場合もある。問題は、あなたの気質を「治す」ために、その薬をこの先もずっと服用しつづけるべきかどうか、ということだ。医師の多くはそうするべきだと考えている。たとえば、私がかかりつけの医師に、本書の話をはじめてしたときのことだ。彼はとても興奮した様子で「たしかにＨＳＰに対する投薬治療はあまり知られていませんが、ありがたいことに糖尿病と一緒で本当は薬で簡単に治せます」と言い、処方箋の一覧を取りだしたのだ。

医師にすれば、よかれと思ってそうしたのだろう。しかも二五年前のことだ。だが私は、（薬漬けになるのは）怖いので、しばらくあなたの助けを借りずに対処してみます、とやや皮肉を込めて医師に伝えたのだった。

危機的状況下での服用

向精神薬を危機的状況で服用するのと、長期的な治療薬として服用するのとでは、明確な違いがある。ときとして薬は、過度の興奮状態や、日中のけだるさ、夜の不眠などの悪循環から抜け出すための簡単な、もしくは唯一の手段となり得る。こうした状況では、私の担当医のように、多くの医師が薬を処方したがるだろう。あるいは逆に、つらい気持ちを抱えているなら――とくにその原因が死別などの「外部」からのものであるなら――きちんと苦しむべきだと主張する人もいるかもしれない。最善の解決策は、危機的状況に陥ったらどうするかを、事前に決めておくことだ。投薬治療の長所と短所をきっちり理解しておくこと。事前に決めておかないと、いざ困った状態になったあなたは、自分は重大な決断がくだせる状態にないと考え、周囲の人もあなたの決断力を疑う可能性がある。その結果、かかりつけ医の指示どおりに動くことになってしまうのだ。

あなたと薬に対する考え方が一致する精神科医を探してほしい（優秀な精神科医を見つけるのは必ずしも簡単ではないが、家庭医ではこうした投薬治療についての経験が十分ではない）。その際、精神科医がＨＳＰについて理解していることを確認し、もし相手がこの気質に興味を持っていなかったり、知っていると言いながら何も知らなかったりしたら、別の人を探すこと。代替治療に興味があれば、治療者にもそのことを伝え、何が効果的で、何がそうでないかを伝えてもらうようにするといい。

抗うつ薬について

「まえがき」でも述べたとおり、薬についてここで詳しく語るつもりはない。ただし、HSPはうつになりやすいことから、抗うつ薬を服用していることが多い、ということには言及しておく。こうした薬は自殺を防ぎ、うつ症状をやわらげ、その結果、周囲の人々の生活も改善してくれる。しかしその一方で、抗うつ薬を手放せなくなる人も多い。いくつかの研究によると、一般的な抗うつ薬は偽薬よりもほんの少しましなだけで、その効果は砂糖の丸薬を服用して気分がよくなるのと同程度のものだという。副作用についてはどうか。ジョン・リードとジェームズ・ウィリアムズが、三八か国、一五〇〇人の抗うつ薬服用者を対象に実施した調査によると、体重の増加やセックスへの興味の喪失など、大半の人が深刻な副作用を報告した。そのふたつだけでも滅入ってしまうが、なかには眠気、感情の「鈍化」、自殺願望まで訴える人もいたという。

どちらの側面にも言い分があるし、全体を理解する必要があるが、抗うつ薬に対する考え方は今後も刻々と変わっていくだろう。したがってここでの議論もすぐに時代遅れになるだろうから、これ以上言うつもりはない。ありがたいことに、現在こうした情報はすべてインターネットで調べることができる（ただし、グーグル・スカラーで見つかるような科学研究を参考にすること）。

ひとつだけ、変わっていないことがある。それは、抗うつ薬は心理療法と併用して服用したほうがいいということだ。長期的に見れば、心理療法はそうした併用療法と同じくらい効果があると思われる。

興奮を抑える即効薬

過覚醒を瞬時に抑え、その状態を数時間保てるようにする向精神薬は無数にある（すでに承知のとおり、過覚醒が不安からきているとはかぎらないので「不安になりやすい」というレッテルは受け入れないように。神経の高ぶりは、ただの刺激過多の場合もある）。

多くの人はこの薬を眠るためとか、パフォーマンス向上のためとか、ストレスに対処するためなどと言い聞かせて服用する。だがこうした薬は効果の短さとは裏腹に、気をつけないと中毒に陥る場合がある。薬がないとこれまで以上にストレスを感じるようになり、すぐに肉体的に依存してしまうのだ。新しい抗不安薬が登場するたびに、以前のものより中毒性が低いと謳われる。だが高ぶりすぎた、あるいは落ちこみすぎた気分を瞬時に適正に戻す薬というのは、いずれにしてもある程度の中毒性があると考えたほうがいい。アルコールや鎮静剤は気分を落ち着かせ、カフェインやアンフェタミンは気分を高揚させるが、いずれも中毒性がある。実際、副作用よりも効果のほうが大きければ、問題を解決してくれるものは何であれ、くり返し使用されることになる。私には、どのくらいのＨＳＰが自己流で治療するというリスクを冒し、依存症に対処しているのかはわからない。たとえＨＳＰの二〇パーセント以上がアルコールや鎮痛剤などに依存していたとしても、ＨＳＰ全員を、とくに幸せな子供時代を過ごしたＨＳＰを調査するのはほぼ不可能だろう。

要するに、依存症はこっそりあなたに忍びよるということだ。中毒性のある物質は、同様の効果を得るためにさらなる服用を促し、いずれあなたは、禁断症状を抑えるためだけにそれを服用するようになる（カフェインとタバコがいい例だ）。そのうえ、身体の自然な覚醒バランスまで抑制されるようになる。

もちろん、あなたがつねに興奮状態にあるなら、そのバランスはすでに崩れているし、抗不安薬を服用して得られるつかの間の安らぎこそ、あなたにとって必要なものなのかもしれない。しかし、化学的に身体を変える方法は他にもある。散歩、深呼吸、マッサージ、好きな人に抱きしめてもらう、日記をつける、ダンスなどなど。

人類が洞くつに住みはじめて以来、鎮静剤として「天然の」ハーブが用いられてきた。カモミール・ティーはその好例だ。他にもラベンダーやトケイソウ、ホップ、オーツ麦茶、あるいはそれらをブレンドしたものでもよい。ハーブにもさまざまな個性があり、人によって効果が異なる。身体に合ったものを睡眠前に飲めば、ゆっくり眠ることができるだろう。カルシウムやマグネシウムが不足しているなら、ハーブに含まれるミネラル類があなたを落ち着かせてくれる。

あなたの担当医は、こうした昔ながらのシンプルな治療法を提案してくれない可能性がある。医師は、製薬会社からの営業を頻繁に受けているが、医師にカモミール・ティーや散歩を処方するよう勧める営業マンはいないのだ。

まとめ：あなたと医療の最前線

医学は急速に個別化、または「精密」医療へと移行している（私が最初に本章を書いたころはそうではなかった）。これには、ＨＳＰの気質も含めてしかるべきだろう。気質と医学の統合に関しては、すでに性格から将来の病気を予測するという研究がおこなわれており、これは病気の予防に役に立つ。生まれつきの気質や、生まれる以前のバックグラウンドを合わせた個人の性格は、敏感性にかぎらず、生来の特性と同じでない。

興味深いことに、性格と予防の研究によると、神経症というのは複雑な特徴で、いい結果が予測されることもあれば、悪い結果が予測されることもある。おそらくこれは、ある程度敏感性が関係しているからで、（神経症の一側面である）不安感が予防の役に立つのだろう。また別の気質である開放性も、割合は低いが確実に敏感性と関連しており、この気質からも将来の健康状態を予想できる。

つまり、あなたが自分の気質を医師に伝えるたびに、個人的な治療法を提案することになるのだ。それがあなたの健康だけでなく、治療者にとっても非常にいいのは、こうした個別化医療は、彼らの目標である結果の改善にもつながるからだ。それは今後必ず、個人的な「精密」医療に欠かせない要素になっていく。あなたのおかげで医療従事者は、不幸な子供時代を過ごしたＨＳＰが病気にかかりやすいということだけでなく、この気質に強みがあることも知るだろう。

この気質の全体像を知ることは、ＨＳＰだけでなく、全員にとって有益である。あなたが医者に行くたびに、この分野は開拓され、世間に広がっていくのだ。本書が（今回新たに書き直した「まえがき」も含め）、あなたが――自分のために、そして私たち全員のために――声をあげるきっかけとなりますように。

・学んだことを実践しよう

安全な薬で自分を変えられるなら、どう変わりたいか紙を一枚用意し、真ん中に線を引く。左半分に、あなたに関するあらゆること、薬で消せるものなら消したいと思っている敏感性に関することも含めすべて書きだしていく。これによってHSPであることの欠点を明確にし、自分を変えられる完璧な薬を想像する（このエクササイズは、危機的状況、うつ状態、自殺願望が発生した際に使用する薬物に関するものではない）。

つぎに、奇跡の薬を服用することで、あなたの敏感性に関するネガティブな要素が消えた場合、自分が何を失うかを右側に書きだしていく。たとえば「頑固さ」と左に書かれていたら、それを失うことで「粘り強さ」がなくなる可能性があるので、右半分に「粘り強さ」と記入する。

左側の各項目を、どの程度自分のなかから消したいか、また右側の各項目をどの程度残しておきたいかに応じて、一から三の数字をつける（三が最大）。右側と比べて左側の合計がかなり高い場合は、まだ、あるがままの自分を受け入れるのがむずかしい状況といえるだろう。過去や現在にその原因がないかを考え、敏感性を気に入らないのは、あなたのどの部分なのかを想像する。そして自分と対話し、問題を特定できたら、自分のなかのHSPに、自分を擁護させる訓練を課してほしい。

10

魂とスピリット
——真の宝がある場所

Soul and Spirit: Where True Treasure Lies

ＨＳＰには魂やスピリットを意識するところがある。ここで魂というのは、肉体よりも儚く、それでいて、夢や想像のように具現化されるもののことである。スピリットとは、超越的でありながら、魂、肉体、世界のすべてを内包したものを指す。

私たちの人生でこれらふたつが果たす役割とは何だろう？　本章では、人間が全体性を求めてやまない心理学的見解をはじめ、いくつかの可能性を見ていこうと思う。そもそも私たちには他人が気づかない、あるいは気づこうとしないものに気づくという優れた才能があるのに、それを何度もくり返し傷つけるのは無知と言っていい。

ただし本章には、心理学的知見にとどまらない、神聖な声も含まれる。

四つのサイン

ふり返ってみると、それはほとんど歴史的瞬間と言ってもいいものだった。一九九二年三月一二日、カリフォルニア大学サンタクルーズ校のキャンパスではじめてＨＳＰの集会がおこなわれたときのことだ。私は例のインタビューの結果、および最初の調査結果に関するレクチャーをおこなうため、協力してくれた人たちや、感心を抱いてくれた学生やセラピスト（のちにそのほとんどがＨＳＰであったことが判明する）を招待した。

私が最初に気づいたのは、講義をはじめる前の教室の静寂だった。とくに何かを期待していたわけではなかったが、好意的な静寂に迎えられたことに驚きはなかった。しかもそれはただの静寂ではなく、深い森のようなしんとした静けさだった。彼らの存在によって、ごく普通の教室が別の空間と化していた。

さっそく講義をはじめようと思ったそのとき、彼らの緊張感がいい意味で高まるのを感じた。もちろん、議題は彼らにとって重要なものだ。しかし私がその瞬間感じたのは、彼らとの一体感だった。私たちはさまざまなアイデアに興味を覚え、そのコンセプトを取り入れ、それぞれの可能性を熟考する傾向がある。しかも私たちは協力的で、ひそひそ話やあくびをしたり、変なタイミングで教室に出入りしたりして、誰かを邪魔するようなことは絶対にしない。

また、私は講義の最中に何度か休憩を挟むのだが、そのなかに無言で瞑想、祈り、思索をする時間を設ける。平均的な聴衆のなかには、そうした時間に困惑し、居心地の悪さを感じる者もいるが、HSPが集まったこの講座では、誰ひとり戸惑ったようすを見せなかった。

さらに、私がインタビューした人のおよそ半数が魂やスピリットについて語った。あたかもそれらが自分という人間を定義しているかのような話しぶりで。そして私が彼らの内面生活、哲学、宗教との関係、精神修行などについて尋ねると、待っていましたとばかりに、たちまち新たなエネルギーがその声に宿った。

「組織宗教」に対する感情は強烈だった。非常に熱心な人がいる一方で、不満を抱き、軽侮している者もいた。反対に、自由な信仰は歓迎された。約半数が精神的次元に触れるために、日々、内面を見つめる作業をしていた。

以下は彼らが吐露した心情の一部である。一見、詩のように見える。

何年も瞑想をしている、が「その経験を手放す」。
毎日祈る。「願いは聞き届けられる」。
修練を重ね、動物や人間の本質に忠実な生活を送る努力をする。
毎日瞑想する。そこには、大丈夫だという「信念」以外の「信仰」はない。
スピリット、偉大なパワー、導きの力があることを知っている。
私が男だったら、修道士になっただろう。

生あるものはすべて大切だが、さらに重要なものがあることを私は知っている。人をどう扱うかが自分だ。宗教？　信じられたら安心すると思う。道教とは、苦しみを手放すよう、宇宙で働く力だ。五歳のとき、木に腰かけて神と話すようになった。つらいときには声が導いてくれる。そして天使が訪れる。

一日に二回、深くリラックスをする。

私たちはこの星を守るためにいる。

一日に二回瞑想をおこなうのは広大な経験で、陶酔感が数日つづいたが、スピリチュアルな生活は少しずつ進展するもので、そこには理解も必要だ。

アラノン（Alanon：アルコールや薬物依存者の影響で困難を抱える家族のための自助グループ）に参加するまで、私は無神論者だった。

イエスや聖人について考える。精神的感情の大きな波がある。

瞑想し、ビジョンを得、やがて夢が光り輝くエネルギーで満たされ、圧倒的な喜びと恵みで多くの日々が満たされた。

四歳のとき、いつでもあなたを守っているという声を聞いた。

人生はいいものだというが、居心地がいいものではない。それは神を知ることであり、人格を磨くものである。

子供のころ、宗教に魅了されると同時に嫌悪したが、つねに超越的で謎めいた何かに触れられていた。

多くの信仰を抱いてきた。なかでも純粋な信仰は、子供が生まれたときに抱いたものだ。その信仰を迂回し（瞑想を通じて）直接神へ、そして貧しい人びとに届けられた。インドネシアのスピリチュアル・メソッドを仲間と学びながら、踊りと歌で「人があるべき姿」を目指している。

毎朝三〇分祈りを捧げ、過去をふり返り、未来を見据えると、神から洞察や正しさが与えられ、道が見える。

私たちが神のなかにふたたび生まれるとき、その身に能力が与えられ、神の栄光のもとで生きていけるのだと信じている。

真の宗教体験は、あらゆる出来事はいいものだという信仰として日常に現れる。

私は仏教とヒンドゥ教を信仰する多神教信者だ。すべては想定どおりに起こる。何をおいても楽しみ、頭上や足元や背後にある美しさとともに歩んでいく。

宇宙との一体感を覚えることがよくある。

私たちが得意なこと――それが何の役に立つのか？

ＨＳＰと過ごす際に経験する四つのサインについて触れた。ある種の神聖な集合体を作りだす深い静寂、思いやりのある行動、魂／スピリットに対する率直さ、およびそれらすべてに対する洞察力。これら四つのサインは、私たち「王室の助言者階級」が、社会に得も言われぬ滋養を供給する「聖職者階級」であることの強力な証拠だろう。これに呼び名をつけることはできないが、いくつかの考えを述べてみたい。

神聖な場をつくる

私は、人類学者の祭祀空間に対するアプローチが好きだ。祭祀を取り仕切る長は、参加者のために、世俗社会から離れた、儀礼的で、神聖な、あるいは過渡的な空間でしかおこなわれない体験を生みだす。この種の空間での経験は、斬新で意味を付与する。こうした経験のない人生は、単調で空っぽになる。祭祀長は空間を区切って保護し、他者を受け入れ、導き、正しい意味と経験を持って社会に戻れるよう手助けする。昔からこうした祭祀は、大人になる、結婚する、親になる、年を取る、死を迎えるといった、人生の節目でおこなわれる通過儀礼だった。それ以外の祭祀では、癒やしや、ビジョンや、道を示す啓示をもたらし、神との親密なる調和を促した。今日、神聖な空間はありふれたものとなった。それらを保存するには、大いなるプライバシーと細心の注意が求められる。それは教会でのように、心理療法士のオフィスでおこなわれたり、コミュニティでの伝統儀式のように、自身の宗教に不満を持つ男女が集まっておこなわれたり、シャーマンの衣装をまとって儀式用の輪を描くことで伝わる何かがあるように、会話の話題や口調のわずかな変化で伝えられることが多い。今日の神聖な空間の境界線は絶えず移動し、象徴的で、めったに姿を現さない。嫌な経験のせいで、神聖に見えるものを拒絶するHSPもいるが、たいていのHSPにとってそれらは心地よい空間である。なかには、みずからそうした空間を作りだす人もいるほどで、HSPは他者のために神聖な空間を生みだす使命を引き受けることが多い。攻撃的で世俗的な戦士の時代に、神聖な空間を生みだすのは、まさに聖職者の仕事といえるだろう。

預言

カール・ユングとともに働いた心理学者マリー＝ルイズ・フォン・フランツの研究にも、HSPを「聖職者」とみなす理由がある。彼女はユング派が内向的で直感的なタイプと呼ぶ、大半のHSPについて書いている。

内向的で直感的なタイプは、未来をかぎ分けられることから、外向的で直感的なタイプと同じ能力を備えている……しかしその直感は内に向けられているため、彼はおもに宗教的預言者、先見の明を持つタイプであると言える。原始レベルにおいて、彼は神や亡霊や先祖の霊の計画を知るシャーマンであり、部族にそのメッセージを伝える役目を負っている……彼は集合的無意識のなかで進行する、ゆったりとしたプロセスについて知っている。

今日、私たちの多くは預言者ではなく、フォン・フランツの言う「当時の集合的無意識のなかで起きていることを表現し、後世になってはじめて認められる」作品を生みだすような、芸術家や詩人である。だが元来、預言者は芸術ではなく宗教に影響を与える。そしていまの宗教には、何やら不可思議なことが起こっているように見える。

太陽が東から昇るかどうかを自問してほしい。そしてあなたの「間違った」答えについて考えてほしい。もちろん、あなたの答えは間違っている。太陽は昇らない。地球が回っているのだ。個人の経験も同じである。正しいように見えても、信じてはいけない。信じられるのは科学だけである。

科学はこれまでずっと「何かを知る最善の方法」として君臨してきた。だが一方で、大きな精神的、哲学的、そして倫理的な質問に答えられるようにはできていない。そのせいか、私たちはそうした問いにあまり重きを置いていないようにふるまうが、実際はそうではない。そうした問いの答えは、社会の価値や行動のなかで示され、あるいはほのめかされてきた。誰に敬意を払い、誰を愛し、誰を恐れ、また、住まいや食べ物がないまま放っておかれるのは誰か。

こうした問いに答えてきたのは、たいていＨＳＰだ。

しかし今日、とくにこれまで信じてきたことが科学によって覆されたことを思うと、ＨＳＰでさえ見えないものをどうやって経験し、信じればいいのか確信が持てない。「太陽が昇る」という事実が、まさに人間の愚かな間違いであると判明すると、私たちは自分の感覚、ましてや直感など信じられなくなった。聖職者や聖職者階級の人びとがかつて主張していた教義を考えてほしい。その多くは、「いまでは間違であることが証明されている」し、もっとひどいものになると、ただの自分本位の主張だったことがわかっている。

信仰への打撃は、すべて科学がもたらしたわけではない。コミュニケーションや、旅行からもたらされることもある。たとえば私が天国を信じていて、地球の反対側にいる数十億という人びとが輪廻転生を信じていたら、どうやって互いの信仰を両立させればいい？　自分の信仰のある部分が間違っていたとしたら、残りの教えも間違っているのだろうか？　比較宗教学は、それがすべて自然現象を見つけるための試みだと示しているのでは？　死に直面した際に安らぎは必要だろうか？　迷信や感情的な枷を取っ払って生きてはどうか？　もし神がいるなら、世界中で起きている問題をどう説明するのか？　それどころか、なぜ宗教をめぐってこれほど多くの悲劇が起きているのか？　疑念の声は、ますます高まっていく。

宗教の衰退について語る声はさまざまだ。信仰に懐疑的な人もいれば、見えない力や神を信じている人もいる。またこれまでの伝統に、以前にも増して固執し、原理主義者になる人もいれば、世界の大きな火種になるからと教義を拒絶する一方で、伝統儀式や特定の教えは喜んで受容する人もいる。さらにいまどきは、上から教え諭される宗教ではなく、みずから直接的な経験を探し求める新しい形の宗教もある。そういう人たちは、他者が自分とは違う経験をしていることを知っているので、みずからの経験を「真実」だと主張したりはしない。ひょっとすると彼らは、根本的に不確かだと認識されたスピリチュアルの知識と生きていかねばならない、最初の人類かもしれない。

どんな分野にもHSPはいる。だが私がおこなったインタビューや講座の感じから判断すると、HSPの大半は最後のグループに属していると思う。探検家や科学者、すなわち未知の領域を探索し、世間に報告する人びとだ。

ただし、そのなかの多くの人は報告するのをためらう。宗教、改宗、カルト、グル、ニューエイジなどの活動は、往々にしてややこしい。私たちは、瞳をぎらつかせてパンフレットを配る人たちを恥ずかしいと思う。だからHSPは、（スピリチュアルなことを口にして）自分たちも同じように見られるのが怖いのだ。それでなくともHSPは、魂や精神よりも肉体を好むという文化のなかで、すでに十分疎外されている。

それでも、時代は私たちを必要としている。いつの時代も、王族の助言者と、戦士階級のバランスが取れていないのは危険だが、なかでも科学が直感を否定し、「大きな問題」が考慮されることなくその場の都合で解決されるのは、とくに危ない。

ふたつのバランスを取り、大きな問題を考慮するには、あなたの力が何より必要なのだ。

あなたの宗教の教えを記す

宗教が組織化されているか否かにかかわらず、そこにはいくつかの教えがある。できるなら、その教えを書きだしてみてほしい。あなたは自分の経験から何を受け入れ、信じ、学んできたか。王室の助言者階級の一員として、それを自分の言葉にできるのはいいことだ。というのも、その教えから恩恵を受けそうな人がいたら、明確に伝えてあげられるからだ。もし教えに盲目的になりたくなければ、そのように一歩引いた姿勢を最初の教えとすればいい。信念を持つことは、変わらないことでも、確実なことでも、他人に押しつけられることでもない。

他者への影響

あなたが預言者として役割に居心地の悪さを感じていても、別に責めたりはしない。だが「実存の危機」に直面したら、やはりあなたは木箱の上に立ち、あるいは教壇に上がることになるかもしれない。ナチスの強制収容所に投獄された、ユダヤ人精神科医のヴィクトール・フランクルのように。

ＨＳＰだったフランクルは自著『夜と霧』（みすず書房・二〇〇二）のなかで、自分が収容所内でいかに仲間を元気づけるよう求められたか、あるいは直感的に彼らに必要なものや、彼らがそれをどれほど切実に必要としているかをいかに理解したかを語っている。またフランクルによると、こうした悲惨な状況下でも、他者から生きる意味を学ぶことができた囚人たちは、精神的にいい状態を保ち、ひいては身体的にも安定していたという。

豊かな内面生活を育んできた敏感な人びとは、途方もない痛みに苦しんだかもしれないが、その内面生活はそれほどダメージを受けなかった。彼らは現実の悲惨な環境から逃げだし、内面の豊かで、精神的に自由な世界へこもることができたのだ。こういう見方をしてはじめて、あまり丈夫そうでない者が、いかにも頑強な者よりうまく収容所生活を乗り越えられたことの謎が説明できる。

フランクルにとって、生きる意味は必ずしも宗教ではなかった。収容所では、他人を助けることに自分の生きがいを見出した。また、紙切れに書き綴った『夜と霧』や、妻に対する深い愛が生きる意味になることもあった。

エティ・ヒレスムもまた、戦時中の困難な時期に、他者と分かち合うことで人生の意味を見出したＨＳＰである。一九四一年から一九四二年にかけてアムステルダムで書かれた彼女の日記からは、自分の経験を、歴史的および精神的、そしてつねに内的に理解し、変革しようと努力していたようすが伝わってくる。恐怖や疑いを脱ぎ捨て、ゆっくりと、静かに精神的勝利を育んでいったのだ。またその日記からは、どれだけの人びとが彼女に深い慰めを見出していたかも伝わってくる。紙片に書きつけられた彼女の最後の言葉、アウシュビッツへ向かう牛車から放り投げられた言葉は、とくに胸を打つ。「私たちは歌いながら収容所をあとにした」。エティ・ヒレスムは、ユングの心理学とリルケの詩（いずれもＨＳＰ）をよりどころにしていた。リルケについて、彼女はこう記している。

こんなふうに思うのは奇妙かもしれないが……〔リルケは〕たぶん、いまの私たちの状況に置かれたら、壊れてしまっただろう。しかしそれはつまり、きちんと人生の調和がとれているということに他ならないのではないか？　平穏な時代、そして好ましい環境下では、敏感な芸術家は純粋かつ、自分の思考にもっともふさわしい表現を探し求め、反対に困難をきわめた時代には、他者から頼られ、答えの見えない問いに応じるよう求められるのではないだろうか。切実な求めに答えることでエネルギーを使い果たし、自分自身を定義できなくなるような問いに。悲しいことに、困難な時代には、「楽な」時代に生まれた芸術家の精神的遺産は「それがいま何の役に立つのか」と一蹴される傾向にある。

理解はできるが、いかにも短絡的な発想だし、まったく心が貧しいと言わざるを得ない。

いつの時代も、苦しみはやがてすべての人生に訪れる。どのように苦しみと折り合いをつけ、他者が折り合いをつけられるよう手を貸すかは、ＨＳＰが創造力と倫理観を発揮する素晴らしい機会のひとつである。

私たちＨＳＰは、みずからを戦士と比べて弱いなどと考えると、自分自身にも他の人にも多大なる損害をもたらすことになる。強さの種類は違っても、私たちには強い力があるし、しかもそれは苦しみや悪に対処できる唯一の力であることが多い。それを発揮するには勇気や特別な訓練が必要で、またそれが必ずしも苦しみに耐え、受容され、生きがいを見つけることを意味するとはかぎらない。ときとして、優れたスキルと戦略をともなう行動が求められることもある。

停電した凍てつく冬の夜、部屋いっぱいの囚人たちは、フランクルに暗闇のなかで話すよう懇願した。彼らのなかに、自殺を計画している者がいたのだ（収容所での自殺は、士気の低下をもたらすだけでなく、連帯責任で罰せられた）。フランクルは自分の持てるかぎりの心理学スキルを駆使し、暗闇の彼らに向かって話しかけた。やがて明かりがつくと、フランクルを取り囲んでいた男たちは、目に涙を浮かべてフランクルに感謝した。ひとりのＨＳＰが、独自の戦いに勝利したのだ。

全体性の探求をリードする

6章と7章で、内なる声という観点から個性化のプロセスについて説明し、その過程であなたは人生の意味や天職を見つけていくという話をした。マーシャ・シネターが自著『オーディナリー・ピープル・アズ・モンクス・アンド・ミスティックス（Ordinary People As Monks and Mystics）』で述べているように「完全なる人格の要点は……以下のとおりだ。自分にとっての善を知り、それに執着すれば、whole（全体）になれる」。これにひとつだけ付け加えさせてもらえば、執着は最終的なゴールではなく、プロセスである。必要なことは日々、そして年々変わっていく。フランクルもまた、人生の意味を「これだ」と断言することはなかった。

というのも、人生の意味は人によって、日によって、あるいは時間によっても異なるからだ……この問いはいわば、チェスのチャンピオンに対する問いかけに匹敵する。「チャンピオンにとって、最高の一手とは何ですか？」。そのときどきのゲーム状況を無視して、最高の一手など（もしくはいい一手すら）存在しない……人生に抽象的な意味など求めるべきではないのだ。

全体性の追求は、異なる意味や異なる声を聞き、円を描きながら中心に向かうようなものである。決して到達することはないが、それでもいずれ、中心に何があるのかわかってくる。だが本当にぐるぐる回っているなら、私たちはあらゆる経験をしているはずで、傲慢になることなどないはずだ。ここで求めているのは完全性ではなく、全体性であり、全体性は必ず不完全性を内包している。7章で私は、この不完全性を人の「影」になぞらえて説明したが、その影には、私たちが抑圧し、拒絶し、否定し、嫌悪するすべての要素が含まれている。良心的なHSPも、みんなと同じように、不快で、不道徳な衝動に満ちている。かりに影に従わなかったとしても、それらが完全に消えることはない。そのうちのいくつかは、心の奥底に潜り込むだろう。

影を知るには、自分の不快で、不道徳な側面を認め、ドアから放りだして終わりにするのではなく、万一それらがこっそり戻ってきた場合に備えて、目を光らせておくほうがいい。たいてい道徳的に一番危険なのは、自分は絶対に間違ったことをしないと思い込んでいる、独善的で、影があることすら知らない人間である。

自分の影を知れば、道徳的にふるまえるようになるだけでなく、そのエネルギーが意識的に統合され、人格に活力と深みをもたらす。6章で「解放された」、型にはまらない、創造性豊かなHSPについて述べた。自分の影について少しでも学ぶことが、HSPが幼少期にしばしば直面する、過度の社会性というお仕着せから自由になる最善かつ、おそらく唯一の方法だろう。あなたのなかの良心的で人を喜ばすのが大好きな部分が、強力で計画的で、自尊心に満ち、大胆で衝動的な部分に出会い、力をもらう。それらがチームとして互いの性質を尊重しチェックし合うことで、あなたはとても素晴らしい人物になるだろう。

これこそ私の言う「全体性を追求する」意味のひとつであり、HSPはこうした重要な仕事を率先して担うことができる。敏感性の極致に生まれついた私たちHSPは、全体性からも特別な要求をされる。また、この文化では、私たちはただの少数派ではなく、理想からほど遠い存在だと思われている。弱さや、欠陥、そして強さや優位性に対する息苦しさを感じると、敏感性の反対側へ行かなければと思うかもしれない。本書でも多少そうするよう後押ししてきたし、やはりそれは必要なことだと思う。だが多くのHSPにとって本当の課題は、妥協点を見つけることである。「内気すぎる」とか「敏感すぎる」とか、これ以上「〇〇すぎる」と思われないよう、「普通」や「正常」を探るのだ。

精神的、心理的な作業がもとから得意なHSPにとって、全体性はスピリチュアル生活においても中心となる課題である。実際、他のことを排除してこれだけに固執すると、一方に偏ってしまうこともある。スピリチュアルの最たるものが、実はスピリチュアルっぽくなかったり、もっとも洞察に富んだ心理学的スタンスが、実は深い心理学的洞察にあまり浸らないことだったりと、そういうことを理解するのは容易ではない。完璧ではなく、全体性を求めてはじめて、こうしたメッセージを受け取ることができるのかもしれない。

全体性へ向かう道は十人十色で、それはHSPにとっても同じである。一か所に留まれば、いずれ動きだしたくなるし、どのみち強引に追いだされることになる。そして外へ向かえば、いずれ内に戻ることになり、鎧をまとえば、いずれその弱さを認めざるを得なくなる。だが怖がっていたら、自分のなかのあらゆることが間違っているように思えてくるだろう。

内向性と外向性に対するユング派の考え方からすると、大半のＨＳＰはもう少し外向的になって、全体性に近づく必要がある。聞くところによると、『我と汝』（岩波文庫・一九七九）の関係性を雄弁に記したマルティン・ブーバーは、ひとりの若い男性が自分のもとに助けを求めに来た日を境に、人生が変わったという。ブーバーは瞑想に忙しく、「神聖」であることにかまけすぎて、この若者の訪問を歓迎しなかった。それから間もなく、若者は戦死した。ブーバーが「我と汝」の関係性に没頭するようになったのは、その知らせを聞き、自分の内向的な精神的孤立という一面性に気づいてからだった。

四つの機能を通じて全体性を追求する

くり返しになるが、全体性をきわめることはできない。具現化された人間の生活には限界があり、光と影、男と女、意識と無意識などの両面を持つことはできないからだ。全体性の好みは人それぞれだと思う。多くの伝統には、思考や両極性を超えた、純粋な意識という経験がある。それは深い瞑想の果てにあり、それに満たされた意識が私たちの生活の基盤となる。

だがこの不完全な世界で、不完全な身体を動かせば、私たちは完全な存在になると同時に不完全な存在にもなる。不完全な存在として、私たちはつねに両極の半分しか生きていない。しばらく内にこもって過ごしたら、今度は外向的になってバランスを取らなければならないし、しばらく強い自分を保ったら、弱さを見せて休息を取る必要がある。あるときを境に、世界は私たちをひとつの道へと限定する。「カウボーイと消防士の両方になることはできない」のだ。そして私たちの限定的な身体は、さらなる限界を追加する。私たちにできるのは、バランスを取りつづけることだけである。

たいていは人生の後半で、前半とのバランスを取ることになる。それはまるで自分が古臭くなり、もしくはこれまでのやり方にすっかり飽きてしまって、逆のことをやってみたくなるような感じだろう。恥ずかしがり屋の人はお笑い芸人になり、他人に尽くしすぎた人は燃え尽き、なぜ自分が「共依存」になったのか不思議に思う。

一般的に、私たちの得意分野は、不得意分野――苦手なものや、挑戦するのが怖いもの――でバランスを取っている。ユング派によると、情報の取り込み方には二通りあり、ひとつは現実のみを見据えた感覚から、もうひとつは洞察で事実を汲み取る直感からだという。また、情報の取捨選択方法も二通りで、ひとつは論理や普遍的事実に基づく思考、もうひとつは個人の経験や好みに基づく感情によって決定される。

得意分野はそれぞれ、感覚、直感、思考、感情といった四つの「機能」のいずれかに存在する。ＨＳＰにとって、それは直感であることが多い（思考と感情の場合も多い）。ただし、あなたがＨＳＰの七〇パーセントに当てはまる内向的な性格なら、こうした特技はおもに内面生活で用いられるだろう。

あなたの得意分野を診断するテストがあるが、ユングはむしろ、どの機能が不得意かを見極めることでより多くのことがわかると考えた。不得意な機能のせいで、私たちはたびたび嫌な思いをする。あなたは論理的に考えるのが苦手だろうか？　それとも何かに感情を抱くのが得意ではない？　微妙な事柄に直感を働かせるときは？　創造性を駆使せず、想像の王国へ意識を飛ばすこともなく、事実や詳細に固執しなければならないときはどうだろう？

四つの機能すべてを同じようにうまく使いこなせる人はいない。「劣勢機能」の発達に関する長い論文を書いたマリー＝ルイズ・フォン・フランツによると、この弱くて不得手な分野を強化することは、全体性に向かう、とりわけ価値のある道だという。その過程で無意識に埋もれたものに触れ、あらゆることに深く同調できるようになる。おとぎ話に出てくる若くて愚かな末っ子のように、この機能は「黄金を手に」戻ってくるのである。

大半のＨＳＰのように直感タイプなら、あなたの劣勢機能は「感覚」で、事実に固執し、細部を処理するのが苦手だろう。感覚機能の限界はさまざまな形で現れる。たとえば私は自分を芸術肌だと思っているが、それは直感的な意味合いである。アイデアや言いたいことが溢れて困るものの、言葉を駆使するのは苦ではない。ところが部屋やオフィスの飾りつけ、着ていく服のこととなると、芸術的なセンスを発揮するのはむずかしい。おめかしをするのは楽しいが、たいていは誰かが買ってきてくれたもので間に合っている。というのも、そもそも私には買い物が耐えられないのだ。刺激が多すぎて混乱するうえに、最後には何を買うのか決断までしなくてはならない。こうした感覚的な刺激や、現実的な問題は、内向的で直感的なタイプにとっては非常に対処するのがむずかしい。

一方で、直感的なタイプのなかにも買い物好きな人はいる。彼らは（対象の商品に）人の気づかない可能性を見出し、特定の状況でどのように見えるかを想像する。直感的な人が得意なことを一般化するのはむずかしい。むしろその「やり方」について考えたほうがいいだろう。数学、料理、地図を読む、商売をする、こうしたことはすべて直感的にこなすことも可能だが、同時に「指南書」に従ってもできるのだ。

フォン・フランツは、直感的な人は、音楽、食べ物、アルコール、ドラッグ、セックスなどの官能的な体験にはまることが多いと指摘している。彼らは没頭するあまり理性を失うが、同時に、それらの本質まで見とおしている。

劣勢機能に触れようとする際の問題点は、とにかく主機能がしょっちゅう邪魔をしてくることである。これに関してフォン・フランツは粘土作業をおこなう直感的なタイプを例に挙げているが（粘土細工は非常に具体的であるため感覚を発展させるのに適している）、彼らは作業をしながら、やがて「学校で粘土の授業があったらいいのに」とか「みんなが毎日粘土で何かを作ったら世界はどう変わるだろう」とか「粘土のなかに全宇宙が見えて、小宇宙のなかに人生の意味が見えたらどれほど正しいだろう」という考えに夢中になる。

最終的に私たちは、劣勢機能を想像のなかで、あるいはごく個人的な遊びのなかで働かせることになるかもしれない。だがユングとフォン・フランツによれば、その作業に時間をかけるのは倫理的に不可欠である。不合理な集団行動の大半は、劣勢機能を他者に反映したり、劣勢機能が呼びかけに脆弱だったりするためで、これらはメディアや指導者たちに悪用されることがある。ヒトラーは、ドイツ人のユダヤ人嫌悪を煽る際、特定の集団の劣勢機能に訴えかけた。感覚が劣勢な直感タイプに話しかけるときには、ユダヤ人を金融界の黒幕で、市場を操る邪悪な人間だと表現した。直感的なタイプは、現実に疎く、お金を稼ぐのが苦手な人が多い（直感的なユダヤ人も同様である）。だからみずからのお粗末な商才に劣等感を覚えやすく、商才に長けた人を引き合いに出せば、簡単に被害感情が芽生える。自分の足りない部分をひとのせいにするのは、なんと素晴らしいことだろう。

また、思考が苦手は感情タイプには、ユダヤ人を冷淡な知識人だと思わせた。感情が苦手な思考タイプには、ユダヤ人が無秩序に、自分たちの利益だけを好きなように追い求めていると伝えた。そして直感が苦手な感覚タイプには、ユダヤ人は秘密の、不可解で直感的な知識や力を持っているとほのめかした。

劣勢機能の劣った反応、つまり「劣等感」を指摘できれば、こうした非難を止めることができる。このことからも、私たちが「全体性」をきわめられないと知ることは、道徳的義務のひとつだと言える。くり返しになるが、ＨＳＰはこうした内的作業に非常に秀でている。

夢、アクティブ・イマジネーション、内なる声

ユング派の言う全体性の達成は、夢や夢を「アクティブ・イマジネーション」することによっても促進される。いずれも内なる声や拒絶された部分を知る手助けをしてくれる。私にとって夢は、ずっと単なる無意識からの情報以上のものだった。困難な時代に文字どおり私を救ってくれたこともあったし、私の自我が持ち得なかった情報を教えてくれたことも、先を予測したり不可思議な偶然の一致をみたりしたこともあった。これで自分を導いてくれるものの存在を疑うとしたら、私はとことん頑固で疑り深い人間だということになる。

ナスカピ族は、ラブラドル地方に点在する北アメリカの先住民族である。小さな家族単位で暮らす彼らは集団の儀式をおこなわず、代わりに、自分が誕生した日にやってきて、有益な夢を提供してくれる「グレート・フレンド」を信じていた。当人が高潔であるほど（美徳のなかには夢を尊重することも含まれる）、この偉大なる友人からより多くの助けを受け取れるという。自分の宗教について訊かれると、私はたまに「ナスカピです」と答えたくなることがある。

天使、奇跡、魂の導き手、共時性

ここまで、祭祀空間、宗教的理解、存在意義、全体性の探求に特別なリーダーシップを発揮する、という観点からＨＳＰの精神性を議論してきた。なかには、もっと重要なスピリチュアル経験――ビジョン、声、奇跡、神や天使、聖人、魂の導き手との親密な関係――についての話はまだだろうか、と思っている人もいるかもしれない。

ＨＳＰはこうした経験に事欠かない。私たちはどうやらそういうものに対する感受性が強いらしい。また感受性は、深層心理療法をおこなっているときなど、人生のある時期にも高まることがあるようで、ユングはこれを「非因果的な連結原理」により可能になったシンクロニシティと呼んだ。ポイントは、通常のつながりの他にも、私たちは（まだ）測定できていないつながりについても知っている、ということだ。そのため、それらは遠くからでも影響を与え合うことができ、非物理的な意味では、近くにあると言えるかもしれない。

対象物や状況や人びとが、しっくり噛み合うことでつながっている場合、それは目に見えない組織――知性、計画、思いやりや神の介入など――の存在を暗に意味している。私はクライアントからこうした話を聞くと、きっと何かとても大事なことが起こっているのだと（ただし意味を判断するのは相手に任せる）そっと指摘するようにしている。また、そういう出来事を書き留めるよう勧め、（不思議な出来事が起こった）圧倒的な回数が重要な意味を持つようにする。さもなければそれらは日常に埋もれ、内なる疑念に笑い飛ばされ、「論理的説明」の欠如によって無視されることになるだろう。

スピリチュアルな瞬間は大切だ。とくにＨＳＰには向いているし、楽しむことができる。認識している人生の大きな局面になるかもしれない、悲しみや癒やしの過程で、それらは個人の苦しみを超越したもの、あるいはそのなかにある意味、ときとしてもう見つからないと思っていた意味を指摘してくれる。

魂、スピリットの領域に目を向ける

非物質的な領域にまつわるあなたの考えや経験をつづった、スピリチュアル日記を一カ月だけ書いてみてほしい。あなたの洞察、気分、夢、祈り、小さな奇跡や「奇妙な偶然の一致」を毎日記していくのだ。それほど細かく、たくさん書く必要はない。そうすることであなたは、ヴィクトール・フランクル、エティ・ヒレスム、リルケ、ブーバー、ユング、フォン・フランツをはじめとする多くのＨＳＰの、日記をつけるという長い伝統を踏襲した、神聖なものの証人になる。

デボラの訪問者

サンタクルーズではめずらしい吹雪とともに、デボラのシンクロニシティははじまった。その当時、彼女は「うまくいっていない結婚生活に落ち込み、身動きが取れなくなっていた」という。吹雪のせいで、夫は結婚後はじめて家に帰ってこなかった。代わりに、見知らぬ男性が助けを求めて家の扉を叩いた。デボラはなぜかためらうことなくその男性を招き入れ、暖炉の前に座って夜更けまで難解なテーマについて語り合った。つぎに起こったことを彼女は私の指示どおり書きだしていた。

なにやらとても高い音が耳の奥で鳴り響き、頭が空っぽになるのを感じた。それが彼のせいだとわかっていたけど、怖くはなかった。数秒か数分か、どれくらい経ったかわからないが、やがて脳がふたたび動きだし、耳鳴りもやんだ。

デボラはその出来事について相手の男性に何も言わなかった。やがて隣人がやってきて、男性を自分の家に招待した。男性は夜のうちに去ったらしく、夜明けには一切の痕跡が消え去っていた。

吹雪が去り、通行止めが解除されると、私は夫のもとを去り、これまでとはまったく異なる長い道を歩きはじめた。あの夜、忌まわしい憂うつが晴れ、力強いエネルギーと健全な心が戻ってきた。だから、あの男性はきっと天使だったのだと思う。

二年後、さらに不思議な「生き物」が彼女のもとを訪れる。

ある夜、私の足元にいた猫が叫び声をあげてベッドから飛び降りたので、私は驚いて目を覚ました。そこにいたのは、身長およそ一・二メートル、体毛はなく、全身タイツのようなものを着た「生き物」だった。目と思しき細い線、鼻と思しき穴、耳はなく、その周囲を名状しがたい奇妙な光が取り囲んでいる。ちっとも怖くなかった。彼は私に「怖がらなくていい。ただあなたを観察しているだけだ」という意思を伝達してきた。だから私も「この状況を理解できそうにないから、寝ます」と伝え、本当に寝てしまったのだった。

翌朝、デボラはまだ昨夜の体験を引きずっていたが、とくに誰かに話したりはしなかった。だがその後、デボラの人生はすっかりスピリチュアルなものになり、「数年にわたって、神秘的な、素晴らしい出来事がつぎつぎと起こった」という。

この時期、デボラはカリスマ性のある、しかし不安定なスピリチュアル・リーダーと出会う。8章で述べたような、偏りのあるタイプだ。表面的には輝いているが、現実と精神性を共存させ、倫理的な決断をくださねばならない現実生活は混とんとしている。彼の力ははっきりと感じていたが、同時に彼の弱さと自分の危険な状況にもうっすらと気づいていた彼女は、導きを求めて祈った。「守護天使さまが本当にいらっしゃるのなら、どうかその存在をお示しください」。

その後デボラは、職場の本屋で、床に落ちていた一冊の本を見つける。その本を拾い上げると、なかを見たい衝動に駆られた。彼女が目にしたのは「守護天使」と題された一編の詩で、その書きだしは「もちろん、あなたには守護天使がついています……」というものだった。

スピリチュアル・リーダーが仲間たちに持ち物をすべて差しだすよう言ったときも、彼女はまだ彼のもとに留まっていた。その後、何度か彼から離れたいと思ったが、一からやり直す強さも、経済力もなかった。だが、守護天使は彼女を覚えていたらしい。ある日、ひとりきりになった彼女は、ぽつりとこうつぶやいた。「時計付きのラジオさえ手元にないなんて」。そして翌日、仲間たちが外出しているあいだ、デブラはカブトムシが岩山をよじ登るようすを見ていた。それを見ながら、このカブトムシのほうが自分より自由だと思って悲しくなった。だがそのうち、自分ももっと自由になれるのではないかと思いはじめた。デボラはカブトムシについて岩山を登ると、やがてカブトムシを置いて車のほうへ向かった。その日はたまたま運転を頼まれていたため、偶然車のキーを持っていたのだ。

「自由へのドライブ」に向けて車に乗りこんだ彼女は、後部座席に「カブトムシ色」の時計付きラジオがあるのを見つけた。彼女がリーダーに差しだしたラジオとそっくりなラジオだ。やがて友人の家に着いたデボラは、そのラジオに見覚えのある傷を発見し、それがまさしく自分のものであることに気づいた。どうやってそこに紛れ込んだのかは謎だったが、これもまた、守護天使の仕業だったのかもしれない。

自分はデボラのような状況には絶対に陥らない、と考えるのは簡単だ。だがスピリチュアルに関心が高い人ほど、こうした状況に陥りやすい。私たちは答えや、たしかなものを求めている。一方で、世の中には確信を持ち、放出し、共有することこそが自分の使命だと思っている人もいる。たしかにそういう人たちはカリスマ性を備え、否定しがたい空気をまとっているが、問題は、どんな人でも間違うということで、周囲からそう思われていない人ほど過ちを犯しやすいという点だ。

デボラはもう一度リーダーのもとへ戻りたい衝動に駆られた。友人には、そんなことをするなんて頭がおかしい、と言われた。デボラは答えを求めて祈った。「私がどうかしているとお思いなら、どうぞそれをお伝えください」。そしてデボラはテレビをつけた。

音もなく画面に浮かびあがったのは、おそらく一九五〇年代の「精神病院」を題材にした古い映画で、明らかに「どうかしている」患者が大勢映し出されていた。私は声を上げて笑った。それから横になると、助けを求めて眠りについた。目覚めると、自分がバラの輪に囲まれているのを感じた。それは私のさまざまなパーツを守ってくれており、ついさっきまでキリストがそこにいたのがわかった。かつてないほど静かな幸福だった……。

私がデボラにインタビューしたころ、彼女は夢のなかで数多くの神秘体験をするようになっていた。それはおそらく、彼女の訪問者が、外部の人間にその存在を投影することなく、彼女のもとを訪れる道を見つけたからだろう。私の経験では、神秘体験を積むほど、人生でも夢のなかでも、奇妙な状況に陥る可能性は低くなる。

スピリチュアル生活が大波のように押しよせてきたら

ここまで魂やスピリチュアル生活について、私はそれを癒やしのように語ってきたが、実際にそのとおりだと思う。ただし、きちんと地に足をつけていないと、大変な動揺を生むことがある。大波にさらわれている最中に、地に足をつけるのはむずかしい。そして困難を克服するのが苦手なHSPは、大波のまっただなかを歩いていることが多い。大波と言えば、海に放りだされ、巨大な魚にのまれた三日後に無傷で生還した預言者ヨナを知っているだろうか。本章の最後は、旧約聖書のヨナのような人物の話で締めくくりたいと思う。

これから紹介する出来事が起こった当時、ハーパーは慢性的な過覚醒状態で、きわめて知的なHSPだった（思考が彼の主機能だ）。彼は四年間ユング派の心理療法を受けており、話の仕方を熟知していた。「ええ、神は実際にいます。なぜならあらゆる心理的なものは現実だからです。神は『親イマーゴ』という、われわれの慰めを心理的に投影したものです」。ハーパーは、ほとんどどんなことにも答えられた。ただし、日中なら。

夜になると、しばしば深い絶望のうちに目を覚まし、死にたくなった。日中は、子供時代のつらい経験のせいで生じた「負のマザーコンプレックスの産物以外のなにものでもない」こうした夜を追いやれるので「実際の脅威はなかった」が、夜になると絶望に見舞われ、死だけが、直感と論理が導く唯一の解決法だと思うのだった。それでもつねに彼のなかの何かが、最悪の絶望が消え去る朝がくるまで、その解決策を思いとどまらせていた。

ある夜、ふたたび絶望のうちに目覚めたハーパーは、なぜかこのときは夜明けまで持たないと感じた。だがベッドに横たわると、ふいに、神の存在とその加護を信じれば、これからも生きていけるかもしれない、という考えが湧き上がってきた。投影ではない、実存のものとして。しかし、これは無理な話だった。その存在に確信を持てなかったからだ。

ハーパーが欲しかったのは「聖なるしるし」だった。溺れかけている人が叫ぶのと同じくらい、自然にそう思った。それが愚かなことであるのはわかっていた。しかしほどなく、自動車事故のイメージが浮かんだという。現場を取り囲む数人の人影があるだけの、けが人のいない小さな事故だ。明日これが起こるということだろうか……。

彼はすぐに、神のしるしを求める己の陳腐さや、それに対する自分のネガティブなイメージにうんざりした。HSPであるハーパーは、興奮を掻き立て、予定を台無しにする事故のような面倒ごとを恐れていたのだ。うとうとしながら考えていたハーパーは、やがて暗い思考に飲み込まれ、それきりしるしのことを忘れた。

翌日、前を走っていた車がハイウェイの入口で急ブレーキを踏み、ハーパーも急いでそれにならった。だが車間が近すぎた後ろの車が、ハーパーの車に追突した。ハーパーにはどうすることもできない事故だった。

「たちまち激しい感情が押しよせてきました。これは事故なんかじゃない。前夜のできごとを思いだしたんです」。ハーパーはまるで「目の前に神の顔がある」かのように、恐れと畏敬の念に打たれた。

事故は軽いもので、けが人もおらず、車の排気管とマフラーを交換するだけで済みそうだった。事故の当事者たちは車外に出ると、保険会社に連絡し、それぞれの保険情報を交換した。まさしく前夜の光景と同じように。いつもは懐疑的なハーパーも、このときばかりは、自分の無意識の願いがこれを引き起こしたとは考えなかった。これはまったく新しい種類の経験、新たな世界だった。

だがはたして自分は新たな世界を望んだのだろうか？　ハーパーにはよくわからなかった。

それから一週間、ハーパーはこれまで以上に沈んでいた。ただし、夜にではなく日中に。夜はよく眠れた。いつしかハーパーは、今度は自分が神のために何かをしなくては、と無意識のうちに考えるようになっていた。自分のキャリアを手放し、街角に立って自分の信仰を告白するのはどうか。彼にとってこれまで神とは、神のために自分を貶めるよう求める者であり、何かと引き換えに多大な犠牲を強いる者であり、ただちに人生を改めるよう促す者だった。だが実のところ、それはまさにハーパーが自分に求めていたことだった。そしてこのとき、この経験を与えてくれた何者かは、自分に何かを強いたり、罪悪感を持たそうとしたりしているわけではないのでは、と思いはじめていた。あたかも絶望の暗い夜に応答するかのように起きたこの出来事は、きっと慰めに違いない。ハーパーは次第にそう思うようになっていた。これは慰めなのだ、と。

だがハーパーは、この新たな出来事を信じつづけるには、絶望や疑念を手放さなければいけないことに気がついた。一筋縄ではいかないだろう。そう、新たな経験とともに、新たなタスクが生まれたのだ。

ここへきてすっかり混乱してしまったハーパーは、この出来事を何人かの友人に相談した。そのうちひとりは感動してくれたが、ハーパーが敬意を抱いていたあとのふたりは、ただの偶然だと言った。

「ものすごく腹が立ちました。神は私に好意を示してくれたんですよ。それなのにその神に向かって『じゃあ今度は、偶然とは思われないしるしを見せてほしい』と言えとでも？」

ハーパーは、この事故を偶然とみなすのは絶対に間違っていると確信した。たとえ一生かかっても、この経験を育てていこうと決心した。この出来事を決して忘れないこと。熟考すること。精いっぱい大切にすること。そしてこれまでほとんど慰めなど受け取ったことのなかった自分の人生に、突然、これほど明確な愛のしるしとして、多くのことが降りそそいだ感動を忘れないこと。

「私みたいな人間に、こんなことが起こるなんて驚きですよ」と、話を締めくくりながら、彼ははじめて笑った。それから私の面接のテーマを思いだしたのか「私みたいな敏感な人間に、こんなことが起こるなんて驚きです」と言い直した。

私たちの価値とパートナーシップ

戦士や王の階級に属する人びとはよく、魂や精神世界を信じるのは弱さの証だと言う。物理的な勇気や力を削ぐものを恐れている彼らは、「弱さ」を他人のなかにしか見出せない。だが私たちには違った意味での力や才能や勇気がある。私たちの才能である魂／スピリチュアル生活を、脆弱だとか、恐れや慰めから生じたものだとか言うのは、魚が泳ぐのは足腰が弱く、どうしても水中にいる必要があるからで、もしくは飛ぶのが怖いからだと言っているようなものである。

あるいは逆の言い方をしたほうがいいかもしれない。戦士や王の階級は、魂／精神生活を恐れている。それらを受容するには弱すぎて、自分の抱く現実の慰めがなければ生きていけないから。

だが自分の価値を知っていれば、相手を侮辱する必要はない。彼らの才能に私たちが感謝する日があるように、私たちの豊かな内面生活に彼らが感謝する日もある。これこそパートナーシップである。

あなたの敏感さが、あなたと他者の祝福となりますように。あなたがこの世界の平穏と喜びを目一杯楽しめますように。そしてこの先、あなたの世界がますます広がっていきますように。

・学んだことを実践しよう

自分の劣勢機能と仲良くなる、少なくとも和解する。

自分の劣勢機能に訴えかける行動を選んでほしい。できればこれまで試したことがなく、それほどむずかしくない行動が好ましい。感情タイプなら、哲学書を読んだり、自分のレベルに合った理論的な数学や物理の講義を受けたりする。思考タイプなら、美術館に行って、絵の題名や画家のことは無視して、絵そのものに対する自分の反応をみる。感覚タイプなら、道行く人を観察して、その外見からその人の人生を想像する。直感タイプなら、行き先などの情報を細かく収集し、事前に完璧に練られた旅行計画を立てる。それが簡単なら、複雑な電子機器を購入し、取扱説明書どおりに組み立て、操作の仕方を調べるのもいいだろう。くれぐれも人の手は借りないように。

準備を整えながら、自分の感情、抵抗、浮かび上がってくるイメージなどを観察する。「こんな単純なこともできない自分」が情けなくなっても、真剣に作業に取り組むこと。フォン・フランツによれば、これは個別化された、修道士の修行のようなものだという。主機能を犠牲にして、より困難な、別の機能へと向かうのだ。

主機能が邪魔をしないよう、とくに気を配ってほしい。直感タイプの場合、休暇の目的地を決定したら必ずその計画に従うこと。他の可能性に思いをめぐらして、はじめの決定がぐらつかないよう守ってほしい。電子機器を選んだ人は、指示書を読み飛ばして、ボタンやワイヤーなどの「わかりやすいもの」に触れたい衝動がどの程度強いか観察してほしい。そうした衝動はすべて直感の仕業である。ただし作業はゆっくりとおこない、次のステップへ進む前に、それぞれの細部を理解すること。

ＨＳＰと関わる医療従事者のためのヒント

- ＨＳＰは刺激を増幅する。つまり彼らは些細なことを拾い上げる。他の人にとっては適度な興奮でも、みずから興奮を増幅することがある。したがって、医療現場では不安そうに見えたり、「神経症」に見えたりする場合がある。
- 急かしたり、いらいらしたりするのは、彼らの生理的興奮を悪化させるだけである。ストレスを追加しても、コミュニケーションや治療の助けにはならない。ＨＳＰは概して非常に良心的で、可能な状態であれば協力的である。
- ＨＳＰに、平静でいるために必要なものを尋ねる――静寂、会話などの気晴らし、段階的な説明、薬など。
- ＨＳＰの優れた直感や気づきを活用する。耳を傾けさえすれば、彼らは重要な情報をもたらしてくれる。
- 興奮がひどくなると、話を聞いたり、コミュニケーションを取ったりするのがむずかしくなる。ＨＳＰには同伴者を連れてくること、医療機関を訪れる前に質問や症状を書きだしておくこと、診察中に指示を書きとめ、声に出して読むこと、あとで思いだした質問などは電話で問い合わせることなどを勧める。

- ＨＳＰが痛みに弱く、薬に反応しやすいことに動揺したり煩わしく思ったりしないこと。これらは心理的な違いではなく、生理的な違いである。
- この気質は必ずしも薬を必要としていない。困難な幼少期を過ごしたＨＳＰは、不安やうつに悩まされる傾向がある。困難を乗り越えたＨＳＰや、健やかな幼少期を過ごしたＨＳＰは、これに当てはまらない。

ＨＳＰと関わる教育者のためのヒント

- ＨＳＰの教育には、他の生徒とは違った戦略が必要になる。ＨＳＰは刺激を増幅する。つまり学ぶ過程で彼らは細かいことまで感じ取り、それによって生理的に興奮しやすくなる。
- ＨＳＰは一般的に良心的で、最善を尽くそうとする。ＨＳＰは才能豊かな者が多いが、神経が高ぶると力をうまく発揮できない。ＨＳＰは人よりも動揺しやすい傾向にある。人に見られていたり、プレッシャーを感じていたりするととくにその傾向が高まり、失敗によってやる気が損なわれることがある。
- ＨＳＰは（騒がしい教室など）大きな刺激に弱く、人よりも早く消耗する。自分の内に引きこもる子もいるが、とくに男児のなかには、異常に活発になる子も多い。
- 敏感な生徒に対して過保護になりすぎるのはよくないが、彼らを困難に立ち向かわせる際は、それが成功するよう導くこと。
- 生徒が社会的スタミナをつけているあいだ、彼らの気質を受容すること。人前で発表する機会がめぐってきたときには、「通し稽古」、もしくはメモを見たり、声に出して読んだりするよう促し、とにかく彼らの興奮が鎮まるよう手を尽くす。

- その場で周囲を見ているだけの子がいても、その生徒を「内気」や「臆病」などとみなさないこと。誤ったレッテルを貼ることになるかもしれない。
- 恥ずかしがり、大人しい、内向的等に対する世間の偏見に気をつけてほしい。そして自分や他の生徒がそうした偏見を持っていないか、注意すること。
- 他の違いを尊重するように、気質の違いも尊重するよう教育すること。
- HSP特有の創造性や直感力に目を留め、励ますこと。彼らが集団生活になじみ、社会的地位を築けるように、彼らの心を動かすような、演劇や朗読の授業を取り入れる。もしくは彼らの作文を授業で読み上げるのもいいだろう。ただし彼らに恥ずかしい思いをさせないよう気をつけること。

HSPと関わる職場仲間へのヒント

- HSPはたいてい、とても良心的で、忠実で、品質や細部にこだわり、直感的な先見性があり、才能に恵まれていることが多く、顧客のニーズを考慮し、職場にいい影響を与える。要するに理想的な社員であり、どの組織にも必要な人材である。
- HSPは刺激を増幅する。些細なことに気づく一方で、刺激を受けやすい。したがって外部からの刺激が少ないほうがうまく機能する。静かで落ち着いた状態でいさせてあげるとよい。
- HSPは、査定などで見られているとうまく動けない。彼らの仕事ぶりを見定めるには、他の方法を探すとよい。
- HSPは、休憩中や就業後にあまり人とかかわらないことが多い。これは、その日の出来事などをひとりで処理する時間が必要だからである。そのせいで組織のなかで目立ちにくいことがあるが、査定の際は、こうした事情も考慮すること。
- HSPは積極的に自分を売り込むのが苦手で、（こちらから主張しなくても）自分の誠実な仕事ぶりに気づいてほしいと思う人が多い。アピールがないからといって、こうした貴重な人材を見逃さないように注意してほしい。

- ＨＳＰは職場での不穏な空気に最初に反応することが多く、そのせいで彼らが問題の原因のように見えることがある。だがいずれ周囲も異変に気づくことから、敏感性は、今後の問題を回避するのに役立つ可能性がある。

ＨＳＰについての最新情報を知りたい場合はwww.hsperson.comにアクセスし、Comfort Zoneに登録してＨＳＰニュースレターをチェックしてほしい。

medicine—personalized, problematic, and prom ising." *Obstetrical & gynecological survey* 70, no. 10 (2015): 612–614.

368 性格から将来の病気を予測する：Chapman, Benjamin P., Brent Roberts, and Paul Duberstein. "Personality and longev ity: knowns, unknowns, and implications for public health and personalized medicine." *Journal of aging research* 2011 (2011).

368 神経症というのは複雑な特徴：Israel, Salomon, Terrie E. Moffitt, Daniel W. Belsky, Robert J. Hancox, Richie Poulton, Brent Roberts, W. Murray Thomson, and Avshalom Caspi. "Translating personality psychology to help personalize preventive medicine for young adult patients." *Journal of personality and social psychology* 106, no. 3 (2014): 484.

369 別の気質である開放性：Lionetti, Francesca, Massimiliano Pastore, Ughetta Moscardino, Annalaura Nocentini, Karen Pluess, and Michal Pluess. "Sensory Sensory Processing Sensitivity and its Association with Personality Traits and Affect: A Meta-Analysis." *Journal of Research in Personality* (2019).

10 魂とスピリット

376 祭祀空間：R. Moore, "Space and Transformation in Human Experience," in *Anthropology and the Study of Religion,* ed. R. Moore and F. Reynolds (Chicago: Center for the Scientific Study of Religion, 1984).

377 内向的で直感的なタイプは……：M. Von Franz and J. Hillman, *Lectures on Jung's Typology* (Dallas: Spring, 1984): 33.

382 豊かな内面生活を育んできた敏感な人々は……：Victor Frankl, *Man's Search for Meaning* (New York: Washington Square Press, 1946/1985), 55–56.

382 彼女の日記：E. Hillesum, *An Interrupted Life* (New York: Simon and Schuster, 1981).

383 こんなふうに思うのは奇妙かもしれないが……：同上、242–43ページ。

385 完全なる人格の要点は……：M. Sinetar, *Ordinary People as Monks and Mystics* (New York: Paulist Press, 1986), 133.

385 というのも、人生の意味は人によって……：Frankl, *Man's Search*, 130–31.

389 思考、感情：Jung, *Psychological Types*.

390 「劣勢機能」の発達に関する長い論文を書いたマリー＝ルイズ・フォン・フランツ：Hillman and von Franz, *Jung's Typology,* 1–72.

391 ドラッグ、セックス：同上、33–35ページ。

392 考えに夢中になる：同上、13ページ。

392 訴えかけた：同上、68ページ。

393 小さな家族単位で：C. Jung, *Man and His Symbols* (Garden City, N.Y.: Doubleday, 1964), 161–62.

394 「非因果的な連結原理」：C. Jung, "Synchronicity" *The Structure and Dynamics of the Psyche*, vol. 8, The Collected Works. 417–531.

350　気を逸らしたり、催眠術をかけたりする： Scheffler, Michael, Susan Koranyi, Winfried Meissner, Bernhard Strauss, and Jenny Rosendahl. "Efficacy of non-pharmacological interventions for procedural pain relief in adults undergoing burn wound care: a systematic review and meta-analysis of randomized controlled trials." *Burns* 44, no. 7 (2018): 1709–1720.

350　誰もが催眠術にかかるわけではない： Thompson, Trevor, Devin B. Terhune, Charlotte Oram, Joseph Sharangparni, Rommana Rouf, Marco Solmi, Nicola Veronese, and Brendon Stubbs. "The effectiveness of hypnosis for pain relief: A systematic review and metaanalysis of 85 controlled experimental trials." *Neuroscience & Biobehavioral Reviews* (2019).

350　歯痛などの際に： Jensen, Mark P., Peter D. Galer, Linea L. Johnson, Holly R. George, M. Elena Mendoza, and Kevin J. Gertz. "The associations between pain-related beliefs, pain intensity, and patient functioning: hypnotizability as a moderator." *The Clinical journal of pain* 32, no. 6 (2016): 506.

357　それぞれ脳に異なる影響を及ぼす： Travis, Fred, and Jonathan Shear. "Focused attention, open monitoring and automatic self-transcending: categories to organize meditations from Vedic, Buddhist and Chinese traditions." *Consciousness and cognition* 19, no. 4 (2010): 1110–1118.

357　それぞれに目的があり、メリットがある： Sedlmeier, Peter, Juliane Eberth, Marcus Schwarz, Doreen Zimmermann, Frederik Haarig, Sonia Jaeger, and Sonja Kunze. "The psychological effects of meditation: a meta-analysis." *Psychological bulletin* 138, no. 6 (2012): 1139.

357　なかでも慢性的な過覚醒でとくに損傷しやすいと考えられている、心機能を健全な状態で保ってくれる： Schneider, Robert H., Jeremy Z. Fields, and John W. Salerno. "Editorial commentary on AHA scientific statement on meditation and cardiovascular risk reduction." *Journal of the American Society of Hypertension* 12, no. 12 (2018): e57–e58.

362　"実際、何百万人もの人が"： Solomon, Neil, and Marc Lipton. *Sick and tired of being sick and tired*. Wynwood Pr., 1989..

365　偽薬よりもほんの少しましなだけで： Moncrieff, Joanna, and Irving Kirsch. "Empirically derived criteria cast doubt on the clinical significance of antidepressant-placebo differences." *Contemporary Clinical Trials* 43 (2015): 60–62.

365　1500人の抗うつ薬服用者を対象に実施した調査： Read, John, and James Williams. "Adverse effects of antidepressants reported by a large international cohort: emotional blunting, suicidality, and withdrawal effects." *Current drug safety* 13, no. 3 (2018): 176–186.

366　併用療法と同じくらい効果がある： Karyotaki, E., Y. Smit, K. Holdt Henningsen, M. J. H. Huibers, J. Robays, D. De Beurs, and P. Cuijpers. "Combining pharmacotherapy and psychotherapy or monotherapy for major depression? A meta-analysis on the longterm effects." *Journal of Affective Disorders* 194 (2016): 144–152.

368　個別化、または「精密」医療： Jameson, J. Larry, and Dan L. Longo. "Precision

Journal of Experimental Social Psychology 1 (1965): 184–97.

283 家を離れた最初の年：Aron et al., “Prospective Studies.”

284 すぐに親密になれる：D. Taylor, R. Gould, and P. Brounstein, “Effects of Personalistic Self-Disclosure,” *Personality and Social Psychology,* 7 (1981): 487–92.

291 「本当の自分」になれない：J. Ford, “The Temperament/ Actualization Concept,” *Journal of Humanistic Psychology* 35 (1995): 57–77.

298 言外の言葉や感情を語る：J. Gottman, *Marital Interaction: Experimental Investigations* (New York: Academic Press, 1979).

304 「私」ではなく「私たち」になる：A. Aron and E. Aron, “The Self-Expansion Model of Motivation and Cognition in Close Relationships,” in *The Handbook of Personal Relationships*, 2nd Edition, ed. S. Duck and W. Ickes (Chichester, UK: Wiley, 1996).

304 かなり低下する：N. Glenn, “Quantitative Research on Marital Quality in the 1980s: A Critical Review,” *Journal of Marriage and the Family* 52 (1990): 818–31.

304 低下速度を遅らせ：H. Markman, F. Floyd, S. Stanley, and R. Storaasli, “Prevention of Marital Distress: A Longitudinal Investigation,” *Journal of Consulting and Clinical Psychology* 56 (1988): 210–17.

304 ただ「楽しい」だけでなく：C. Reissman, A. Aron, and M. Bergen, “Shared Activities and Marital Satisfaction” *Journal of Social and Personal Relationships* 10 (1993): 243–54.

306 保護者が敏感だと：Wiesenfeld et al., “Sensitivity to Infants.”

8 深い傷を癒す

315 子供が受ける影響は同じではない：J. Braungart, R. Plomin, J. DeFries, and D. Fulker, “Genetic Influence on Tester-Rated Infant Temperament As Assessed by Bayley's Infant Behavior Record,” *Development Psychology* 28 (1992): 40–47.

325 紙に書きだす：J. Pennebaker, *Opening Up: The Healing Power of Confiding in Others* (New York: Morrow, 1990).

325 うつ症状に等しく効果がある：“Update on Mood Disorders: Part II,” The Harvard Mental Health Letter 11 (January 1995): 1.

9 医師と薬とHSP

349 これについてはふたつの調査をおこなった: One of these is under review for publication; the other was presented at a conference. Jagiel low icz, J., Aron, E. N., & Aron, A. (2007). *Sensory processing sensitivity moderates health motivations and experiences.* Presented at the Society for Personality and Social Psychology, Memphis, TN. (January)

350 人生全般を通じてめったに痛みを感じたことがない：Catherine A. Nivens and Karel J. Gijsbers, “Do Low Levels of Labour Pain Reflect Low Sensitivity to Noxious Stimulation?” *Social Scientific Medicine* 29 (1989): 585– 588.

208 内向的な人の交流の仕方：A. Thorne, “The Press of Personality: A Study of Conversations Between Introverts and Extraverts,” *Journal of Personality and Social Psychology* 53 (1987): 718–26.
210 息をするように内向性と外向性を交互に使い分けている：C. Jung, *Psychological Types,* vol. 6, *The Collected Works*, 5–6.
210 「客観的な世界」：同上373–407ページ。
210 彼らは、エネルギーと興奮に満ち溢れたこの豊かで多様な世界が……：同上、404–5ページ。
211 頭脳明晰な子供ほど内向的な傾向がある：introverted: Silverman, “Gifted Children,” 82.
211 ロールシャッハ・テストに対する数々の特殊な反応：R. Kincel, “Creativity in Projection and the Experience Type,” *British Journal of Projective Psychology and Personality Study* 28 (1983): 36.
220 グレッチェン・ヒル：“An Unwillingness to Act: Behavioral Appropriateness, Situational Constraint, and Self-Efficacy in Shyness,” *Journal of Personality* 57 (1989): 870–90.

6 職場で輝く

239 「至福に従う」：J. Campbell, Joseph Campbell：The Power of Myth with Bill Moyers, ed. B. Flowers (New York: Doubleday, 1988), 148.
247 子育ての成功のカギ：A. Wiesenfeld, P. Whitman, and C. Malatasta, “Individual Differences Among Adult Women in Sensitivity to Infants,” *Journal of Personality and Social Psychology* 40 (1984): 110–24.
262 十分に能力が発揮できていない：J. Cheek, *Conquering Shyness* (New York: Dell, 1989), 168–69.

7 親密な人間関係

272 自己概念：A. Aron, M. Paris, and E. Aron, “Prospective Studies of Falling in Love and Self-Concept Change,” *Journal of Personality and Social Psychology* (in press).
277 安全な愛着：C. Hazan and P. Shaver, “Romantic Love Conceptualized As an Attachment Process,” *Journal of Personality and Social Psychology* 52 (1987): 511–24.
280 ふたつの主題：A. Aron, D. Dutton, and A. Iverson, “Experiences of Falling in Love,” *Journal of Social and Personal Relationships* 6 (1989): 243–57.
281 つり橋のほうがはるかに恋に落ちやすくなる：D. Dutton and A. Aron, “Some Evidence for Heightened Sexual Attraction under Conditions of High Anxiety,” *Journal of Personality and Social Psychology,* 30 (1974): 510–17.
281 コメディを見たり聞いたりしただけでも：G. White, S. Fishbein, and J. Rutstein, “Passionate Love and Misattribution of Arousal,” *Journal of Personality and Social Psychology,* 41 (1981): 56–62.
282 自尊心が低下した：E. Walster, “The Effect of Self–Esteem on Romantic Liking,”

(1976): 135–39.

173 「母親の価値観がそう形成された結果」：Hinde, "Temperament as an Intervening Variable," 32.

173 母親たちと良好な関係を築く：同上。

174 批判、拒否、冷淡さ：J. Cameron, "Parental Treatment, Children's Temperament, and the Risk of Childhood Behavioral Problems," *American Journal Orthopsychiatry* 47, (1977): 568–76.

174 良くも悪くも両親からの影響を受けやすい：同上。

177 「内気な子供」：Lieberman, Emotional Life.

183 ひとり遊びを好む子供の正常性：J. Asendorpf, "Abnormal Shyness in Children," *Journal of Child Psychology and Psychiatry* 34 (1993): 1069–81.

184 ある研究者：L. Silverman, "Parenting Young Gifted Children," Special Issue: *Intellectual Giftedness in Young Children, Journal of Children in Contemporary Society*, 18 (1986).

185 才能ある子供を育てるための新たなガイドライン：同上。

189 仕事においてこれといった業績は残せない：A. Caspi, D. Bem, and G. Elder, "Continuities and Consequences of Interactional Styles Across the Life Course," *Journal of Personality* 57 (1989): 390–92.

190 「静かな自立心……」：同上、393ページ。

5 社会生活

198 （少なくとも米国では）七五パーセントの人が社会的な発言をしている：Silverman, "Gifted Children," 82.

199 怖がり、臆病、弱虫：H. Gough and A. Thorne, "Positive, Negative, and Balanced Shyness: Self-Definitions and the Reactions of Others," in *Shyness: Perspectives on Research and Treatment,* ed. W. Jones, J. Cheek, and S. Briggs (New York: Plenum, 1986), 205–25.

199 やはりネガティブな言葉ばかり：同上。

200 フィリップ・ジンバルド：S. Brodt and P. Zimbardo, "Modifying ShynessRelated Social Behavior Through Symptom Misattribution," *Journal of Personality and Society Psychology* 41 (1981): 437–49.

204 自分のことを内気だと答えている：P. Zimbardo, *Shyness: What It Is, What to Do About* (Reading, Mass.: Addison-Wesley, 1977).

204 人よりひどい：M. Bruch, J. Gorsky, T. Collins, and P. Berger, "Shyness and Sociability Reexamined: A Multicomponent Analysis," *Journal of Personality and Social Psychology* 57 (1989): 904–15.

205 努力が足りない：C. Lord and P. Zimbardo, "Actor-Observer Differences in the Perceived Stability of Shyness," *Social Cognition* 3 (1985): 250–65.

207 外向的な人よりも社会との関わり方に影響される：S. Hotard, R. McFatter, R. McWhirter, M. Stegall, "Interactive Effects of Extraversion, Neuroticism, and Social Relationships on Subjective Well-Being," *Journal of Personality and Social Psychology* 57 (1989): 321–31.

115 大人になってからもこの問題に悩まされ：同上、367ページ。
115 「典型的」な夢：R. Cann and D C. Donderi, "Jungian Personality Typology and the Recall of Everyday and Archetypal Dreams," *Journal of Personality and Social Psychology* 50 (1988): 1021–30.
116 神経症を発症する：C. Jung, *Freud and Psychoanalysis*, vol. 4 *The Collected Works of C. G. Jung*, ed. W. McGuire (Princeton, N.J.: Princeton University Press, 1961).
116 生来の敏感性：同上、177ページ。
117 文化の教育者および促進者であり：C. G. Jung, *Psychological Types,* vol. 6. *The Collected Works,* 404–05.
117 「先見の明」：同上、401ページ。

3 HSPの健康状態とライフスタイル

121 嵐が来る……：D. Stern, *Diary of a Baby* (New York: Basic Books, 1990) 31.
122 すべてが一変した……：同上、37ページ。
123 赤ん坊の神経系は……：同上、18ページ。
125 あまり泣かなくなる：S. Bell and M. Ainsworth, "Infant Crying and Maternal Responsiveness," *Children Development* 43 (1972): 1171–90.
126 「安定した愛着」：J. Bowlby, *Attachment and Loss*, (New York: Basic Books, 1973).
129 両腕に包まれた私たちは……"：R. Josselson, *The Space Between Us: Exploring the Dimensions of Human Relationships* (San Francisco: Jossey-Bass, 1992), 35.
142 暗い部屋ならどこでも：T. Adler, "Speed of Sleep's Arrival Signals Sleep Deprivation," *The American Psychological Association Monitor,* 24, (1993): 20.
145 瞑想者の血中コルチゾールが減少する：R. Jevning, A. Wilson, and J. Davidson, "Adrenocortical Activity During Meditation," *Hormones and Behavior* 10 (1978): 54–60.
146 HSPにとって強力なドラッグである：Smith, Wilson, and Davidson, "Electrodermal Activity and Extraversion," 59–60.

4 子供時代と思春期をリフレーミングする

165 そうした状況：H. Goldsmith, D. Bradshaw, and L. RieserDanner, *"Temperament as a Potential Developmental Influence" in Temperament and Social Interaction in Infants and Children*, ed. J. Lerner and R. Lerner (San Francisco: Jossey-Bass, 1986) 14.
166 つぎの突風がうなりを上げてやってくる……：Stern, *Diary of a Baby*, 59–60.
169 この世界に対する見方：Main et al., "Security in Infancy."
169 強い愛情を抱く：G. Mettetal, telephone conversation, 30 May 1993.
172 恐怖は「不合理」なものとなり、悪夢の原因となっていく：A. Lieberman, *The Emotional Life of the Toddler* (New York: The Free Press, 1993), 116–17.
172 HSPに生まれつく男女の数は同じ：e.g., Gunnar, "Psychoendocrine Studies," in *Temperament,* ed. Bates and Wachs, 191.
173 男の子か女の子かによって、人々の接し方は大きく変わる：J. Will, p.Self, and N. Datan, "Maternal Behavior and Perceived Sex of Infant," *American Journal* 46,

87　内向性と精神疾患を関連づけている：B. Zumbo and S. Taylor, "The Construct Validity of the Extraversion Subscales of the Myers-Briggs Type Indicator," *Canadian Journal of Behavioral Science* 25, (1993): 590–604.

87　敏感な人に高い効率性を期待しており、実際に被験者は期待どおりのパフォーマンスをする：M. Nagane, "Development of Psychological and Physiological Sensitivity Indices to Stress Based on State Anxiety and Heart Rate," *Perceptual and Motor Skills* 70 (1990): 611–14.

87　敏感でない人の対処法：K. Nakano, "Role of Personality Characteristics in Coping Behaviors," *Psychological Reports* 71 (1992): 687–90.

89　この惑星や力のない人々を保護する：以下を参照：Riane Eisler, The Chalice and the Blade, (San Francisco: Harper and Row, 1987); Riane Eisler, *Sacred Pleasures,* (San Francisco: HarperSanFrancisco, 1995).

2　さらに先へ

97　とくにふたりが疲れたとき：M. Weissbluth, "Sleep-Loss Stress and Temperamental Difficultness: Psychobiological Processes and Practical Considerations," in *Temperament in Childhood*, ed. Kohnstamm, et al., 357–77.

98　泣いている本当の原因：同上、370–71ページ。

101　保護者の言うことを何でもきく：M. Main, N. Kaplan, and J. Cassidy, "Security in Infancy, Childhood, and Adulthood: A Move to the Level of Representation," in *Growing Points of Attachment Theory and Research. Monographs of the Society for Research in Child Development,* ed. I. Bretherton and E. Waters, 50 (1985): 66–104.

102　ジェローム・ケーガンは、キャリアの大半を敏感性の研究に捧げてきた：J. Kagan, *Galen's Prophecy* (New York: Basic Books, 1994).

104　動じなかったのはそのうち10パーセントだけだった：同上、170–207ページ。

104　生まれたときから敏感な子：S. Calkins and N. Fox, "Individual Differences in the Biological Aspects," in *Temperament*, ed. Bates and Wachs, 199–217.

105　ふたつのシステムのバランスが敏感性を生みだしている：Charles A. Nelson, in *Temperament,* ed. Bates and Wachs, 47–82.

107　無視されたりネグレクトされたりする：G. Mettetal, "A Preliminary Report on the IUSB Parent Project" (paper, International Network on Personal Relationships, Normal, Ind., May 1991).

108　オレゴン大学：M Rothbart, D. Derryberry, and M. Posner, "A Psychobiological Approach to the Development of Temperament," in *Temperament,* ed. Bates and Wachs, 83–116.

112　おもしろい実験：M. Gunnar, "Psychoendocrine Studies of Temperament and Stress in Early Childhood" in *Temperament*, ed. Bates and Wachs, 175–98.

113　このベビーシッターたちが本当の親だとしたら：M. Nachmias, "Maternal Personality Relations With Toddler's Attachment Classification, Use of Coping Strategies, and Adrenocortical Stress Response" (paper, 60th annual meeting of the society for Research in Child Development, New Orleans, La., March 1993).

114　恐怖を感じるとさらにコルチゾールが増加する：Weissbluth, "Sleep-Loss Stress," 360.

77 気づいたら学んでいる：P. Deo and A. Singh, "Some Personality Correlates oearning Without Awareness," *Behaviorometric* 3 (1973): 11–21.

78 言語能力が高い：M. Ohrman and R Oxford, "Adult Language Learning Styles and Strategies in an Intensive Training Setting," *Modern Language Journal* 74 (1990): 311–27.

78 手先が器用：R. Pivik, R. Stelmack, and F. Bylsma, "Personality and Individual Differences in Spinal Motoneuronal Excitability," *Psychophysiology* 25 (1988): 16–23.

78 じっとしているのが得意：同上。

78 「朝型人間」：W. Revelle, M. Humphreys, L. Simon, and K. Gillian, "The Interactive Effect of Personality, Time of Day, and Caffeine: A Test of the Arousal Model," *Journal of Experimental Psychology General* 109 (1980): 1–31.

78 カフェインなどの刺激を受けやすい：B. Smith, R. Wilson, and R. Davidson, "Electrodermal Activity and Extraversion: Caffeine, Preparatory Signal and Stimulus Intensity Effects," *Personality and Individual Differences* 5 (1984): 59–65.

79 右脳タイプ：S. Calkins and N. Fox, "Individual Differences in the Biological Aspects of Temperament," in *Temperament*, ed. Bates and Wachs, 199–217.

79 空気中の物質：e.g., D. Arcus, "Biological Mechanisms and Personality: Evidence from Shy Children," *Advances: The Journal of Mind–Body Health* 10 (1994): 40–50.

79 「慢性的に興奮」しているわけではなく：Stelmack, "Biological Bases," 293–311.

80 幸せになりにくい：e.g., R. Larsen and Timothy Ketelaar, "Susceptibility to Positive and Negative Emotional States," *Journal of Personality and Social Psychology* 61 (1991): 132–40.

81 敏感さは遺伝する：e.g., D. Daniels and R. Plomin, "Origins of Individual Differences in Infant Shyness," *Developmental Psychology* 21 (1985): 118–21.

82 きょうだいがいる子供の方がHSPになりやすいという説もある：J. Kagan, J. Reznick, and N. Snidman, "Biological Bases of Childhood Shyness," *Science* 240 (1988): 167–71.

82 生まれつき敏感な：J. Higley and S. Suomi, "Temperamental Reactivity in Non-Human Primates," in *Temperament in Childhood,* ed. G. Kohnstamm, J. Bates, and M. Rothbart (New York: Wiley, 1989), 153–67.

82 敏感性が低下：T. Wachs and B. King, "Behavioral Research in the Brave New World of Neuroscience and Temperament" in *Temperament,* ed. Bates and Wachs, 326–27.

84 あらゆる糸に織り込まれている：M. Mead, *Sex and Temperament in Three Primitive Societies* (New York: Morrow, 1935), 284.

84 その他の特性は無視される：G. Kohnstamm, "Temperament in Childhood: Cross-Cultural and Sex Differences," in *Temperament in Childhood*, ed. Kohnstamm et al., 483.

85 ユーロン・サン："Social Reputation and Peer Relationships in Chinese and Canadian Children: A Cross-Cultural Study," *Child Development* 63 (1992): 1336–43.

performance for employees with sensory processing sensitivity." Required research paper for M.Sc in Organizational Psychology, City University, London, 2011.
45　マイク・アンドレスンら: Andresen, Maike, Paul Goldmann, and Anna Volodina. "Do overwhelmed expatriates intend to leave? The effects of sensory processing sensitivity, stress, and social capital on expatriates' turnover intention." *European Management Review* 15, no. 3 (2018): 315–328.
45　HSPも起業への思いは強い: Harms, Rainer, Isabella Hatak, and Manling Chang. "Sensory processing sensitivity and entrepreneurial intention: The strength of a weak trait." *Journal of Business Venturing Insights* 12 (2019): e00132.
46　HSPが並外れたリーダーになる理由: https://linkedin.com/pulse/ 20140903182945-1552470-3-reasons-hsps-make-better-leaders.

1　とても敏感であるということ

71　同じ状況のもと：e.g., J. Strelau, "The Concepts of Arousal and Arousability As Used in Temperament Studies," in Temperament: Individual Differences, ed. J. Bates and T. Wachs (Washington, D.C.: American Psychological Association, 1994), 117–41.
72　わかりやすい個体差：R. Plomin, *Development, Genetics and Psychology* (Hillsdale, N.J.: Erlbaum, 1986).
72　他の人が感じない：e.g., G. Edmund, D. Schalling and A. Rissler, "Interaction Effects of Extraversion and Neuroticism on Direct Thresholds," *Biological Psychology* 9 (1979).
72　情報をより慎重に処理する：R. Stelmack, "Biological Bases of Extraversion: Psychophysiological Evidence," *Journal of Personality* 58 (1990): 293–311.
77　あくまで平均であり：When unreferenced, the point comes from my own findings. When referencing studies on introversion or shyness, I assume most subjects were HSPs.
77　ミスを避ける：H. Koelega, "Extraversion and Vigilance Performance: Thirty Years of Inconsistencies," *Psychological Bulletin* 112 (1992): 239–58.
77　良心的：G. Kochanska, "Toward a Synthesis of Parental Socialization and Child Temperament in Early Development of Conscience," *Child Development* 64 (1993): 325–47.
77　気が散ることがなければ：L. Daoussis and S. McKelvie, "Musical Preferences and Effects of Music on a Reading Comprehension Test for Extraverts and Introverts," *Perceptual and Motor Skills* 62 (1986): 283–89.
77　小さな違い：G. Mangan and R. Sturrock, "Lability and Recall," *Personality and Individual Differences* 9 (1988): 519– 23.
77　「意味記憶」: E. Howarth and H. Eysenck, "Extraversion Arousal and Paired Associate Recall," *Journal of Experimental Research in Personality* 3 (1968): 114–16.
77　自分の思考について：L. Davis and P. Johnson "An Assessment of Conscious Content As Related to Introversion-Extraversion," *Imagination, Cognition and Personality* 3 (1983–84): 149–68.

39 ネガティブ: Akinola, Modupe, and Wendy Berry Mendes. "The dark side of creativity: Biological vulnerability and negative emotions lead to greater artistic creativity." *Personality and Social Psychology Bulletin* 34, no. 12 (2008): 1677–1686.

39 畏怖の感情: Greven, Corina U., Francesca Lionetti, Charlotte Booth, Elaine Aron, Elaine Fox, Haline E. Schendan, Michael Pluess et al. "Sensory Processing Sensitivity in the context of Environmental Sensitivity: A critical review and development of research agenda." *Neuroscience & Biobehavioral Reviews*(2019).

39 マインドフルネスなど: Bakker, Kaitlyn, and Richard Moulding. "Sensory-processing sensitivity, dispositional mindfulness and negative psychological symptoms." *Personality and Individual Differences* 53, no. 3 (2012): 341–346.

39 感情の調節とHSP: Brindle, Kimberley, Richard Moulding, Kaitlyn Bakker, and Maja Nedeljkovic. "Is the relationship between sensory-processing sensitivity and negative affect mediated by emotional regulation?" *Australian Journal of Psychology* 67, no. 4 (2015): 214–221..

40 HSPの多くは季節性情動障害を持っている: Hjordt, Liv V., and Dea S. Stenbæk. "Sensory processing sensitivity and its association with seasonal affective disorder." *Psychiatry research* 272 (2019): 359–364.

40 相手との関係が実際に退屈なものになる: Aron, Elaine N., Arthur Aron, Jadzia Jagiellowicz, and Jennifer Tomlinson. "Sensory processing sensitivity is associated with boredom in close relationships." Paper presented at the International Association for Relationship Research Conference, Herzliya, Israel, July 2010.

41 意義のある会話が多いほど: Mehl, Matthias R., Simine Vazire, Shannon E. Holleran, and C. Shelby Clark. "Eavesdropping on happiness: Well-being is related to having less small talk and more substantive conversations." *Psychological science* 21, no. 4 (2010): 539–541.

43 HSPが親になること: Aron, Elaine N., Arthur Aron, Natalie Nardone, and Shelly Zhou. "Sensory Processing Sensitivity and the Subjective Experience of Parenting: An Exploratory Study." *Family Relations* (2019).

43 『ひといちばい敏感な親たち』: Aron, Elaine. The Highly Sensitive Parent. Citadel, 2020.

44 HSPの自己申告調査: Bran jerdporn, Grace, Pamela Meredith, Jenny Strong, and Mandy Green. "Sensory sensitivity and its relationship with adult attachment and parenting styles." PloS one 14, no. 1 (2019): e0209555.

44 インタビュー: Turner, Karen A., Ellen S. Cohn, and Jane Koomar. "Mothering when mothers and children both have sensory processing challenges." *British Journal of Occupational Therapy* 75, no. 10 (2012): 449–455. Taylor?

44 自閉症スペクトラム障害のある子供の子育てに関する研究: Su, Xueyun, Ru Ying Cai, and Mirko Uljarević. "Predictors of mental health in chinese parents of children with autism Spectrum disorder (ASD)." *Journal of autism and developmental disorders* 48, no. 4 (2018): 1159–1168.

45 バビーニ・シュリバスタバがおこなった: Shrivastava, Bhavini. "Predictors of work

"Chaos and its influence on children's development." Washington, DC: American Psychological Association (2010).
34 HSPと自閉症スペクトラム障害を持つ人との脳機能は異なっている： Acevedo, Bianca, Elaine Aron, Sarah Pospos, and Dana Jessen. "The functional highly sensitive brain: a review of the brain circuits underlying sensory processing sensitivity and seemingly related disorders." *Philosophical Transactions of the Royal Society B: Biological Sciences* 373, no. 1744 (2018): 20170161.
34 さまざまな調査や実験: Already cited: Aron and Aron, 1997, and Aron et al 2005.
34 ヤジャ・ヤギエロウィッツらの一連の研究: Jagiellowicz, Jadzia, Arthur Aron, and Elaine N. Aron. "Relationship between the temperament trait of sensory processing sensitivity and emotional reactivity." Social Behavior and Personality: an international journal 44, no. 2 (2016): 185–199. Also, Jagiellowicz, Jadzia, Arthur Aron, and Elaine N. Aron. "Relationship between the temperament trait of sensory processing sensitivity and emotional reactivity." *Social Behavior and Personality: an international journal* 44, no. 2 (2016): 185–199.
34 ビアンカ・アセベドと共同でおこなった脳の研究： Acevedo, Bianca P., Jadzia Jagiellowicz, Elaine Aron, Robert Marhenke, and Arthur Aron. "Sensory Processing Sensitivity and Childhood Quality's Effects on Neural Responses To Emotional Stimuli." *Clinical Neuropsychiatry* 6 (2017).
35 ポジティブな画像に対するこの反応は、強い感情の初期体験に関わる領域だけでなく: Jagiellowicz, Jadzia, Xiaomeng Xu, Arthur Aron, Elaine Aron, Guikang Cao, Tingyong Feng, and Xuchu Weng. "The trait of sensory processing sensitivity and neural responses to changes in visual scenes." *Social cognitive and affective neuroscience* 6, no. 1 (2010): 38–47.
35 前述したビアンカ・アセベドの研究: See Acevedo, Bianca P. et al., 2014, above.
35 脳の「ミラーニューロン」: For a more complete understanding of mirror neurons, see Iacoboni, Marco. Mirroring people: *The new science of how we connect with others.* Farrar, Straus and Giroux, 2009.
36 ロイ・バウマイスターら: Baumeister, Roy F., Kathleen D. Vohs, C. Nathan DeWall, and Liqing Zhang. "How emotion shapes behavior: Feedback, anticipation, and reflection, rather than direct causation." *Personality and social psychology review* 11, no. 2 (2007): 167–203.
37 HSPはテストの結果にとりわけ影響される: Aron, Elaine N., Arthur Aron, and Kristin M. Davies. "Adult shyness: The interaction of temperamental sensitivity and an adverse childhood environment." *Personality and Social Psychology Bulletin* 31, no. 2 (2005): 181– 197.
38 人よりも創造的: Bridges, David, and Haline E. Schendan. "Sen sitive individuals are more creative." *Personality and Individual Differences* 142 (2019): 186–195.
39 さまざまな感情によって引き起こされる: De Dreu, Carsten KW, Matthijs Baas, and Bernard A. Nijstad. "Hedonic tone and activation level in the mood-creativity link: toward a dual pathway to creativity model." *Journal of personality and social psychology* 94, no. 5 (2008): 739.

Proceedings of the National Academy of Sciences 105, no. 41 (2008): 15825–15830.

26 マックス・ウォルフとその同僚: Wolf et al., 2008,15825.

28 フランツィスカ・ボリースは、ドイツのビーレフェルト大学で博士論文を書くにあたり、ある統計分析を実施して: Borries, F. "Do the "Highly Sensitive" exist? A Taxonometric Investigation of the Personality Construct Sensory Processing Sensivitity." PhD diss., PhD Thesis (unpublished doctoral dissertation), Univ. Bielefeld, 2012.

29 ふたつのグループに分けられなかった: Kroenung, R. L. "The Latent Structure of Sensitivity—a Taxometric Analysis of SensoryProcessing Sensitivity." M.A. diss., MA Thesis (unpublished dissertation), Univ. Bielfeld, Bielfeld, Germany, 2015.

29 ３つのグループ: Pluess, Michael, Elham Assary, Francesca Lionetti, Kathryn J. Lester, Eva Krapohl, Elaine N. Aron, and Arthur Aron. "Environmental sensitivity in children: Development of the Highly Sensitive Child Scale and identification of sensitivity groups." *Developmental psychology* 54, no. 1 (2018): 51. Lionetti, Francesca, Arthur Aron, Elaine N. Aron, G. Leonard Burns, Jadzia Jagiellowica, and Michael Pluess. "Dandelions, tulips and orchards: evidence for the existence of low-sensitive, medium-sensitive and high-sensitive individuals." *Translational psychiatry* 8, no. 1 (2018): 24.

30 2011年に著した『サイコセラピー・アンド・ザ・ハイリー・センシティブ・パーソン』: Aron, Elaine N. *Psychotherapy and the highly sensitive person: Improv ing outcomes for that minority of people who are the majority of clients*. Routledge, 2011.

31 ヤジャ・ヤギエロウィッツの調査: Jagiellowicz, Jadzia, Xiaomeng Xu, Arthur Aron, Elaine Aron, Guikang Cao, Tingyong Feng, and Xuchu Weng. "The trait of sensory processing sensitivity and neural responses to changes in visual scenes." *Social cognitive and affective neuroscience* 6, no. 1 (2010): 38–47.

31 別の調査: Aron, Arthur, Sarah Ketay, Trey Hedden, Elaine N. Aron, Hazel Rose Markus, and John DE Gabrieli. "Temperament trait of sensory processing sensitivity moderates cultural differences in neural response." *Social cognitive and affective neuroscience* 5, no. 2–3 (2010): 219–226.

31 ビアンカ・アセベドらによる調査: Acevedo, Bianca P., Elaine N. Aron, Arthur Aron, Matthew-Donald Sangster, Nancy Collins, and Lucy L. Brown. "The highly sensitive brain: an fMRI study of sensory processing sensitivity and response to others' emotions." *Brain and behavior* 4, no. 4 (2014): 580–594.

31 この場所は「意識の座」と呼ばれることもある: Craig, Arthur D., and A. D. Craig. "How do you feel—now? The anterior insula and human awareness." *Nature reviews neuroscience* 10, no. 1 (2009).

32 フリーデリケ・ゲルステンベルク: Gerstenberg, Friederike XR. "Sensory-processing sensitivity predicts performance on a visual search task followed by an increase in perceived stress." *Personality and Individual Differences* 53, no. 4 (2012): 496–500.

33 家庭内の混乱レベルに大きく影響される: Evans, Gary W., and Theodore D. Wachs.

negative affect mediated by emotional regulation?." *Australian Journal of Psychology* 67, no. 4 (2015): 214–221. Benham, Grant. "The highly sensitive person: Stress and physical symptom reports." *Personality and individual differences* 40, no. 7 (2006): 1433–1440. Evers, Arne, Jochem Rasche, and Marc J. Schabracq. "High sensory-processing sensitivity at work." *International Journal of Stress Management* 15, no. 2 (2008): 189. Redfearn, Robert Alan. "Sensory Processing Sensitivity: Is Being Highly Sensitive Associated with Stress and Burnout in Nursing?" PhD diss., 2019. Goldberg, Alon, Zaheera Ebraheem, Cynthia Freiberg, Rachel Ferarro, Sharon Chai, and Orna Dally Gottfried. "Sweet and sensitive: Sensory processing sensitivity and type 1 diabetes." *Journal of pediatric nursing* 38 (2018): e35–e38. Hofmann, Stefan G., and Stella Bitran. "Sensory-processing sensitivity in social anxiety disorder: relationship to harm avoidance and diagnostic subtypes." *Journal of anxiety disorders* 21, no. 7 (2007): 944–954.

22 デンマークでおこなわれたセシリー・リヒトらの研究: Licht, Cecilie L., Erik L. Mortensen, and Gitte M. Knudsen. "Association between sensory processing sensitivity and the 5-HTTLPR Short/Short genotype." *Biological Psychiatry* 69 (2011): 152S– 153S.

22 利点もあるという点: Homberg, Judith R., and Klaus-Peter Lesch. "Looking on the bright side of serotonin transporter gene variation." *Biological psychiatry* 69, no. 6 (2011): 513–519.

23 チュンフイ・チェンとその同僚: Chen, Chunhui, Chuansheng Chen, Robert Moyzis, Hal Stern, Qinghua He, He Li, Jin Li, Bi Zhu, and Qi Dong. "Contributions of dopamine-related genes and environmental factors to highly sensitive personality: a multi-step neuronal system-level approach." *PloS one* 6, no. 7 (2011): e21636.

23 単一候補遺伝子研究と呼ばれるものから: Border, Richard, Emma C. Johnson, Luke M. Evans, Andrew Smolen, Noah Berley, Patrick F. Sullivan, and Matthew C. Keller. "No support for historical candidate gene or candidate gene-by-interaction hypotheses for major depression across multiple large samples." *American Journal of Psychiatry* 176, no. 5 (2019): 376–387.

23 ロバート・キアーズとマイケル・プルース: Keers, Robert, and Michael Pluess. "Childhood quality influences genetic sensitivity to environmental influences across adulthood: A life-course Gene × Environment interaction study." *Development and psychopathology* 29, no. 5 (2017): 1921–1933.

24 マリヌス・ファン・アイゼンドームとマリアン・バーカマンズ・クラネンバーグは、3257名が参加した22の実験を「メタ分析」した: van Ijzendoorn, Marinus H., and Marian J. Bakermans-Kranenburg. "Genetic differential susceptibility on trial: Meta-analytic support from randomized controlled experiments." *Development and Psychopathology* 27, no. 1 (2015): 151–162.

25 100以上の種: Wolf, Max, G. Sander Van Doorn, and Franz J. Weissing. "Evolutionary emergence of responsive and unresponsive personalities."

2 (2005): 181–197.
18 同年に発表されたミリアム・リスらの研究: Liss, Miriam, Laura Timmel, Kelin Baxley, and Patrick Killingsworth. "Sensory processing sensitivity and its relation to parental bonding, anxiety, and depression." *Personality and individual differences* 39, no. 8 (2005): 1429–1439.
18 ジェイ・ベルスキーとマイケル・プルースによって最初に詳しい調査: Belsky, Jay, and Michael Pluess. "Beyond diathesis stress: differential susceptibility to environmental influences." *Psychological bulletin* 135, no. 6 (2009): 885.
18 マイケル・プルースが「環境感受性」と呼ぶものが高い: Pluess, Michael. "Individual differences in environmental sensitivity." *Child Development Perspectives* 9, no. 3 (2015): 138–143.
19 １年後にプログラムの恩恵を受けたのは、人よりも敏感な気質を持つ少女たちだけ : Pluess, Michael, and Ilona Boniwell. "Sensory-processing sensitivity predicts treatment response to a school-based depression prevention program: Evidence of vantage sensitivity." *Personality and Individual Differences* 82 (2015): 40–45.
19 人より敏感な少年だけにその成果が見られた: Nocentini, Annalaura, Ersilia Menesini, and Michael Pluess. "The Personality trait of environmental sensitivity predicts children's positive response to school-based antibullying intervention." *Clinical Psychological Science* 6, no. 6 (2018): 848–859.
20 興味深い研究: Karam, Elie G., John A. Fayyad, Claudia Farhat, Michael Pluess, Youmna C. Haddad, Caro line C. Tabet, Lynn Farah, and Ronald C. Kessler. "Role of childhood adversities and environmental sensitivity in the development of post-traumatic stress disorder in war-exposed Syrian refugee children and adolescents." *The British Journal of Psychiatry* 214, no. 6 (2019): 354–360.
20 この気質の発展の仕方についてはコンピュータ・シミュレーション: Wolf, Max, G. Sander Van Doorn, and Franz J. Weissing. "Evolutionary emergence of responsive and unresponsive personalities." *Proceedings of the National Academy of Sciences* 105, no. 41 (2008): 15825– 15830.
20 いい変化と悪い変化に対する未就学児の反応を調べた研究: Slagt, Meike, Judith Semon Dubas, Marcel AG van Aken, Bruce J. Ellis, and Maja Deković. "Sensory processing sensitivity as a marker of differential susceptibility to parenting." *Developmental psychology* 54, no. 3 (2018): 543.
21 いい子供時代を過ごすことと生活の満足度とは関連がない: Booth, Charlotte, Helen Standage, and Elaine Fox. "Sensory-processing sensitivity moderates the association between childhood experiences and adult life satisfaction." *Personality and individual differences* 87 (2015): 24–29.
21 マイケル・プルースとジェイ・ベルスキーのよって生みだされた新たな概念: Pluess, Michael, and Jay Belsky. "Vantage sensitivity: genetic susceptibility to effects of positive experiences." *Genetics of psychological wellbeing* (2015): 193–210.
22 負の感情による苦しみ、ストレスでの体調不良、職場でのストレス、１型糖尿病、不安: Brindle, Kimberley, Richard Moulding, Kaitlyn Bakker, and Maja Nedeljkovic. "Is the relationship between sensory-processing sensitivity and

原注

まえがき　2020

14　2012年に私たちが発表した、（HSPの）理論と研究に関する科学的概要： Aron, Elaine N., Arthur Aron, and Jadzia Jagiellowicz. "Sensory processing sensitivity: A review in the light of the evolution of biological responsivity." *Personality and Social Psychology Review* 16, no. 3 (2012): 262–282.

14　2019年に発表した研究: Greven, Corina U., Francesca Lionetti, Charlotte Booth, Elaine Aron, Elaine Fox, Haline E. Schendan, Michael Pluess et al. "Sensory Processing Sensitivity in the context of Environmental Sensitivity: A critical review and development of research agenda." *Neuro science & Biobehavioral Reviews* (2019).

15　夫とともに発表した最初の研究: Aron, Elaine N., and Arthur Aron. "Sensory-processing sensitivity and its relation to introversion and emotionality." *Journal of personality and social psychology* 73, no. 2 (1997): 345.

15　HSPの30パーセントは外向的: Aron and Aron, 1997, 345.

16　子供や若者を対象にしたもの: Pluess, Michael, Elham Assary, Francesca Lionetti, Kathryn J. Lester, Eva Krapohl, Elaine N. Aron, and Arthur Aron. "Environmental sensitivity in children: Development of the Highly Sensitive Child Scale and identification of sensitivity groups." *Developmental psychology* 54, no. 1 (2018): 51.

16　まだ喋れないほど幼い子供の敏感性も特定できる： Lio netti, Francesca., Elaine Aron, Arthur, Aron, Daniel Klein, and Michael Pluess. "Observer-rated environmental sensitivity moderates children's response to parenting quality in early childhood." *Developmental Psychology*. In press.

16　ある研究では、29通りもの使用法を試みて: Smith, Heather L., Julie Sriken, and Bradley T. Erford. "Clinical and Re search Utility of the Highly Sensitive Person Scale." *Journal of Mental Health Counseling* 41, no. 3 (2019).

17　このスケールで測定される基本的な気質: Lionetti, Francesca, Arthur Aron, Elaine N. Aron, G. Leonard Burns, Jadzia Jagiellowicz, and Michael Pluess. "Dandelions, tulips and orchids: evi dence for the existence of low-sensitive, medium-sensitive and highsensitive individuals." Translational psychiatry 8, no. 1 (2018): 24.

17　HSPスケールの「ばらつき」のうちの、３分の１しか: Şengül-İnal, Gülbin, and Nebi Sümer. "Exploring the multidimensional structure of sensory processing sensitivity in turkish samples." *Current Psychology* (2017): 1–13.

17　2005年に発表した一連の研究: Aron, Elaine N., Arthur Aron, and Kristin M. Davies. "Adult shyness: The interaction of temperamental sensitivity and an adverse childhood environment." *Personality and Social Psychology Bulletin* 31, no.

■著者紹介
エレイン・N・アーロン（Elaine N. Aron, Ph.D.）
1992年から感覚処理感受性を研究。科学論文のほかに『ひといちばい敏感な子』（1万年堂出版）、『ひといちばい敏感なあなたが人を愛するとき――HSP気質と恋愛』（青春出版社）、『The Highly Sensitive Person Workbook　ザ・ハイリー・センシティブ・パーソン・ワークブック』などの著書がある。夫のアート・アーロンとともに、親密な関係性の研究家としても知られる。サンフランシスコのユング研究所で学び、ベイエリアで心理療法を行いながら、一般向け・専門家向けのワークショップで教えている。さらに詳しい情報や、年４回発行されるニュースレターについては、公式サイト「Comfort Zone（www.hsperson.com）」を参照。

■訳者紹介
片桐恵理子（かたぎり・えりこ）
翻訳家。愛知県立大学日本文化学科卒。カナダで６年、オーストラリアで１年の海外生活を経て翻訳の道へ。訳書に〈GONE ゴーン〉シリーズ（ハーパーコリンズ）、『チーム内の低劣人間をデリートせよ』『小児期トラウマと闘うツール――進化・浸透するACE対策』（ともにパンローリング）、など。

翻訳協力／株式会社リベル

※本書は『ささいなことにもすぐに「動揺」してしまうあなたへ。』（講談社、2000年）（SBクリエイティブ、2008年）の改訳版です。

2020年 9 月 3 日 初版第 1 刷発行
2021年 1 月 3 日 第 2 刷発行
2022年 11 月 1 日 第 3 刷発行
2023年 5 月 2 日 第 4 刷発行

フェニックスシリーズ⑫

敏感《びんかん》すぎる私《わたし》の活《い》かし方《かた》
――高感度から才能を引き出す発想術

著　者　エレイン・N・アーロン
訳　者　片桐恵理子
発行者　後藤康徳
発行所　パンローリング株式会社
〒160-0023 東京都新宿区西新宿 7-9-18 6階
TEL 03-5386-7391 FAX 03-5386-7393
http://www.panrolling.com/
E-mail info@panrolling.com
装　丁　パンローリング装丁室
印刷·製本　株式会社シナノ

ISBN978-4-7759-4237-6